如何阅读与思考

中国当代作家、学者访谈录

高慧斌 著

大连出版社

© 高慧斌 2023

图书在版编目（CIP）数据

如何阅读与思考：中国当代作家、学者访谈录 / 高慧斌著. — 大连：大连出版社，2023.1
ISBN 978-7-5505-1771-4

Ⅰ.①如… Ⅱ.①高… Ⅲ.①名人—访问记—中国—现代 Ⅳ.①K820.7

中国版本图书馆CIP数据核字(2022)第104891号

RUHE YUEDU YU SIKAO: ZHONGGUO DANGDAI ZUOJIA、XUEZHE FANGTANLU

如何阅读与思考：中国当代作家、学者访谈录

出 版 人：	代剑萍
策划编辑：	卢　锋
责任编辑：	卢　锋　尚　杰
助理编辑：	郑雪楠
封面设计：	盛　泉
责任校对：	李玉芝
责任印制：	温天悦

出版发行者：	大连出版社
地址：	大连市高新园区亿阳路6号三丰大厦A座18层
邮编：	116023
电话：	0411-83620573 / 83620245
传真：	0411-83610391
网址：	http：//www.dlmpm.com
邮箱：	dlcbs@dlmpm.com
印刷者：	大连金华光彩色印刷有限公司
经销者：	各地新华书店

幅面尺寸：	170mm × 240mm
印　　张：	20
字　　数：	290千字
出版时间：	2023年1月第1版
印刷时间：	2023年1月第1次印刷
书　　号：	ISBN 978-7-5505-1771-4
定　　价：	69.00元

版权所有　侵权必究
如有印装质量问题，请与印厂联系调换。电话：0411-85809575

自　序

这是我出版的采访名人的第三本书，沿袭以往的风格，还是自己作序。

作序是出于对读者的尊重，应该交代一下成书原因、过程。不想请因采访而熟悉的名家为我作序，总感觉如此，似有借名人行推销之嫌，尽管我与采访过的不少名家结下深厚友谊。我不想开口，也不想为难自己。对时下流行的名人荐书，我在书中还进行了不客气的点评。

我有记日记的习惯，保持了多年。过去多年的日记，工作生活不分。偶然发现，那十几本厚厚的日记，居然记述工作偏多，属于个人生活的少之又少。这是可喜还是可悲，我说不清楚，于是想摘录整理出来一部分，作为对过去几年经历的一个纪念，也就有了这本书。

可以说，这也是一本思考我国出版市场的工作日志，是对当代著名作家、学者就如何阅读与思考的深度观察，更是我个人的采访记录。于我个人而言，这几年的饱满与丰富，不能简单概括。所谓诗与远方，也即如此吧。于我就职的辽宁日报社而言，几百位当代著名作家、学者能够接受我的采访，有的还是独家采访，其厚重与影响自不待言。

2015年至今，我几乎每天都会与当代著名作家、学者联系，仅仅三年时间，约访作家、学者100多位。刘梦溪、洪子诚、王安忆、王蒙、贾平凹、张炜、冯骥才、王干、苏童、何建明、韩少功、陈众议、韦力、刘文飞、孙郁、毕飞宇、周大新、流沙河（已去世）、扬之水、钟叔河、朱正、李国文、艾朗诺、顾彬、沈津、李敬泽等，都成为我的采访对象。

郭宏安、叶延滨、余中先、陆建德、马步升、叶兆言、王跃文、谢有顺、红柯（已去世）等都曾接受我的约稿，我与这些名家的交往日志，文字超过60万字，这是我独有的经历，是我的一笔宝贵精神财富。由于篇幅的关系，我只从中选择了几十位名家。

我以当代著名作家、学者的新书为切入点，访谈话题从出版到阅读，从经典解读到文学创作，从哲学、文学到历史，竟然深入探讨了那么多话题。

此间，我经常思考的问题是，我采访的这些著名作家、学者，他们的写作，在多大程度上代表了这个时代？他们的思考与思想，能否代表这个时代？谁最能代表这个时代？我虽然给不出答案，但这个少数人群的写作、思考与思想的超前，他们对时代的关注，替多数人发声，都是无可置疑的。他们的笔触，正试图引领或推动这个时代向前发展，也是无可置疑的。

我关注到了这一特定群体的声音，我有责任和义务来传递他们的声音。

作为一名省级党报副刊的负责人，我通过《辽宁日报》这一平台传递这些声音。最初约访名人并不顺利，无论约稿还是采访，多数经历了漫长的等待。不少专访都是跟被采访人软磨硬泡后才最终完成的，不少约稿也一样历经等待，而报纸出版不等人，其中的苦辣酸甜，值得回味，也值得总结。

一个媒体人能有这么丰富的读书、约访名人的经历，每天面对的都是新挑战，思考不同问题，探索可能提升自己的路径，与读者一起阅读，帮助读者打开思想，我很幸运。

回看那一篇篇有序却也无序的记述，我才发现，自己居然跟那么多名人打过交道，约访每位名家，都有一个值得回忆的故事。我竟然翻看也细看了那么多本书，那可都是这几年最新出版的人文社科精品图书。

内心丰富的同时，精神又多少有些沉重，不知是什么压在了心上。

负责《辽宁日报》读书版采编工作，自感压力大，责任重。2015年，我把工作重点放在了广泛联系名人上。这一年，我利用各种机会，调动所有关系，到处联系名家，约稿，专访，联系知名出版社，力求第一时间得到好书信息。这一年约来的每篇稿，所做的每篇专访，都是我付出艰苦努力的结果。2016年，约访的名家多了，局面渐开，名家发稿也得排队了，有的稿件最后甚至未能见报。

读多了，面对一些无解的问题，我时常会焦虑。更何况我读的书，有的并非为乐趣、兴趣而读。作为《辽宁日报》读书版的负责人，我要兼顾读者的阅读层次，兼顾报道立场，我怕工作失误，怕有负众望，一直处于紧张之中。

那几年，我把全部心思、精力都放在了工作上。不需扬鞭自奋蹄的工作状态则是始自从业的那一天，且持续至今。这种状态，对一个新闻人来说，太重要了。只是每天面对无形的压力，时间一长，紧绷的神经无以缓解，身心俱疲。

同期，纸媒行业遇到了前所未有的挑战，从业者都在经历挑战，承压的并非我一人。作为一名省级党报副刊的负责人，我感觉自己像一根过于抻拉的皮筋，变得脆弱。我唯一缓解情绪的方法，就是把日常以日志的形式记录下来：每天都看了什么书，接触了什么人，说了什么话，做了什么事，哪些事情做成了，哪些事情没做成，哪些人让我感动，给我以帮助，哪些人让我感觉工作还有不足，通过什么事，让我对何人有了何种新认识等。由60多万字精选而成的这本书，见证了我那几年每天的心路历程。

促使我想把日常记录下来，还有另外一个原因。约访名家时，会经常遇到一些让我想不到的惊喜，当然还有困惑。

作家东西不仅赐独家稿件——《寻找中国式创作灵感》，东西写得那个情真意切，着实感动了我。都说现在人们不愿意读书，可作家又写出了多少好看的作品？作家如何才能写出好作品？东西还帮我向谢有顺、麦家、张炜、董立桥、李少君等约稿。

特别值得一提的是，约稿著名作家红柯时，给我留下了深刻印象。红柯不仅提供了独家稿件《文学的社会价值》，还专门给我写过书评，我们通过微信分享日常生活点滴，成了可以深度交流的朋友。可惜的是，未等本书出版，红柯已英年早逝。他留给我的简短却真诚的新春祝福，回看让人唏嘘。

红柯对"文学的社会价值"的思考，在诗意中分析古今中外的文学作品，让我们清楚文学在我们生活中的不可或缺；著名文化学者刘梦溪说，我们知马一浮很难；著名文学批评家孙郁说，许多表现现实的作品缺少想象力；著名评论家王干谈大师汪曾祺的光芒是如何被遮蔽的；著名作家韩少功谈他的成功猝不及防；著名诗人叶延滨讲他与文学的伴侣关系；著名翻译家郭宏安讲述他的外国文学情结；著名评论家陈众议对拉美文学有独特分析；王蒙、王安忆、苏童、叶兆言、贾平凹、何建明、韦力等，谈他们的创作、阅读体会。此间，我与刘梦溪、赵汀阳、西川、张炜、马步升、王跃文等，成了可以随时讨教的朋友。遗憾的是，限于篇幅，不少访谈未能收入本书。

当然，也有一些名家，对我约访的言不由衷及屡屡爽约，也让我受挫。

本书的主件是我专访的名家名作，多数是我与名家的对话。我喜欢这种对话式的专访，纯粹，直接，不能注水，一问一答考验和展示的是采访者与被采访者的智慧交锋。我是替读者提问，不能光考虑自己的喜好，提问要兼顾读者的层次，要选择贴近性、针对性的话题，不能太"高大上"。后附的札记，多是我约访名家的过程，记述了我与采访对象的交流，我的选题、采写过程，我读的书，还有一些我对出版、阅读、创作、书店、图书馆等与书相关话题的思考。

我用朴素的白话，真实地记录了工作的一个个片段，我想通过这本书，让不熟悉新闻工作的人，看到这个行业无与伦比的同时，能与我一道感受面对的挑战。也就教于同行，更以此激励自己不懈前行。

我想把这本书献给处于转型期的纸媒。没有这样的转型，作为一个地方党报副刊从业者的我，不会有这般压力，也不会去深度思考那么多问题。

读者可从这本书中了解近年来我国图书出版的精华。一些篇目发表在《辽宁日报》阅读版上，收录书中的跟发表的作品也有些区别。另外需说明，虽书名定为《如何阅读与思考：中国当代作家、学者访谈录》，但有两篇例外，我在书中加入了对两位外国学者——艾朗诺和顾彬的访谈。加入两人一是因其专业性，二是因其对中国文化思考角度新颖。书中收入的中国学者访谈涉及魏晋、唐代等时期的作品，艾朗诺则从一个新鲜的角度解读了宋代诗文。顾彬的访谈与洪子诚、西川的并列，给中国百年新诗带来更全面的解读。我认为很有必要加上。

在此，我要感谢《辽宁日报》这个平台，尤其感谢丁宗皓社长，没有他的赏识，我不会有这么大的施展空间，不会接触到那么多名家，也不会有这么丰富的经历。

感谢那些接受我约访的作家、学者们，在与他们的接触中，我总能第一时间了解人文社科的前沿思想及动态，让读者见识到名家关于阅读的不同视角。

感谢那么多优秀的出版社，众多好书拓展了我选书的渠道和空间，让我每天都处于兴奋之中。

本书最先由某出版社润色后，提出分层写作，另一出版社提出可将采访札记单独成书出版等建议，均因时间等原因作罢。后有几家出版社都认为书稿质量过关，但担心经济效益而作罢。对此，我非常理解，毕竟出版也讲究经济效益。书稿放置。

关注大连出版社，一是因刘明辉教授此前在东北财经大学的出色任职，尤其读过《这一万天，我很幸运》后，我热血沸腾，敬意油然而生；二是因同行对刘社长关于出版业如何精进的一次深度采访。感谢大连出版社社长兼总编辑刘明辉博士对书稿的肯定。

2022 年 1 月

目　录

第一辑　这边风景 / 1

　　贾平凹：《极花》/ 3

　　金宇澄：《繁花》/ 9

　　王安忆：《匿名》/ 17

　　冯骥才：《俗世奇人》/ 22

　　王蒙：《这边风景》/ 28

　　迟子建：《群山之巅》/ 34

　　赵柏田：《南华录》/ 40

第二辑　群山之巅 / 47

　　鲍鹏山谈孔子 / 49

　　康震谈李白 / 55

　　林贤治、李新宇谈鲁迅 / 61

　　刘梦溪谈大师与传统 / 69

　　刘文飞谈普希金 / 77

　　扬之水谈诗经名物 / 83

　　叶嘉莹谈中国古典诗词 / 92

　　李建中谈《文心雕龙》/ 100

第三辑　美的遗产 / 107

　　钱穆讲授、叶龙记录整理：《中国文学史》/ 109

　　陈晓明谈《创业史》/ 115

　　毕飞宇：《小说课》/ 122

　　陈子善：《一瞥集：港澳文学杂谈》/ 129

张炜：《陶渊明的遗产》/ 135
艾朗诺：《才女之累》《美的焦虑》/ 142
洪子诚：《在北大课堂读诗》/ 151
西川：《大河拐大弯：一种探求可能性的诗歌思想》/ 159
顾彬：《二十世纪中国文学史》/ 167

第四辑　琼琚荟萃 / 175

沈津与古籍善本：不修大典难出大师 / 177
《李国文评注西阳杂俎》：一部唐代"百科全书" / 185
《字看我一生》：流沙河讲解汉字源流 / 192
《走向世界丛书》：最早走向世界的先辈不应被忘记 / 198
《鲁迅回忆录正误》：朱正眼中的鲁迅 / 205
《王国维与马衡往来书信》：还原王国维与马衡金石学缘 30 年 / 213
《郑天挺西南联大日记》：郑天挺在西南联大的经典书单 / 222
《琼琚集》：一本重要的当代藏书史的史料 / 231

第五辑　兴衰浮沉 / 239

朱大可：《华夏上古神系》/ 241
张国刚：《〈资治通鉴〉与家国兴衰》/ 247
张宇燕：《美洲金银和西方世界的兴起》/ 255
钱乘旦：《英国通史》/ 261
汪丁丁：《行为社会科学基本问题》/ 271
赵汀阳讨论哲学问题 / 278
徐则臣、李浩、马笑泉、弋舟、石一枫讨论"70后"作家 / 286
何建明讨论"畅销书"泛滥 / 293

附　录 / 301

记者高慧斌是如何攻下那么多名家的 / 301

后　记 / 307

第一辑

这边风景

贾平凹：《极花》

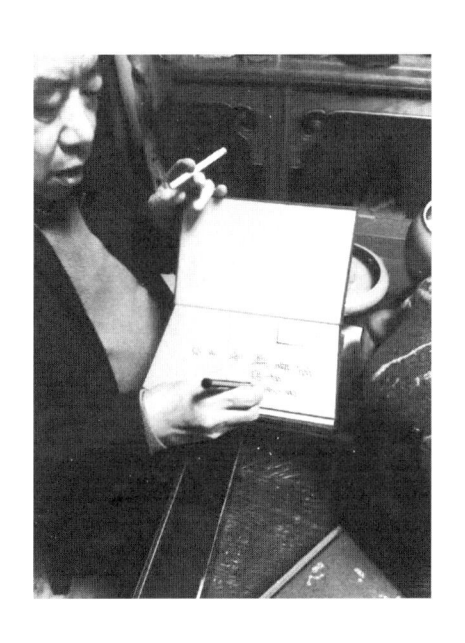

贾平凹：

1952年出生，陕西省丹凤县人。陕西省作家协会主席。主要作品：中短篇小说《腊月·正月》《天狗》《美穴地》等，长篇小说《废都》《秦腔》《古炉》《高兴》《带灯》《老生》《山本》等。

评论家施战军：

《极花》是具有现实提问能力的小说，作家将贫瘠之地写出了人性丰饶和世事纷繁，既有对人的体恤、对乡村的探察，也有风俗志式的地方知识谱系的精妙书写。

如何阅读与思考

为了向读者推荐这部可读性强又接地气的长篇小说，也为了请贾平凹与读者分享他多年来对乡村生态的思考，《极花》甫一出版，我便对贾平凹进行了专访。稿件2017年3月12日刊于《辽宁日报》阅读版，被中国作家网等转载。

这是那个年代的故事

高慧斌：您是怎么想到要关注一个妇女被拐的话题？10多年前遇到的真事，怎么时至今日才诉诸笔端？

贾平凹：10多年前一夏无雨，认为凶岁，在西安城南的一个出租屋里，我的老乡给我诉苦。他是个结巴，说话时断时续，他老婆在帘子后的床上一直嘤嘤泣哭。

"人走了，"他说，"又回，回那里去了。"

那一幕我至今还清清晰晰，他抬起脑袋看我，目光空洞茫然，我惊得半天没说出一句话来。他说的人，就是他的女儿，初中辍学后从老家来西安和收捡破烂的父母仅生活了一年，便被人拐卖了。他们整整三年都在寻找，好不容易经公安人员解救回来，半年后女儿却又去了被拐卖的那个地方。

事情竟然会发展到这样的结局。他老婆还是在哭，我的老乡就突然勃然大怒，骂，抓起桌子上的碗向帘子砸去。我没拦他，也没一句劝说。桌子上还有一个碗，盛着咸菜，旁边是一筛子蒸馍和一只用黑塑料筒做成的花盆，长着一棵海棠。这海棠是他女儿回来的第三天栽的，那天，我的老乡叫我去喝酒，我看到他女儿正往塑料筒里装土。我赶紧把咸菜碗、蒸馍筛子和海棠盆挪开，免得他再要抓起来砸老婆。

我终于弄明白了事情的缘由。是他女儿回来后，因为报纸上、电视上连续地报道着这次解救中公安人员的英勇事迹，社会上也都知道了他女儿是那个被拐卖者，她被人围观，被指指点点，他们说她生下了一个孩子。从此他女儿不再出门，不再说话，整日呆坐着一动不动。我的老乡担心女儿这样下去不是要疯了，就是会得大病，便托人说媒，希望能嫁到远些的地方去，有个谁也不知道女儿情况的婆家。但就在他和媒人商量的时候，女儿不见了，留下个字条，说她还是回那个村子去了。

高慧斌：小说中，您通过一个农村女孩的命运关注一个人的活法，但其实又不仅仅是关注一个人的活法，您讲述的是那个年代的故事。如今，您如何看待那个年代？如何看待城乡的变化？

贾平凹：《极花》的素材来源是10多年前的一个真实事件，而这10多年来，打击拐卖妇女儿童的力度很大，但拐卖妇女儿童的事仍在发生。《极花》是写了一个被拐卖的妇女，却并不是一个拐卖故事，它继续的仍是我多年来对乡村生态的思考与认识。

尽力超拔到存于人性的层面

高慧斌：您在写作中没有去关注案件本身，而是去挖掘当地人的生活和精神状态。小说提醒我们的是即使在当下中国如此充分发展的情况下，乡村仍然存在着"前现代"的生活和经济状况，但您的描写却不是一团糟的黑暗，这是有意为之，传播正能量吗？

贾平凹：关注社会是这一代作家的使命，也是这一代作家的"品种"，而小说又是小说，《极花》也不是写社会的小说，它在尽力超拔到存于人性的层面。中国的乡村有过去的乡村常态生活，更有如今城市化进程中的乡村衰败凋敝，这种剧烈的变化，使我们有一种痛，却说不清是欣然，是悲苦，但我也意识到，正是这种说不清道不明的东西，才是我在小说里要写的。

高慧斌：写作中您称"一些事像刀刻在心里"，是什么事使您如此刻骨铭心？这到底是一种什么样的情结？

贾平凹：人的一生总有一些事结在心上，这些是难以向人说的，有些说出来又全不是。写作也有许多心结，比如现在读李商隐的诗，他肯定是有所指的，否则没有那种生命的体验，是难以写出那么好的句子来的，但李商隐并没说过。

高慧斌：《极花》的名字是您小说中的一种植物，在冬天是小虫子，夏天又变成草和花。起这样的名字有何寓意呢？

贾平凹：我的小说喜欢追求一种象外之意，《极花》中的极花、血葱、何首乌、星象、石磨、水井、走山、剪纸，等等，甚至人物的名字如胡蝶、老老爷、黑亮、半语子，都有着意象的成分，我想构成一个整体，让故事越实越好，而整个的故事又是象征，再加上这些意象的成分渲染，从而达到一种虚的东西，也就是多意的东西。可惜我总做不到满意处。

写了几十年我仍弄不清小说是什么

高慧斌：您在《带灯》中生动地呈现出乡村的现实情境，《老生》您又回到古老的情境中反照当代的生活。与这两部作品相比，《极花》的成功之处在哪里？

贾平凹：《带灯》《老生》《极花》各是各的事，题材不同，要表达的东西不一样，写法也就不一路了。《极花》的情节非常简单，人物又不多，只能现在这种处理，字数也当然短了。

高慧斌：评论家施战军说"极花"表达了另一种生命观，它有一种对人的命运的体恤。"极花"似乎是一种女性立场，但隐现着作家更宽悯的情怀和人性立场。您认可这样的评价吗？

贾平凹：《极花》在《人民文学》杂志上发表后，我读到了六七篇报刊上的评论，我感激着他们对我的关注。施战军的文章很好。一部作品的实际功能就是作者、读者、评论者共同完成和体现的。

高慧斌：包括《极花》在内，您的所有小说都能够非常真切地将人物和与人物相关的其他物象丰富清楚地呈现出来，这是您的功力。可以

第一辑　这边风景

认为这是您的一种写作特点吗？能概括一下您的创作特点吗？

贾平凹：我无法说自己，医不自治呀。但可以说，我是熟悉乡村的，过去的乡村、当下的乡村我都熟悉，写其中的人物和与人物相关的其他物象，就比较容易。

高慧斌：您在后记中也问"小说是什么东西啊"，我也经常想这个问题。请问小说或者说文学到底能为人们提供什么？您关注的这个问题，期望能为社会或读者带来什么呢？在今天来说，您还寄望于小说或者说文学吗？

贾平凹：我写了几十年，仍是弄不清小说是什么东西，因为在写什么和怎样写问题上总是没有定律，变化无穷。可能也正因如此，我们仍在写，乐此不疲地写。现在社会极其丰富，读小说的需求各层次是各个式样的，如炖一锅菜，想吃肉的在里边夹肉，想吃素的在里边夹菜，还有喝汤的，各尽所需。但对写作者来说，比如我，尽量写出在对社会的认识上、对人的认识上的一些我的思量，能给读者一些启发。现在媒体发达，世上发生什么事情人都知道，过去的小说有新闻性的东西，现在没有了，过去的小说情节离奇，很热闹，现在能娱乐的东西多了，所以一部小说能轰动是太难了，它更纯粹是小说，要读的应是读出它的智慧。

札记：我得到了两页半采访贾平凹手迹

这是我第二次采访贾平凹先生。第一次采访是2015年《老生》出版后，我们就作品创作进行了深谈。之后，跟贾平凹先生约写一篇如何阅读的稿件，不日赐稿后见报。文中他谈及自己当年的阅读与创作的关系，说如果当年没有读那么多书，他的创作不会取得今天这样的成绩。他劝告年轻读者要多读书，写作时不要对自己过于挑剔，要有自信，只有坚持不懈才能心想事成。再之后，每次有新作出版，比如《山本》出版时，我也是第一时间得到赠书。

如何阅读与思考

今天（2016年3月10日）最大的惊喜就是贾平凹先生用两页半手写纸回复了我对他长篇小说《极花》的专访。没想到这位文坛大师会以手写的方式回复提问。

这次采访贾平凹先生本来只提了五个问题，由于听从了贾平凹秘书施喜儒老师的建议，即之前《人民日报》记者采访提了十个问题，最后只回复了几个，言外之意是我提的问题少了，担心回复少，于是又增加四个，共九问，贾平凹回复八个，字漂亮，文字简练，还随文发来两张新照，人也有魅力。

因为之前知道《极花》即将出版，每逢节假日会问候贾平凹先生，增进感情，实际上已为日后专访、约稿埋下了伏笔，彼时再跟贾平凹约稿，他言好久不写了，日后有时间可以试试。以我的急性子哪里肯答应，于是约定等《极花》出版时争取第一时间接受专访，贾先生自然满口答应。

增加问题后，不到三天时间就收到了专访的回复。发去专访提纲的当天，我还特意短信跟贾先生渗透说辽报要做半个版面的专访，请他尽量多回答几个问题。如果是以往，信息发过去，马上就会得到回复。这次没等来很在意的这个信息，感觉这个话不应说出来，因为这位大作家一定会尽力答复，果然惊喜在不经意间就来了。

施老师发到信箱三个相同的信息，怕我收不到，又从微信上发来贾老师手写的答问。这样的作家真的不多了，感动是发自内心的，敬佩也油然而生。后来，我还收到贾平凹《极花》的签名书，还有贾平凹全套的小说和散文文丛，真是一个大大的惊喜。

我不清楚贾平凹《极花》的市场反响如何，但之前他也入过作家榜。我感觉，不管多知名的作家，作品再宣传，写得再好，读者如果不想看，也一样不买账，但文学不能因为读者的冷落就式微，就不向经典的方向努力，作家想写什么就写什么。如果写作是为了市场，可能多数作家就得停笔。文学在很多时候更需要忍耐和持守。记者约访名人，又何尝不是如此？

金宇澄：《繁花》

金宇澄：

原名金舒舒。1952年出生，上海人。1985年开始发表作品，1988年进入《上海文学》杂志社任编辑。主要作品：小说《轻寒》《迷夜》《碗》《回望》等，散文《洗牌年代》。

《繁花》授奖词：

《繁花》的主角是在时代变迁中流动和成长的一座大城。它最初的创作是在交互性、地方性的网络空间进行，召唤和命名着特定的记忆，由此创造出一种与生活和经验唇齿相依的叙述和文体。金宇澄遥承近代小说传统，将满含文化记忆和生活气息的方言重新擦亮、反复调试，如盐溶水般汇入现代汉语的修辞系统，如一个生动的说书人，将独特的音色和腔调赋予世界，将人们带入现代都市生活的夹层和皱褶。乱花迷眼，水银泻地，在小历史中见出大历史，在生计风物中见出世相大观；急管繁弦，暗流涌动，尽显温婉多姿、余音不绝之江南风韵，为中国文学表达都市经验开辟了新的路径。

如何阅读与思考

在第九届茅盾文学奖的五部获奖作品中，金宇澄的《繁花》最引人关注。因作品用方言演绎了一出上海弄堂里小市民生活的大戏，成为本届茅奖的一匹黑马。获奖后，各路媒体采访蜂拥而至，令金宇澄应接不暇。我避开了其他媒体采访的时间热点，利用厚积薄发的后发优势，从读者和评论家的角度提出问题对金宇澄进行专访。稿件2015年11月刊于《辽宁日报》阅读版，被新华网等转载，收到极佳的报道效果。本文与见报稿不同。

我发现文学还是很热

高慧斌：过去的两年里，《繁花》已引发业界关注，获得30多个奖项，屡上排行榜。在您看来，纯文学如果没有媒介的推荐或得了大奖，能否进入公众视野？

金宇澄：我从事小说编辑近30年，主要是看中、短篇来稿，对长篇不怎么了解，但以我的经验，假如小说缺少一种排他性，缺少叙事个性，不容易引起关注。当下的读者也不是一般想象中20世纪八九十年代的文学老读者，他们的知识面更广，更懂文学，对作品要求也更高，如果作者仍然是居庙堂之高，不考虑作品辨识度，抱残守缺，作品有可能被湮没。原来我以为，文学是边缘化的，小说出得多，读者看得少，但是《繁花》出来后，我发现文学还是很热，读者会发现它，会认可它，媒体一旦关注，力量也非常强大，这都是我原本没想到的，改变了我对读者的看法。

高慧斌：巫昂说"读了几十页《繁花》，顿觉胸闷气短……"诗人巫昂的"胸闷气短"的确代表一部分读者的感受。尤其是一些北方读者，看得懂却读不下去，是书的问题，还是读者的问题？您如何看待当下的阅读？

金宇澄：据我所知，巫昂是喜欢这部书的。小说需要特征，真正读

第一辑　这边风景

不下去的读者应该有——因为对话不分行,几千字一大块,有没有耐心因人而异,但我坚持认为,小说需要一种文体的特征,我这写法是对的,是有意为之——爱之者蜜糖,恶之者砒霜,要给读者一个特别的印象。中国每年出版长篇小说几千部,让人印象深刻的不多,是因为缺少个性,就像几千人站在一起,要一眼认出来,总得有特点吧。此外,阅读习惯,各人各异,很多年来,我们也已经习惯读西方式样的文本叙事,《繁花》是传统话本模样,极大改变了读者的口味,标新立异,读者不习惯是很正常的。

高慧斌:刚看引子,眼睛就不停地在沪生和陶陶间跳跃,这样的写法的确少见。有评论说《繁花》从头到尾的面貌很陌生,叫人不习惯,连小说最重要的"塑造"在作品中都消失了,您怎么看这个问题?

金宇澄:中国小说写作受西方影响有100年了,我们读惯了西方小说的对话,一般都是分行的。《繁花》改变了这习惯(其实有些西方小说、日本小说,也是这样挤在一起的)。传统话本比如《金瓶梅》《红楼梦》都不分行,一章就是一大块。《繁花》用意很简单,去掉一般翻译小说的样式,呈现新面孔,显示中国传统小说的特征。所谓人物"塑造",也是西方习惯,很多元素堆在一个人身上,这是惯用的办法,而我们前人传统的笔记体,包括博尔赫斯喜欢的《一千零一夜》,呈现的是密集、简洁,众多人物在话本里,是走马灯一样出入。《繁花》是向传统叙事致敬。

我的书写不代表上海的全部

高慧斌:您当初在网络上写作,应读者要求改变了人物的结局,这是创作接地气,还是也考虑了市场的因素?

金宇澄:网络写作绝对是迎合市场,是靠点击量生存的。我写《繁花》初稿在上海"弄堂"网,却没有这功利的特点,街坊邻居小范围网站,

如何阅读与思考

等于上去讲讲闲话，没什么指标，等于传统小说的连载。狄更斯、鲁迅、张恨水曾经都这样，每天写一节就发表了，接受或者不接受读者要求，改变或者不改变人物的命运，这都是良性的传统文学方式。之后，我们报纸副刊的连载小说，就变成出版后再分割的东西了，完全变了。

喜欢这种写作氛围的原因是，我每天的每一节，都收获几十个读后意见（现还挂在网上），而一般长篇小说的作者，写几十万字一部书，只会得到一个编辑一两千字意见。而作者最希望看到的就是读者意见，因此我比一般的写作者要幸福很多，直接触摸到读者要求，非常幸福。简单来讲，《繁花》完全是非功利的，王家卫导演说我一辈子的积淀，只写了这一部小说，太亏了，而且我的小说里看不到一点影视的倾向，如果换成别人，至少可以写几部了。他这样说是对我的表扬。

高慧斌：您创作中的两条线索，"过去的故事"写得温婉可人，可"现代的故事"有评论认为写得像个泔水桶。我也有这样的感觉。那些美好的"食材"呢？

金宇澄：《繁花》并不代表上海的全部，只是我所看到的上海局部。您的提问，其实是我有意而为之，因为20世纪60年代，变化感特别分明，但90年代，甚至一直延续到现在，世态几乎是差不多的——我们的饭局不断，聚会不断，这在过去是没有的。城市的某一些人群，始终停留在吃吃喝喝的氛围中——为什么说我只写了局部？这些讲个没完、吃吃喝喝的人群，其他的作品没写过，上海所谓的"知识分子"、高大上或温婉的男女生活，已经写了不少了，因此，我可以忽略。只在社会某一个层面写这些人群，是真实上海的另一部分，就像小说开头我提到《阿飞正传》，结尾提到《新鸳鸯蝴蝶梦》歌曲，城市里这些半夜出去打牌的人、社会闲散人员、男男女女或说那些生活格调不高的人们，是怎么生活的？他们的状态怎么样？他们或许打情骂俏，有说不完的恩恩怨怨，逐渐出现了悲凉的气氛，但我传递的却是一种正能量，让读者知道——美好的时光就这么过去了，不管我们做什么，要珍惜时光。

第一辑 这边风景

我做了一件孤独的事

高慧斌：《繁花》胜在语言。韩邦庆、张爱玲、王安忆等上海作家也都写出了自己的风格，您如何看待同一地域的这些作家的创作？

金宇澄：20世纪90年代中期，王安忆写《长恨歌》、陈丹燕写"上海三部曲"，还可以再列上程乃珊、王小鹰、卫慧等一群女作家，开创了某种"上海书写"的格局，而且统领了近20年之久。希望这格局有所突围，相信是很多人的期待。对上海这座城市的精神内涵，王安忆用上海女人的务实与韧性来解读，陈丹燕从欧洲文化和殖民历史来破译。

高慧斌：也有人提出您作为上海作家，在创作上走了一条与张爱玲和王安忆等上海作家不同的道路，您怎么看？

金宇澄：上海评论家毛尖说她一直以为小说写上海，要用许多许多"的"，但《繁花》基本不用"的"，也写出了上海。这特点是我用母语（沪语）思维写这30万字，并且改良。评论家李敬泽也曾经说："老金如果不这样写，这书可能没人看。"

母语思维，文字改良，前人不会这样去做。韩邦庆写《海上花》，就像胡适先生说"我手写我口"，在不普及国语、普通话的年代，读者对方言的辨识度和听力，都比当代的读者强。方言如何说，手就可以如何写，不必改良。到了张爱玲时代，已经讲国语了，她基本是用国语写，吴方言的写作就闭幕了。但北方方言仍可以一直写下去，因为早前国语和以后的普通话，都是以北京话为基础形成的语言，老舍和王朔都可以用北京方言写。《繁花》是在普通话早已普及三代人的当下，不论对话、叙事全用沪语的一种尝试，除去阅读的障碍，在语言上改良，以求得读者的注意。语言上下功夫，整个修订过程是孤独的努力，我做了一件孤独的事，别人不会去做的事。

高慧斌：唐诺说，金宇澄最终把原本是文字的东西回归到了语言，

如何阅读与思考

其结束的方式并没有那么好。

金宇澄：一部小说有一百种意见，唐老师这样说有他的道理，我很感谢。也感谢它赢得了那么多非上海读者的注意，包括"80后""90后"读者的喜欢，豆瓣给8.8的评分，我非常感谢这些读者。即使在上海，我知道不是所有人都会认同，个人经验都不一样，《繁花》不可能代表他人心目中的上海。我只用自己的方式，写出了所看见的上海局部，它不会与其他上海题材重合，结局也是有意这样处理的，每部小说的宿命都这样。

高慧斌：日后创作您还会延续这样的风格吗？

金宇澄：对我来说，这样的一次尝试就足够了，我只是做出这样一个标本，对文学来说，文本非常重要。当下大家只关心小说的内容，很少关注文本的个性。

高慧斌：一位上海读者说《繁花》书名因品不出其中含义，不如改成《眼花落花》好。"眼花落花"也是上海话，意即千姿百态，五花八门，洋洋大观，看得人眼花缭乱。再版时会考虑改书名吗？

金宇澄：阅读《繁花》，上海读者有种优越感，总以为只有上海人才能品出其中的韵味，假如书名改成这样，与我刚讲的一些写作用意，完全是南辕北辙的。

札记：利用后发优势采访金宇澄未落俗套

文学编辑金宇澄荣获第九届茅盾文学奖，宛如一匹黑马，打破了本就不平静的文坛。这位几十年如一日，一直默默无闻地给其他作家编稿的幕后文学编辑，就这样惊艳地进入了人们的视野。

突然爆红的金宇澄，这段时间一直在应付大批媒体的采访。本次五位茅盾文学奖的获奖者，我除了苏童（过去采访过）之外，每位都联系并安排了采访事宜，最先采访到的是文化部原部长、作家王蒙先生。

第一辑 这边风景

金宇澄长期从事编辑工作，他更清楚作品如何写。他甫一出场即引发关注，其实并不意外。既然金宇澄成为热访对象，我不想凑热闹，计划待热度冷却后再访。联系采访金宇澄和联系采访王蒙是同时进行的。李佩甫和格非的采访也在进行之中。最后费尽周折，只采访到了前两位，后两位答应了采访，却一直未能成行。如果被采访对象换作我，我也不喜欢媒体这种势利的追风，不接受采访在意料之中。

采访金宇澄让我有点犯难。我注意到，此前太多的媒体对他进行了专访，问题五花八门，该问的基本都涉及了，似乎没法再提问了。如果不能问出新问题，不仅我们的采访会炒旧饭，可能人家也不会再接受采访，毕竟获奖的热情也已渐淡。于是先电话沟通，再短信联系，最后通过信箱发去采访提纲，通过电话完成采访。

在发采访提纲之前，金宇澄果然提出了我担心的问题，他说的第一句话就是，这段时间疲于接受采访，该说的话都说过了，如果没有新问题，就不接受采访了。我不能再提作品如何好，而是要着重就读者的反响提问题，即不少读者反映这部获奖作品不能一气读完，甚至有点看不下去。然而这样的作品却获了奖，有的读者不能理解。循着这样的提问思路，最终利用后发采访优势，取得预想结果。

电话采访遇到了难以听懂的上海话的困扰，口语与书面语还是不一样，金宇澄在最后看稿时，对他的原话进行了一些修改。哈，原来作家接受采访和写小说的语言，还是有分别的。

金宇澄小说的受欢迎再次说明，文学并未从精神领域退场。今天再回头看这部作品，其上海弄堂里的味道仍浓，仍值得回味。这让我想起之前中山大学中国语言文学系教授、博士生导师谢有顺在某次论坛发言时谈论的一个观点，即中国文学正在从精神领域退场。谢有顺说，在当下这个极为强调文学交流的语境里，也不能忽略文学的另一种本质——属于作家个人的非交流性。因为许多伟大的文学作品不都是交流的产物，恰恰相反，它们是在作家个体的沉思、冥想中产生的。正因为文

如何阅读与思考

学有不可交流的封闭性的一面，文学才有秘密，才迷人，才有内在的一面，很多作家长期在国外从事各种文学交流，作品却越写越差，正是作品中不再有那个强大的"孤独的个人"。好作家应该警惕过度交流，甚至要有意关闭一些交流的通道，转而向内开掘，文学才会因为有内在价值而有力量。

个人感觉，这番话是说给金宇澄的，他潜心几十年之后，终于实现了个人的突破。

王安忆：《匿名》

王安忆：

　　1954年生于江苏南京。作家。复旦大学中国语言文学系教授，上海市作家协会主席。主要作品：长篇小说《69届初中生》《黄河故道人》《流水三十章》《米尼》《纪实与虚构》《桃之夭夭》《天香》等。著有大量中短篇小说、散文、文学理论作品。

评论家陈思和：

　　《匿名》是在试炼作者对当代社会认知能滑行多远。我认为她的文学探索是具有先锋性的。

如何阅读与思考

王安忆的每部新作面世都会引发业内关注,长篇小说《匿名》出版后,我第一时间从人民文学出版社得到样书,迅速联系采访,并事先提交了采访提纲。在参加了由人民文学出版社组织的"王安忆新书网络发布会"后的第二天,文章见报。我同时邀请《收获》杂志副主编钟红明、著名评论家陈思和、复旦大学中国语言文学系教授张新颖参与作品讨论。稿件2015年12月27日刊于《辽宁日报》阅读版,被新华网等转载。本文与见报稿不同。

跳出以往的写作路数

高慧斌:有读者发表读后感说,读完上部,感觉王安忆后期的代表作来了,就好像宫崎骏的《千与千寻》,好多熟悉的元素又都活过来了。最惊喜的是里面那些思想性的语言,简直通神了,把夹叙夹议做到了极致。村镇史的叙述、纺织的描写跟《天香》都是一脉相承的,养老院的部分和《天香》第三卷也是如出一辙,甚至还看到了她的一些短篇的影子,《匿名》给《天香》补了个缺。《匿名》您要表达什么?

王安忆:如果读者带着对类型小说的兴趣去看,肯定会失望。撇开表面化冲突,小说设置了更大悬念:主人公从大都市跌入深山老林,从文明法则跳进自然法则,在遗忘的恐慌中不停为事物命名,他如何再拾起、穿上一件件文明外衣?"匿名"这个标题正是对整部小说的解构。失踪者虽携带此前的社会化烙印,却不得已步入狩猎原始阶段,像个初生孩子打量世界,甚至和学舌鸟儿呼喊应答。他在"匿名"的世界里艰难而微妙地二次进化,是我着墨最多的。

很多东西没有了之后,我们只能依靠它的壳来认它的内容了。从名去认实,实都消失掉了,幸好还有名。这也是文明留给我们的符号。也就是说,希望通过他从人类原始状态一步步自我进化、自我命名、自我建构所处的世界的过程,来探讨人类自我与历史、语言与文字、文明与时间之间的玄妙关系。

以前我很想写的就是生活,生活里隐藏着自身的美学,人际关系、人性里面潜藏的那些美学。以往的写作是对客观事物的描绘,人物言行、故事走向,大多体现了小说本身的逻辑。《匿名》试图阐释语言、教育、文明、时间这些抽象概念,跟以前不是一个路数的。这种复杂思辨的书写又必须找到具象载体,对小说本身负荷提出了很大挑战,简直是一场冒险。

继上一部长篇小说《天香》后,时隔四年多《匿名》才面世。我所探讨的符号都要落到小说的实体里,不能超出常识,又要和常识保持一定距离,所以写得很苦很慢。

一群边缘人的奇情世界

高慧斌:王安忆《匿名》的创作有哪些特点?

钟红明:《匿名》的结构方式可能和以往王安忆的写作有些不同,以前她对生活表象的东西描摹非常细致,这次有很多由一点而生发出去的思考性的东西。《匿名》是一次抽象的行走,枝蔓丛生、念头奔涌,情节反倒不重要了。《匿名》里面的人物都不是正常社会规范里的人,还用了太多的隐喻。正如王安忆所说:"我觉得这里边有些隐喻的陷阱,但对于我来讲,挑战就在这。"

陈思和:王安忆的小说越来越抽象,几乎摆脱了文学故事的元素,与其说是讲述故事,还不如说是在议论故事。

张新颖:"匿名"的意思就是"我不告诉你",王安忆要写他们(主人公)不告诉读者的东西。他们都是来自特别偏僻的、似乎和这个世界隔绝的地方,但慢慢走到了一个跟我们不太隔离的世界,还处在一个奇怪的边缘上。一旦到外面的世界,就失去身份,失去合法性。身份、合法性也都是名,没有这些,对我们这个社会来说,就是匿名的;对于他

如何阅读与思考

们来说，他们的过去又是他们想要隐匿的。这里可以说有很多的层次。王安忆写这个小说，就是要告诉你，有这样的世界，有这样的人。他们这些"异类"，好像是在一个文明或者社会看不见的夹缝里存在着。

札记：我没品出王安忆文字的味道

这次，我没品出著名作家王安忆文字的味道，尽管不少媒体和几位评论家都在热议这部作品，言写法如何新、如何富有哲理，尤其是语言如何有特点等，但我个人仍然感觉，是王安忆的知名作家身份抬高了人们对这部作品的评价。这只是我个人的观感。

著名作家王安忆出版了新长篇小说《匿名》，我第一时间拿到了书，兴奋地开始阅读。真应验了那句话——期待越大，失望就越大。我开始怀疑自己的审美能力或审美情趣，是不是我的阅读品位出了问题？我没有从中看出王安忆写作上的新，新在何处，我也没有看出作品的哲理哲思体现在哪里，我甚至没有品出与出版社提供的读者的读后感相似的味道，即"王安忆的作品进入了后现代写作时代，语言简直神了"。

这部作品不太容易看下去，故事情节不会吸引你一口气能读下去。个人感觉这部作品的可读性和《生命册》《活着之上》《繁花》是无可比拟的。我经常是看了一页就想马上翻过去，就想知道被绑架的无名主人公的命运怎么样了，找人的过程也没有太出新，语言上我感觉是读着不上口。

我甚至认为，这样的大作家，怎么会写这样一个故事，怎么就这样描写了一个人的状态，怎么就这样下笔了呢？如果换作我，某一段是否可以一笔删掉呢？我可能是怀着一种欣赏经典作品的态度来看这部作品的，想从中读出我想要的哲理，想被一段或几句非常好的句子感动，记下来，不失时机地引用一下，或是像阅读阎真的《沧浪之水》般，读到一段会联想到自己，会感同身受，会因难过而流泪。我在想，这样的作品的好，与出版社的强力包装，与评论家的推荐有多大关系？没读出作品的好，我最后还是把原因归于我自身，是我的文学修养不够，是我的审美出了问题。

说实话，王安忆的这本《匿名》，如果不是因为采访的关系，我不会读完，这个读的过程真的是走马观花，主人公没名，他老婆的名字也拗口，小说中的语言，可能有上海的方言或习惯说法，读起来不顺畅。总之，我没从中看到我想看到的惊艳。当然，我的观点不具代表性，但这是我的真实感受。

冯骥才：《俗世奇人》

冯骥才：

1942年生于天津。中国当代作家、画家。"伤痕文学"代表作家，其文学作品题材广泛，形式多样。20世纪末以来投身文化遗产抢救，影响深远。代表作品：《高女人和她的矮丈夫》《神鞭》《三寸金莲》《珍珠鸟》《一百个人的十年》《俗世奇人》等。

冯骥才：鄙人写完《神鞭》与《三寸金莲》等书后，肚子里还有一大堆人物没处放，弃之实在可惜。后来忽有念头，何不一个个人物写出来，各自成篇，互不相关，读起来正好是天津本土的"集体性格"？于是就此做了。初写数篇，曾冠名《市井人物》。

第一辑　这边风景

在 2016 年北京图书订货会上有一场关于冯骥才《俗世奇人》的新书推介会，我在会上就为何会关注这些形形色色生活在社会底层的小人物等问题，对冯骥才进行了专访。稿件 2016 年 2 月刊于《辽宁日报》阅读版。本文与见报稿不同。

天津是市井城市，俗世出奇人

高慧斌：《俗世奇人》里的不少人物我们都有所耳闻，您是怎么想到要给这些奇人立个传的？这本书的创作心得是什么？

冯骥才：天津、上海、北京是三个完全不同的城市。北京是一个精英城市，它是一个比较政治化的精英城市。上海是一个商业城市。天津是一个市井城市，就是俗世。天津人跟上海人、北京人不同。北京这个地方的文人，比如梅兰芳、茅盾、徐悲鸿，这样的人物天津绝对出现不了。上海出周璇这样的艺术家，天津出骆玉笙、马三立，天津绝对不会出现徐悲鸿、老舍这样的人物，可是北京也绝对不会出马三立。不同的城市有不同的特点，人的性格也不一样。

《俗世奇人》这样的小说，实际上是中国的一个传统，因为中国的传统是先有故事，后有文学性的小说。像《红楼梦》开始出现文学性，以前中国小说大部分都是故事，唐宋传奇以来一直到《聊斋》，这样的小说，一般来讲不管写得多世俗，多乡土，但是用的都是文人的笔墨。文人的笔墨就涉及一个语言的问题。中国从文学史来讲，因为诗歌的成熟在前，散文的成熟在后，所以散文受诗歌的影响，讲究炼字，就是每一个字都很讲究。比如从唐宋传奇到《聊斋》，那就是多一字不行，少一字不可，就得特别精练。

写小说的人物故事，我的经验就是三个细节，或者是三个情节把这个人物撑起来。如果你少一个情节，这个人物就立不起来，你得从不同的面把这个人物性格撑起来，立住。但关键是最后的包袱，这是中国故

如何阅读与思考

事的特点，就是结尾。结尾得回味无穷。

先想好结尾是我写作的一个诀窍

高慧斌：这本书在写作上有什么特点？

冯骥才：我记得20世纪80年代末90年代初时，苏州有一个很好的作家陆文夫，他请我吃饭，吃饭时讲了几个诀窍。他讲苏州园林里面有一个叫"听松读叶堂"的地方，听风吹松树的声音，底下有看月亮的一个堂，上面有两个字"读画"。他问我，为什么叫读画，不叫看画或者观画？我说就因为中国的画跟西方的画不一样，因为中国的文学成熟在前，绘画成熟在后，所以绘画讲究文学性，画里面的文学，所谓的"诗意"不是看出来的，是读出来的，这是中国人看画一种特殊的视角。

我们吃到最后时，等着最后一道菜，上来一道汤，我说这个汤很好喝，把这一桌子菜的味都提起来了。陆文夫说，你觉得像什么？我说像小说的结尾，小说你不管前面写得多好，最后如果结尾不好，这个小说就全完了。如果结尾好，就把小说全提起来了。陆文夫是短篇小说写得很好的人。

写作有一个诀窍，就是先想好的结尾，倒过来想。有点像写电影，就是结尾要有意思。最后有一个好的结尾，一下子把这个人物个性写出来。比如《狗》的结尾，写的这个狗，实际写的就是天津人，天津的狗都跟别的地方的狗不一样。别的地方的狗，忠义是最好的狗，忠犬，但这不是天津最好的狗。天津最好的狗是爱面子，但对你还是尊敬，最后死也死在你们家。我觉得我给你丢了面，没面子，我宁愿死了，也要让你明白我是怎么回事。实际写的还是天津人。

每个小人物都有自己的心灵

高慧斌：您的书中有不少您画的画，形神兼备。您画画的技巧是什么？

第一辑　这边风景

冯骥才：我画画主要是画山水，很少画人物，但我喜欢画家庭漫画，调剂我的生活。写小说跟画画有一点是相同的，都是形象思维。小说家写东西时，写一段风景，或者写一道光线，哪怕我写一阵风，它跟我对形象的感觉也是一致的。

有一次契诃夫跟高尔基谈话，关于高尔基在描述时用了很多形容词写一个人很疲惫地坐在草地上。契诃夫说，你没有必要用那么多形容词，你就说一个人疲惫地坐在草地上就很好，因为"文学就是要立刻生出形象"，如果形象没有出来，你用多少语言都没有用。这个非常重要。比如我在写这个人物的时候，这个人物在我心里面已经有形象了，但他不具体，他可能是变化的，但我一旦把他写出来之后，他的形象就具体了。这时候我画他很容易。

我希望我们生活里面多一点活生生的传统，比如说我们的节日，像春节的时候，父母可以给孩子们买一点春节小饰品，让孩子们自己贴，让他们有一点春节的记忆。孩子们现在之所以对节日的感情比较淡漠，主要是因为孩子们记忆中没有这些传统的内容。要把这些内容融入生活中，约定俗成，有了情感，到时候才会表达，孩子们才会采取这种传统的表达方式。你换一种方式，点蜡烛，表达不了对春节的感情，吃饺子才行。所以还是让我们回到传统中，特别是我们的孩子们，久而久之就有情感了。

我觉得社会的生命还是在小人物身上，生活的本色也在普通人身上，大人物的传记有人去写，或者人们争着去写，但是普通人的命运才是这个时代的命运，需要有作家为他们去写作。我觉得最可爱的、最千差万别的往往是这些最普通的人，每个小人物都有他自己的心灵，如果你真接触他的心灵，你从生活里获得的那种情感上的、生活上的回报要丰富得多。

如何阅读与思考

札记：出版社为何力捧名家？

在2016年的北京图书订货会上，我第二次采访到著名作家冯骥才先生。

第一次采访冯骥才是去天津冯骥才工作室，我们所议话题围绕城市化进程，对如何保护古城、如何保护古建筑、如何保护民间文化遗产等进行了讨论。时隔多年，再次见到这位知名作家，人还是那么帅气、幽默。

在北京图书订货会的采访中，冯骥才先生讲了他的《俗世奇人》是如何出炉的。他说，作为地道的天津人，来写天津的能人，具有天时地利与人和之优势。

说实话，在北京图书订货会这样的展会做图书推广活动，在这样的场合对名家进行采访，效果实在不敢恭维。参会人数是不少，但乱哄哄的会场，话题再好，说话效果也大打折扣。听众少的，那场面也实在冷清。个人以为，那么乱的场合也不适宜谈严肃话题，因为时间关系，也不可能说深说透。我注意到某出版社邀请一位先生，讲了几十分钟的信仰话题，根本听不到他说了什么，但不这样做活动，也感觉展会缺了点什么。眼前的场景，令人心里有一种怪怪的感觉。在这样的场合对冯骥才进行专访，被人围观，难以做到聚精会神，采访效果也难以保证。

当细看冯骥才先生的这本《俗世奇人》时，发现同属一个出版集团的两家出版社，几乎同时出版了这本书，内容绝大多数都没有变化。据我多年的观察，这并非个别现象。

某年，我约访到一位大名家，要进行采访时，也发现了他的书在大致相同的时间被两家出版社出版。书名一样，内容大致相同，最后采访稿不知写哪家出版社为宜。我还发现某出版社出版了多位名家的丛书，但每本书只有一至两篇新作，其余都是旧作。我不清楚为何那位著名的诗人主编要编辑这套书！前言写得那个好，吸引你不得不读下去，可读了才发现，内容是一再地重复，有点名实不符。既然有那么好的出版计划，

第一辑　这边风景

为何不能出版一套这些名家的新作？细看后注意到，几位作者都提到了主编约稿的似难推辞，遂写一篇或几篇新作充数。从这套丛书中我看到的是名家不管写什么，都有人主动出版，而且多是提前签订出版合同，名人的书也不愁出版。看这类书虽有点收获，但更大的是失望。这不禁让我思考，出版社为何要如此力捧名家？

出版社眼盯名家少不了是为经济效益，否则，人们会记住并力捧金敬迈先生。因为1965年，金先生的《欧阳海之歌》出版，其发行量远远超过《红岩》，但今天这位老人家已在人们的视线中消失，已经没有多少人识得这位曾风光一时的人物了。

面对出版社不断包装名人的现象，我不禁思考，为何出版社忽略了金敬迈先生这样的名家？我采编了几年读书版，读的书也不算少，个人以为，既然已是名家了，已经名利双收了，总该再有点新货而不能总吃老本，那些读者已经熟悉的字，还拼装成所谓的新书，却了无新意，这样真的对不起掏腰包买你作品的人，也对不起包装你的出版社。我也经常收到出版社主动寄来请求推荐的各类名人的新书，打开一看，多是旧字重版。

出版社眼盯名家的现象能否改一改？能否珍惜出版资源，给读者以尊重，同时也尊重一下自己的名声？

王蒙：《这边风景》

王蒙：

1934年生，祖籍河北省沧州市。作家，学者。文化部原部长，中国作家协会名誉主席。代表作品：《青春万岁》《组织部新来的年轻人》《活动变人形》《红楼启示录》《青狐》《我的人生哲学》等。

《这边风景》授奖词：

在王蒙与新疆之间，连接着绵长繁茂的根系。这片辽阔大地上色彩丰盛的生活，是王蒙独特的语调和态度的重要源头。《这边风景》最初完稿于近四十年前，具有特定时代的印痕和局限，这是历史真实的年轮和节疤，但穿越岁月而依然常绿的，"是生活，是人，是爱与信任，是细节，是倾吐，是世界，是鲜活的生命"。在中国当代文学中，很少有作家如此贴心、如此满怀热情、如此饱满生动地展现多民族共同生活的图景，从正直的品格、美好的爱情、诚实的劳动，到壮丽的风景、绚烂的风俗和器物，到回响着各民族丰富表情和音调的语言，这一切是对生活和梦想的热诚礼赞，有力地表达了把中国各民族人民从根本上团结在一起的力量和信念。

第一辑　这边风景

得知王蒙先生获得第九届茅盾文学奖，我第一时间通过其秘书联系采访，并邀请著名评论家、北京大学陈晓明教授和中国海洋大学王蒙文学研究所所长温奉桥教授与王蒙先生一起接受专访，共议《这边风景》的创作风格。稿件2015年8月22日刊于《辽宁日报》阅读版，引发读者热烈反响，被主流网站转载。本文与见报稿不同。

承受了一种历史压力的写作

高慧斌：中国作家协会副主席李敬泽评价说，《这边风景》会影响学术界对中国当代文学史的研究。您认同这样的说法吗？

王蒙：评论家研究"文革"时期有哪些作品可说，还要研究"文革"前的所谓"十七年文学"是否应该止于浩然的《艳阳天》，这一类问题当然会因《这边风景》的出现而出现新的说法。

陈晓明：毫无疑问，这部作品是一部历史性的写作，它深深地扎根于某种特定的历史之中，是承受了一种历史压力的写作。同时，王蒙又能站在历史之外，在一个历史临界点上给我们以提示。这本书是中国当代文学史上的一件重要的事情，会是今后学生们研究的非常重要的文本。王蒙为20世纪的文学提供了一个非常可贵的文本。

我们的文学95%是在写汉族的生活，这是非常不正常的。现在有这么一部作品，一个汉族的作家用这样一种视角去写少数民族的生活，这在整个中国的当代文学史中是非常罕见的，给当代文学提供了非常重要的文献。王蒙用他强大的个人风格的创作性，他对生活的知性的一种契入，他对人物性格的把握，他对生活细节那种机智的、赋有才华的表现，做出了一种探索。

王蒙：我收到了新疆维吾尔族作家阿来提的短信，他说他们向自己祝贺，一部写新疆、写维吾尔族人民的长篇小说获奖。我的感想是首先感谢新疆各族人民，他们使我在一个不快乐的时期得到了那么多快乐，

如何阅读与思考

在一个无所事事的时期，做了有意义的事。

填补了个人创作史的空白

高慧斌： 作为王蒙文学研究所所长，您如何看待这部作品？

温奉桥：《这边风景》填补了王蒙个人创作史的一个空白，使王蒙横跨60年的文学创作链条得以完整。在这个链条上，《这边风景》占据了一个承上启下的位置，就整个中国当代小说来讲，我觉得这部作品的出版有重要的意义。

这部小说是一部关于新疆的百科全书，从故事情节来讲，有很强的可读性、传奇性；从笔调来讲，又具有非常强的学术性。同时，《这边风景》是当代文学一次跨文化的写作，王蒙在新疆生活了16年，与维吾尔族人同吃同住同劳动，他熟练掌握了维吾尔语，通过阅读维吾尔族人的作品，对维吾尔族的文化，特别是当地的风土人情、心灵世界有了高度的理解，更重要的是，他走进了维吾尔族人的内心和真正的精神世界。正如维吾尔族诗人热黑木·哈斯木所认为的："汉族作家反映维吾尔族生活，能让维吾尔族读者称赞叫绝，说到底，就因为王蒙通晓我们的语言文化，懂我们的心。"

按照自己的路子写

高慧斌： 您说，在小说中找到了自己？小说里的话题永远也不会过时？

王蒙： 我是在小说中找到了自己。小说里有永远不会过时的话题，比如热爱祖国、热爱家乡、热爱边疆、民族团结。在我们这个祖国大家庭里，他们的生活、他们的精神面貌需要有《这边风景》一类的作品展现。现在也证明，这些话题不但没有过时，而且目前更突出了。只要生活没有停止，就仍然有吃喝拉撒睡、有爱情、有唱歌，西瓜仍然是甜的。

第一辑 这边风景

高慧斌： 当年您为何要选择去新疆，而不是其他的地方？

王蒙： 我为什么在1963年的时候选择去新疆，是为了破釜沉舟，走起死回生的道路。到边疆去，到农村去，到少数民族地区去，多写一点民族团结与祖国统一，使自己工农化，与工农兵相结合。

高慧斌： 这部作品在获茅盾文学奖之前，就已在业界引起关注，您认为这是一部什么样的作品？

王蒙： 到2016年，距离"文革"就半个世纪了，我留下的是一部热爱生活、热爱人民、热爱各个兄弟民族，尤其是维吾尔族农民的书。我确实践行了毛主席在延安文艺座谈会上的讲话，而且还真的和自己完全不熟悉的、完全不同地域的农民打成一片，像模像样地在那里参加了农业劳动，当了队长。我是一个践行者，哪怕是被动的践行者。这是一种生活。

高慧斌： 有评论认为您的这部小说是对中国各种关系的一种思考和对中国未来的思考，您用小说的方式来解读自己的体会，是这样吗？

王蒙： 与其说是思考，不如说是祝福，祝福新疆，祝福各族人民，祝福文化、宗教、不同的风俗习惯能够融洽和谐地相处。

高慧斌： 采用"小说人语"这样的创作方式，您是出于什么样的考虑？

王蒙： 这部作品写于30多年前，30多年来我国发生了非常大的变化，有的东西甚至会被遗忘，比如人民公社、生产队开会、"四清"，年轻人对这些可能已经没有概念的时候，我想把30多年前的作品和现在的东西搭一个桥梁。而中国的文学又有这种特点，比如说《史记》和《聊斋》都有说书人的出现，这些都给了我很多启发。甚至你也可以把它解释成是我在重新编辑这本书的时候，压抑不住自己想跳出来说几句话的愿望。

高慧斌： 这部作品荣获了第九届茅盾文学奖，现在回过头来看这部作品，您是否有遗憾？

王蒙： 不，那个年月，能写得这样生活，这样细节，这样真情，这样诚恳，很难设想啊！我是王蒙，我只能按照我的路子写。重看《这边

如何阅读与思考

风景》的时候，我到处看到王蒙的痕迹。

札记：由采访王蒙先生想到记者得有人脉

第九届茅盾文学奖揭晓后，在五位获奖人员中，我第一个采访的就是王蒙先生。这主要是因为我过去采访过他，联系上占尽了优势，再加上他的特殊身份。

作为省级媒体，能采访到王蒙先生，算是幸运。采访这样的人物，没点人脉真的不行。我过去虽也采访过王蒙先生，但一来是通过出版社沟通，二来联系方式已改变。我有王蒙先生之子、评论家王干的联系方式，也约过论汪曾祺的稿件，但电话一直联系不上。经过多方沟通，最后从《花城》杂志执行主编田瑛处，得到王蒙先生秘书彭老师的联系方式，通过其沟通，最终得以完成采访。此间的沟通也不是简单的几句话，简单发几个信息就达成目的。这样的人物，出于多方考虑，一般是不愿意提供联系方式的，田瑛主编也是经不住我的软磨硬泡，包括彭秘书也是如此，最终在规定的时间内完成采访。为了补偿未能及时帮我联系采访带来的不便，就如何阅读，我跟王干霸道约稿，王干回复："高兄，看来霸道管用，看这篇稿能用不？"不仅稿件如约而至，我们还称兄道弟了。

有同事曾开玩笑说我采访名家容易，因为我这些年积累的人脉广博，所以对我采访名家不以为意。

其实，没有此番经历者不能体会其中之难。我们且略去采访内容，仅仅从找名家、联系名家来说，就非轻而易举。比如，有的作家有联系方式，但就是联系不上，打电话不接，发短信不回，总让我怀疑，是不是我这个记者当得太失败，采访不应该眼盯名家？多数时候我不认为是自己能力有问题，这样说并非不谦虚。

我在工作中无论遇到什么样的困难，我感觉开门办报的方向并没有错。开门办报也不是一般的党报能够做得到的。现在多数地方的党报都

第一辑 这边风景

是在省内市内转，走出去的并不多。辽报多年前就已敞开心胸办报了，对这个转向我是做出了贡献的，可以说是开了先河。从2001年到2003年，从2015年到2018年，此间，我几乎采访遍了国内最新出版新书的名人，许多名人是我孩提时想也不敢想的人物，却成为我的采访对象。经过多年历练，我采访到那么多国内外一流的专家学者，也包括政要和企业界人士。我请名家解读国家大政方针，我深入辽宁最知名的企业，对财政部、发改委、人力资源、经信委、税务等战线基本熟谙于心。我主跑财经战线的12年，可谓意气风发，那才是一个新闻人应该有的状态——有拼劲闯劲，让我这个并不懂经济的哲学博士，成为半个经济专家。自身价值得到了充分体现，采访的文章被主流媒体转载，约稿不断。这一切也得益于多年来我在采访中建立起来的广泛的人脉。可以说，广泛的人脉一定程度上成就了我的新闻事业，我是站在名人的肩膀上，欣赏到一个个不为多数人所见的独特风景。

然而，新闻就是不问过去，只看现在和未来。

其实，采访名人的过程并不难，难的是找名人，找谁，如何找，这是最大的困难。如果找到了，采访就完成了一半。凡是我想要采访的人，他们没时间，我可以等，采访时机不成熟，我也可以等。好菜不怕凉，这个等是值得的。比如采访毛主席的女儿李敏女士，一等就是半年，但那一等实在值得。我成了采访李敏的全国媒体第一人。我也真是沾了太多名家的光，没有这些被采访名人的光芒，我将暗淡无比。

迟子建：《群山之巅》

迟子建：

1964年生于黑龙江省漠河市。黑龙江省作家协会主席。代表作品：长篇小说《树下》《晨钟响彻黄昏》《额尔古纳河右岸》《白雪乌鸦》《伪满洲国》《群山之巅》等，中短篇小说集《北极村童话》《白雪的墓园》《清水洗尘》《雾月牛栏》《世界上所有的夜晚》等，散文随笔集《伤怀之美》《我的世界下雪了》等。

迟子建：很多人对我说《群山之巅》是我最好的长篇，我没说什么。在我心里，《群山之巅》只是我五十岁的一部沉甸甸的作品，蕴含着我对社会和人生的一个阶段的思考。《群山之巅》不是对以往作品的总结，而是对未来作品的开启。

第一辑　这边风景

受人民文学出版社之邀，我参加了北京图书订货会上举行的著名作家迟子建长篇小说《群山之巅》新书首发式。在《群山之巅》新书首发式前，就该书的创作风格等，我对迟子建进行了独家专访，还邀请了一同参加迟子建新书首发式的中国作家协会副主席李敬泽、中国出版集团副总裁潘凯雄、沈阳师范大学特聘教授孟繁华对作品进行解析。稿件2015年2月3日刊于《辽宁日报》阅读版，被中新网、浙江作家网、搜狐文化、胶东文化网等转载。本文和见报稿不同。

创作完成，愁肠百结仍想倾诉

高慧斌：请问《群山之巅》小说中的人物是否有生活原型？鸿篇巨制创作完成，您是否感觉轻松了？

迟子建：闯入这部长篇小说的人物很多是有来历的，比如安雪儿、辛七杂。从第一部长篇小说《树下》开始，20多年来，我在持续的中短篇写作的同时，每隔三四年会情不自禁地投入长篇的怀抱。《伪满洲国》《越过云层的晴朗》《额尔古纳河右岸》《白雪乌鸦》等就是这种拥抱的产物。有的作家会担心生活有用空的一天，我则没有。因为到了《群山之巅》，进入知天命之年，我可纳入笔下的生活依然丰饶！虽说春色在我面貌上正别我而去，给我留下越来越多的白发和越来越深的皱纹，但文学的春色一直与我水乳交融。

与其他长篇不同，写完《群山之巅》，我没有如释重负之感，而是愁肠百结仍想倾诉。这种倾诉似乎不是针对作品中的某个人物，而是因着某种风景，比如滔天的大雪，不离不弃的日月，亘古的河流和山峦。但或许也不是因着风景，而是因着一种莫名的虚空和彻骨的悲凉！所以写到结尾那句，"一世界的鹅毛大雪，谁又能听见谁的呼唤"，我的心是颤抖的。尽管如此，我知道《群山之巅》不会是完美的，因为小说本来就是遗憾的艺术。但这种不完美，正是下一次出发的动力。

如何阅读与思考

一群大时代中的小人物

高慧斌：《群山之巅》里的人物多达百个，全是小人物，是一群生活在大时代的小人物，您的创意来自何处？

迟子建： 2001 年 8 月我和爱人下乡，在中俄边境的一个小村庄遇见一位老人。他衣衫破烂，家徒四壁，是攻打四平的老战士，打仗时断了三根肋骨，丢了半叶肺，至今肺部还有两块弹片未取出来。"文革"时他挨批斗，揍他的人说，别人打江山都成烈士了，你能活着回来，肯定是个逃兵！老人说到此气得直哆嗦。我觉得很悲凉。

从那儿回来后，我爱人联系这座村庄所属县域的领导朋友，请他们了解和关注一下老人的事情。不久后他还跟我说，事情有了进展。可是八个月后，他在归乡途中遭遇车祸。

那之后，我每年依旧回到故乡，去感受家乡的变化。比如人逝世后何时才可土葬，何时就得火化而产生的争议等。社会变革过程中产生的各类新规，在故乡施行所引发的震荡，我都能深切感受到。一个飞速变化着的时代，它所产生的故事可以说是用卷扬机输送出来的，量大、新鲜、高频率，持之不休。我在故乡积累的文学素材形成了《群山之巅》的主体风貌。

不知不觉，我已经写了 30 年。可以说，我的生命是和写作联系在一起的。每一次进入小说，都是再一次发现生活的过程。《群山之巅》描摹的是龙盏镇众生的群像，进入每一颗卑微的心，与之呼吸，让这部长篇获得了生命力。

高慧斌： 不管是您的长篇还是短篇，关注的多是小人物，这些小人物都生长在一个大时代，您为何如此关注小人物的命运？

迟子建： 我曾写过 68 万字的用编年体写就的长篇小说《伪满洲国》，我用了上百个小人物，来构筑我文学眼中的伪满洲国，哪怕是写到溥仪这样的"大人物"，也采用写小人物的笔法，因为我觉得小人物身上，更能呈现生活的本真状态。我的其他长篇，比如《额尔古纳河右岸》和《白雪乌鸦》，也都是以写小人物为主。在我眼里，小人物是文学的珍珠。

望见了那望不见的东西

高慧斌：迟子建长篇小说《群山之巅》有哪些创作特点，您从这本小说中读到了什么？

李敬泽：我们都是走在地上顶着天的人。《群山之巅》里的人物就是头顶着天，脚踩着地的人，迟子建的小说一向有这种力量，即脚踏实地的力量。

潘凯雄：我对《群山之巅》最后的一首诗印象最深。"我望见了那望不见的东西"，这是作者新的发现。读《群山之巅》的每个人会有不同的发现，迟子建几个长篇一以贯之的就是小人物和大时代。不论是《伪满洲国》《额尔古纳河右岸》，还是《白雪乌鸦》，这些小人物和大时代或大事件是不变的。这部作品仍然是诸多小人物，读到的却是一个巨大的时代和宽阔的时空。变化最大的是小说的结构，即17个小标题环环紧扣。20万字的小说成功处理这么多人物关系很有智慧。

孟繁华：迟子建的短、中、长篇小说都获过奖。她生长在中国最北方，其作品一直有地域性，地域性是不是就是民族的、大众的，对此也一直有歧义，一些作家移居到南方或繁华之地，其作品也离不开其生长地方的痕迹。这部作品中人物出场很有智慧，人物命运构思巧妙，通过一个人的换肾把中国北方群山下的一群小人物的众生相揭示出来，作品既有地域性，也有普遍性。把当下社会生活鲜活地呈现出来，也表达了对某些事物的拒绝与认知。

如何阅读与思考

札记：采访迟子建总能得到特殊关照

迟子建真是位高产的作家。出身低微的农家女的成长经历，成为其创作的不竭源泉，她的文字总能给人以惊喜。

与几年前的采访不同，这次采访迟子建遇到点麻烦。提出采访时，她要去北京参加《群山之巅》新书发布会，如果在发布会现场或之后采访，我担心会问不出我们的独家提问，也担心时间上或其他因素影响采访质量，于是电话短信不断，请其先接受我的采访。采访的诚意打动了作家，迟子建回复说，考虑到东北近邻的关系，必须关照东北的媒体。于是，先通过电子邮件发采访提纲，请其进京路上可先清楚我们的问题，争取做个独家采访。

可是事情往往就是这样，你千方百计设计好的采访，其他环节可能会有变化，有时的变化会打乱你的采访计划，但有时也会收到意外的惊喜。迟子建在进京的当晚就回复了我的采访，我便成为就《群山之巅》首个采访迟子建的媒体记者。为了丰富采访内容，在北京图书订货会现场，我又对迟子建进行了补充采访，同时又请中国作家协会副主席李敬泽、中国出版集团副总裁潘凯雄和沈阳师范大学特聘教授孟繁华对作品进行了分析。迟子建还单独接受了我的采访，因准备充分，我的提问也有别于其他媒体，只是在见报的时间点上并未占据优势，未能在第一时间见报，有点遗憾。当然，事后回看其他媒体对这本书的报道，无论形式还是内容，我的采访都是很新颖厚重的。

北京图书订货会上举行的迟子建的新书发布很成功。相比其他展厅，人民文学出版社的场地人最多，也最热闹。迟子建的嗓门够大，从创作体会讲到写书过程的艰难，我能感受到现场读者的感动。我挤在采访的媒体人中间，经历着同样的感动。而与其他媒体不同的是，迟子建在来京之前，我就将采访提纲通过电子邮件发给她，迟子建在进京的路上，就回复了我的采访。在新书首发式开始前，我和迟子建以及李敬泽、潘

第一辑 这边风景

凯雄、孟繁华三位评论家在休息室内先拍照留念，再进行短暂采访，还见到了该书责编杨柳老师。杨柳老师编辑了不少名家的书，资源相当丰富。过去，和杨老师沟通都是通过电话或 QQ，现在终于有了当面请教的机会。

一个不为多数人所知的事是，多年前，迟子建爱人归乡途中遭遇车祸去世。她一直走不出失去爱人伤痛的阴影，她曾在《越过云层的晴朗》出版接受我的专访时提过此事。在这本新书中，她也谈及其爱人车祸发生时那揪心的过程。当年她爱人下乡遇到的人与事，成为她书中的人物。但我的提问回避了这个细节，不忍再让她心痛。

迟子建告诉我，她创作完成仍重负未释，仍愁肠百结，仍想倾诉。我理解，这既有对书中人物命运的感叹，更是对爱人铭心刻骨的怀念。

赵柏田：《南华录》

赵柏田：

1969年生于浙江省余姚市。作家，人文学者。从事中国思想史研究，主要涉足方向有明清江南文化、近代口岸城市现代性研究、日常视野中的现代知识分子研究。代表作品：长篇小说《赫德的情人》《让良知自由：王阳明自画像》，短篇小说集《万镜楼》《站在屋顶上吹风》，散文集《历史碎影》《帝国的迷津》《明朝四季》《时光无涯》《远游书》，文论集《双重火焰》等。

赵柏田：这本《南华录》，一部明万历后南方中国的艺文志，也是一本关于已经消逝了的南方珍异世界的书。南方的香料、古物、戏剧、园林，南方的文士、才女、奇人、梦境……"南华"在这里不是地名（南华县、南华寺），不是人名（南华真人），不是书名（《南华经》），而只是取字面上的意思"南方的精华"，因为这些生活于16到18世纪的艺术家在地理位置上大抵都居于南方。

第一辑　这边风景

作为哲学专业出身的记者，我对百科全书式的写作情有独钟。赵柏田的《南华录》就属于百科全书式的写作。同时吸引我的还有他那一套独有的表达方式，即让现代性的文学观念与古典趣味、内容上的智识性和意蕴的美感达到了某种程度的统一。从出版社得到样书后，我第一时间对作者进行了独家专访。稿件2015年8月刊于《辽宁日报》阅读版。本文与见报稿不同。

一个时代的繁华与苍凉

高慧斌：《南华录》写到的人物很多，包括董其昌、汤显祖、陈洪绶、罗龙文、杨云友、林天素、柳如是，等等。本书对文人、奇士、才子、佳人和戏剧、书画、园林、爱情都有涉及，为何会有这样的视野和表达？

赵柏田：最近几年可能是阅读的关系，也可能是个人文学趣味的变化，我挺喜欢一种百科全书式的写作。这一类的作家我比较喜欢福楼拜和艾柯。福楼拜的长篇《布瓦尔与佩居榭》、艾柯的《玫瑰之名》，读后会感到他们所营建的文学世界的坚固与瑰丽，会经历智力和情感的双重冒险和愉悦。我希望我建立的文学世界也能有这些气质，像南方的植物一样葳蕤，有着某种丰富性。

有论者认为在《南华录》里我找到了一套独有的表达方式，让现代性的文学观念与古典趣味、内容上的智识性和意蕴的美感达到了某种程度的统一。的确，我是把这本书作为博物志和艺文志的合体来写的。它首先是器物的，尔后散发出精神的悠远气息。所以它应该包罗万象，把晚明时代物质生活和精神生活的各个层面，诸如园林、鉴藏、听曲、焚香、制墨、情爱甚至做梦都包含进去，人物身份也是各式各样，有艺术家、隐士、才女、骗子、享乐主义者与市侩投机者，还写了他们之间错综复杂的关系，他们上下勾连、全面铺陈，呈现出一个时代的繁华与苍凉。

我对写到的这些人物都抱有一种"理解之同情"，一直试图与他们

如何阅读与思考

在第三重时空里进行对话。第一重时空是他们生活的那个年代，第二重时空是我们居住的年代，我与他们对话是在第三重时空进行的。在这个贯穿古今的时空里，我以现代人的眼光对古人情感和生活进行了一次审视。这些人与官员不一样，他们大多是在民间的、致力于个人生活美学营建的艺术家，即使是书中的一些商人也对艺术充满着尊崇，他们远离权力场，以自己钟爱的艺术对人生进行救赎，这使得他们每个人身上都有一种独特而生动的"气韵"。这是我最为欣赏的。他们现在集中在一本书里出现，每一个人都带上了我的体温。

风华而又奢靡的时代

高慧斌：书中您用大量的笔墨写了那个时代的艺术品鉴赏和收藏大家。《古物的精灵》写的就是南方鉴赏家项元汴，还有《魔鬼附体的画商吴其贞》，您如何评价书里的两位主要人物，如何看待那个时代？

赵柏田：晚明鉴藏之风盛行，跟那个时代物质文明的高度发达有关，也与晚明人以古为美的风尚有关。那个时代，我书中用"风华而又奢靡"来形容它极为发达的物质和精神生活。中国历史上，能当得起这几个字的，在我看来只有两个时代——唐朝、晚明。晚明人对古物的赏玩，实际上是起于他们内心里的一种精英意识，当他们追逐到了自己心仪的一幅古物、一件古器，他们就觉得自己特别了不起，特别风雅。当然也与消费社会的形成有关，出现了奢侈物流通的市场。像那个时代的南方鉴赏家李日华，还把市面上流通的古物分成好多个等级，如"晋唐墨迹第一，五代唐前宋图画第二"，等等，一直排到二十多类。物有等级，人当然更有等级，所以晚明人对艺术品的追逐，实际上也是一种对自我身份的焦虑。

项元汴和吴其贞都是晚明消费社会催生出来的鉴藏大家。项是浙江嘉兴人，吴是徽州府一个古董世家的后代。两人都是南方人，都一辈子与古物打交道，正所谓"与古为徒"。项元汴以庞大的财力购藏的"天籁阁"藏品，几乎撑起了半部中国艺术史，盖有他的鉴藏章的古画法帖，至今还有大量藏在北京和台北的故宫。吴其贞是一个画商，他为人搜画，自己也偶尔出手，这样的中间商那时又叫"牙人"。他的作用更多体现在这些古物的流通过程中，像《富春山居图》这样的名画就经过吴其贞之手。他的《书画记》是他书画生意的一个账册，某月某日到何处看画、买画，还有向他买画的主顾们、合作的裱背匠人，都记叙得非常生动具体。他们长年搜画、贩画，特别懂市场行情，对艺术品特别珍爱，更对艺术家有着尊崇之心。

项元汴作为鉴藏大家的地位在他年轻时就已确立，他自己的画也非常好，特别是画兰，董其昌就特别服气。董其昌年轻时，项元汴把自己天籁阁的藏品全部无偿向他开放。这是一种很豁达的胸襟。著名画家、"明四家"里的仇英，没出名前在项家做裱画师做了10年，项元汴实际上是他的艺术赞助人。项元汴和吴其贞，他们的社会身份或许是财主、商人，但骨子里他们都是艺术家，在艺术品的递藏链中，他们都是重要的一环，从这个意义上说，他们是他们那个时代的文化英雄。

男男女女都在遗失的时间里做梦

高慧斌：《终为水云心》写的是曲家和诗人的汤显祖，怎么会有那么多女读者为汤显祖与屠隆的故事痴迷甚至不能自拔呢？

赵柏田：汤显祖和屠隆是好朋友，也是明朝万历年间最优秀的剧作家。汤显祖在遂昌小山城做小官时，屠隆曾去看他，两人就在空荡荡的县衙里一起读《西厢记》。他们的一个共识是，戏剧的精华应该是情，而不是那种世俗化的色。何为情？汤显祖后来在他的《牡丹亭》里用杜丽娘还魂的故事告诉世人，"世间何物似情浓"，"情不知何起，一往而深"，情就是那种让生者死、死者生，就是那种可以穿越阴阳两界的

如何阅读与思考

强大力量。

万历年间是晚明社会的起点,一方面,随着市场化程度的空前提高,人内心的欲望都在憋着劲儿释放;另一方面,那还是一个礼教社会,女性是一个特别压抑的人群。而汤显祖编织的那个因梦生爱,为爱而死,又因爱而还魂的杜丽娘形象,特别容易在她们那里引起情感上的共鸣。所以出现了阅读史上一个奇观:她们做女红时都带着一本《牡丹亭》当作夹花样的夹袋。那些少女和妇人们沉湎在《牡丹亭》里,因为那个虚构世界里有着现实生活中得不到的爱。她们对这些戏文的阅读就像宗教一样虔敬并时时把自己融入进去。

高慧斌:小说家董若雨作为当时有名的制造香料的商人,他却痴迷于做梦,他是不是一个典型的精神至上者?在那样的年代实在难能可贵。

赵柏田:晚明实际上不是一个精神至上的年代,晚明的士人都很世俗,他们纠缠于食色世界,我们读《金瓶梅》就可以知道,那个时代的世俗生活已经丰富、强大到了令今人咋舌的地步。但晚明人的了不起在于,他们在一种世俗化的生活中养成了一种精致、风雅的趣味,而且这种精致和风雅沉淀进了中国人文化性格的深处。

《南华录》通篇写的是一个大梦——繁华之梦,那些男男女女都在遗失的时间里做梦。这本书里,董若雨是一个很特殊的人物。这个续写《西游记》的小说家,他的一生几乎都在做梦!他最自得的成就也是做梦。这些梦是家国之痛带给他的,也与他对精细事物如雨、书、香、镜子的溺爱有关。这是一个艺术家的梦。他是一个梦幻者,他没有强大的理性力量走出他那个时代,这也是董若雨这样的艺术家与同时代思想家如黄宗羲、顾炎武等的最大区别。

高慧斌:《一个时代的艺文志》写的是周亮工的记事珠,很少有人像他这样,一边为官,一边在江南遗民群中有着好名声,不止一种同时代人的记述提到他身上的迷人气质。这种气质在您看来是什么?

赵柏田:周亮工是个人清者,但在他身上更多地体现了一种晚明气质,尽管他最后采取与新政权合作的姿态，但他实际上是一个"文化遗民"。周亮工的个人魅力，颜值高是一方面，待人接物是一方面。同时代人说跟他交往如"秋月澹面，春风扇人"，那一定是真的，但他更迷人的一面在于他的文化姿态，他与当时的官员、隐士和艺术圈多有交往，他对那个已经逝去的时代充满了眷恋，他写了两本艺术家传记《读画录》和《印人传》，用深情的笔墨写他的艺术家朋友，记述他们的生活细节，让那些隐身在水墨、卷轴背后的画家、印人有了可感的形象。他这么做，实际上是以一个见证者的角色，担当起了文化传承的使命。所以我说周亮工是特别有使命感的一个人，他作为晚明文化英雄谱中的最后一环，当之无愧。

札记：名人出书也需要名人推荐？

赵柏田先生的《南华录》通篇写的是一个繁华大梦，那些男男女女都在遗失的时间里做梦，映入梦中的是时代的繁与衰。

采访赵柏田非常顺利，他的文字非常优美，看他的书，仿佛进入了古代，生活也奢侈起来。而此时，我不想过多评论赵柏田的书写，因为关于古代的书写实在是太多了，从词到诗画，古代历史留给我们的思考过于沉重。我想说的是，约访作者过程中总会引发我思考的一件事。

我在联系采访名家的过程中，经常听到一些名家说在"开会"。有的名家直言不讳告诉我说，日常忙碌应酬的这些"会"，其实不少就是走场子，对这样的场子他们也感觉无奈，甚至是无聊。但这样的场子得走。

一位在京城业界早就出了名，从未被人忘记，当然也成绩不菲的名家，用他的话说，就是"我一直没有离开文学现场"。他曾对我直言，他"工作的三分之二时间都是各种会，你不能不去，几次不去，就没人再请你了，这不是自堵门路吗？有人请说明你还有价值，在圈内还有人气人缘，等真的退休了，就真的没人请了"。

如何阅读与思考

经常参加各种图书展销会，有一个问题引起了我的注意，那就是，为何凡新书都有人推荐？为何名人的新书，包括旧书再版，也要名人推荐？经过长期观察我发现，如果一本书没有名人推荐，可能会被认为此书作者没人缘，至少是没有名人缘。因此，名人出书，也是一堆名人来推荐。名气小的人，会找比自己名气大的人来站台；名气大的人，一般不会找名气相当的来推荐，也不会找名气小的人来推荐。我常想，难道没有名人的推荐，就降低了书的分量？就不能吸引读者？难道读者要靠名人的推荐和包装，才肯掏腰包买书？难道只有名人认可的书才是好书？

据我观察，那些靠名人推荐、包装的书，十之八九并非真正的好书，但一些没人推荐或不包装的书，也并非没有价值。似乎名人荐书已经成为当下的一种时尚。个人以为，这已经败坏了出版市场应有的良好风气，甚至形成了一种恶性循环。如果读者注意一下那些由名家口中说出的推荐语，几乎都是极尽夸张之能事。

凡书都找名人作序，也早已成为一个业内习惯。似乎没有名人作序，这样的书就低人一等。有的书，作者在自序中会毫不掩饰对作序人的感激，有的甚至会感动得落泪。而有的作序人竟然也会直白地说，其对作者并无太深了解，只是求助于此，碍于情面，不出手情面上过不去。

名人依个人关系，无节制地推荐、作序，帮助作者推销，也助长了"畅销书"的风行，甚或也使得一些本就品相一般的书，瞬间变成了"畅销书"。

我读哪本书，向读者推荐哪本书，绝对不会首先看是谁推荐了这本书，而首先看这本书的文化或学术含量。但普通的读者能否辨别呢？

真正的好书，当下不流行，一段时间后也会流行。大凡好书是不需要请人推荐的，好书的光芒是遮不住的。

第二辑

群山之巅

鲍鹏山谈孔子

鲍鹏山：

1963年生于安徽省六安市。学者，作家。央视《百家讲坛》主讲嘉宾。长期从事中国古代文学和文化的教学与研究。代表作品：《风流去》《孔子传》《中国人的心灵：三千年理智与情感》《先秦诸子八大家》《论语导读》《鲍鹏山新说〈水浒〉》《致命倾诉》等。作品被选入人教版全国统编高中语文教材及多省市自编的各类大学、中学语文教材。

子曰："学而时习之，不亦说乎？有朋自远方来，不亦乐乎？人不知而不愠，不亦君子乎？"

——《论语·学而》

如何阅读与思考

约访鲍鹏山教授，请其讲解孔子和《论语》，起因于《辽宁日报》开设《重读经典》专栏，此专栏旨在向读者推介20多篇古今中外经典著作和伟大人物。专栏开篇即向读者详解孔子及其《论语》在中国历史上的地位、意义以及今天我们应该如何读《论语》，应该从中汲取什么样的精神力量等。稿件2015年4月14日刊于《辽宁日报》阅读版，反响强烈，主流媒体纷纷转载。

每个人的心中都有一个孔子

高慧斌：您在中央电视台《百家讲坛》节目中讲述过孔子，您尊崇这位伟大的思想家，是出于什么原因？

鲍鹏山：孔子，名丘，字仲尼，为中国春秋末期的思想家、教育家、政治家，儒家学派创始人，集华夏上古文化之大成，在世时已被誉为"天纵之圣""天之木铎"，被后世统治者尊为"圣人""至圣""大成至圣先师""万世师表"，是"世界十大文化名人"之首。2009年是孔子诞辰2560年，美国众议院通过议案，纪念这位中国思想家。孔子的儒家思想对中国和东南亚乃至世界都有着深远影响，并将影响世界的未来。

孔子被卡尔·雅斯贝尔斯在《论历史的起源与目标》一书中确立为人类"轴心时代"的文化代表，被他的《大哲学家》一书确定为四个"人类思想范式的创造者"之一（另外三个是释迦牟尼、苏格拉底和耶稣。）

当下国人读《论语》是将其视为传统文化之一端。不同的读法就有不同的观照，不同人笔下有了不同面孔的孔子和不同声音的《论语》。众声喧哗之中，只有孔子独坐，微笑。他知道，他的命运，就是我们的命运。

第二辑　群山之巅

误解孔子是一个严重的价值问题

高慧斌：孔子从来都是一个重要话题，即使你不说他的时候，即使你喊打倒他的时候。对他的态度就是对他的认识。孔子到底是怎样的一个人？

鲍鹏山：这其实不是知识问题，而是价值问题，是孔子对当代中国和未来中国的价值问题。

近代以来，孔子曾经遭遇过两场大批判：第一次是20世纪初新文化运动的"打倒孔家店"，其原因是，自1840年鸦片战争以后，一直到1917年，近80年时间里，我们所有的对外战争几乎都是失败的。这一连串的失败，重创了一个曾经感觉良好的民族，迫使其进行文化的反思，并合乎逻辑地进行严厉的文化自我批判，甚至自我否定。其思路是这样的：为什么在新世界面前我们总是失败？因为文化落后。为什么文化落后？因为我们的文化里没有民主、科学和自由，并由此把一切问题都上溯到孔子，归罪于孔子。第二次是20世纪70年代初的"批林批孔"，这次运动式的"批孔"，既是那个特定历史时期反封建历史使命的逻辑展开，也有特定时期特殊的政治原因。

其实，传统文化或旧文化中，被新文化运动先贤们揭橥和痛詈为民族落后愚昧根源的很多东西，比如"吃人的礼教""奴隶道德""三纲五常"，等等，不仅不是孔子思想，甚至是孔子非常警惕和严厉抵制的。"孔家店"里摆的并不都是孔子的东西，孔子实际上是为这些文化史上的黑暗部分背了黑锅。新文化运动先贤们喊出的"打倒孔家店"，也只是把孔子当成一个"文化箭垛"，是出于传播学的需要。这样的口号生动、形象，直接诉诸人们的感觉，让普通人也能一下子就明白知识阶层思想解放、文化反思的指向。而选择孔子作为"文化箭垛"，并为全民族认可，恰恰说明他在中国传统文化中的核心地位。

如何阅读与思考

没有孔子就没有百家争鸣

高慧斌：孔子和与他同时代的那么多中华文明优秀的思想家，为什么会在那个时代出现？是什么力量催生了这些伟大的哲人？

鲍鹏山：孔子是中国文明史的分水岭。中华民族的"轴心时代"就是春秋战国时代，这个血与火的时代之所以被推崇，不是因为那些残忍嗜血的诸侯，而是因为老子、孔子、墨子、孟子、庄子、荀子、韩非子……这些在历史的星空中永恒地熠熠闪耀的名字。我们要思考的问题是：这些人为什么会在那个时代出现？是什么力量催生了这些伟大的哲人？当然，我们可以说是政治、经济等"物"的因素，但"人"的因素我们不能抹杀。否则，我们的历史就不是人的历史，而是物质史了。说到"人"的因素，有一个人就凸显出来。这个人，就是孔子。

孔子说他自己"十有五而志于学"。"志于学"就是立志于终生追求学问和道义。"志于学"的孔子，又创办了"有教无类"的私学，培养更多像他一样"志于学"的人，这是中华文明史上开天辟地的大事。所以，孔子之后有很多这样的人：墨子、孟子、庄子、荀子、韩非子……他们确也偶或做官，但是他们终生"志于学"，以倡导思想学术为终生的事业。

有了这样的人，人类的人口结构就发生了革命性的变化——人群中出现了专门关注形而上问题，关注彼岸、承担价值的人。

人类出现了质的飞跃——精神问题和道德问题开始成为人类的首要问题，并且有了专门的精神家园打理者和看护者。孔子是中国文明史的分水岭，甚至是中华人类史的分水岭。孔子去世后，"儒分为八"。之后，不同利益诉求的人，对人生有不同感觉的人，开始了百家争鸣。从某种程度上可以说，没有孔子，就没有百家争鸣。

第二辑　群山之巅

札记：联系采访孔子学院的受挫经历让我不能理解

打开《论语》，孔子的形象历历在目。但正如一千个读者眼里有一千个哈姆雷特，不同的读者心中也有不同的孔子。但有一点肯定是所有人的共识：不论我们喜不喜欢孔子，实际上，所有的中国人都已经在很大程度上被孔子"塑造"了。孔子由此成了我们的文化标识。

鲍鹏山教授认为，教育的目的就是"变化气质"，教育的最高境界也是"变化气质"。有一个人，有一本书，能让一个民族变化气质，这个人就是孔子，这本书就是《论语》，这个民族就是中华民族，这种气质就是"文质彬彬"的君子气质。孔子思想是我们民族文化道德信仰的核心，不读孔子，你的道德信仰从哪里来？不是因为孔子需要我们，而是因为我们需要孔子。当我们的心灵面对现代化的强烈冲击时，我们需要一个精神支柱，那就是孔子。

一个民族的强大最终体现在文化的强大上，一个民族能否在国际社会上得到敬重，最终取决于这个民族的文化本身是否具有魅力，这种文化能否为现实提供解决问题的思路和价值导向。

正因如此，今天我们要好好地读《论语》。

国内研究孔子和《论语》的学人可谓数不胜数，选择解读人并不难，如果从根源或名气上寻找解读人，多会想到孔子学院的一干人等。我也未能免俗，经多方咨询，终于打听到包括某院长在内的孔子学院的多个联系方式。但出乎意料的是，每天电话数个，多数打不通，打通后又找不到人，让等电话却一直等不到消息。如此反复电话联系一个多月，一直无果，这让我对该学院推广孔子思想的力度上的印象有点打折扣。你若接受采访，就回复接受，不接受也应率直相告。你也没有义务一定要接受媒体的采访。

个人以为，今天我们更应该好好读《论语》，作为孔子思想发源地的山东，作为以研究孔子思想为己任的孔子学院，把孔子学院都建到了

如何阅读与思考

国外，为中外提供一个交流孔子思想的平台，在这个意义上接受我们的采访似也不过分，最后却事与愿违，不免让人有点失望。继而联系请鲍鹏山教授解读，因其在央视《百家讲坛》讲过孔子和《论语》，反响热烈，我们此间沟通专访非常顺利。鲍鹏山教授的解读，完全符合我们的预期。我们请专家解读孔子和《论语》，目的是让年青的一代温故而知新。我们的报道也达到了这个目的。

康震谈李白

康震：

1970年生于陕西省绥德县。文化学者。北京师范大学文学院教授、博士生导师。主要从事中国古代文学教学科研工作。多次登上中央电视台《百家讲坛》，主讲"唐宋八大家""诗仙李白""诗圣杜甫"等；担任中央电视台《汉语桥》《中国诗词大会》点评嘉宾。

  白，陇西布衣，流落楚、汉。十五好剑术，遍干诸侯。三十成文章，历抵卿相。虽长不满七尺，而心雄万夫。皆王公大人许与气义。此畴曩心迹，安敢不尽于君侯哉！

——李白《与韩荆州书》

如何阅读与思考

唐代伟大的浪漫主义诗人李白在国人心目中的分量之大，从大众对其诗词的喜欢程度上可见一斑。解读李白其人其诗是辽报《重读经典》专栏的报道计划之一。李白历经磨难从不放弃的精神动力是什么？李白人生命题的核心价值是什么？我邀请北京师范大学康震教授作为解读人，康教授解析了李白的《蜀道难》和李白的性格、际遇及其创作特点。稿件2015年7月刊于《辽宁日报》阅读版。

一座无法逾越的高峰

高慧斌：在中国，提起李白可谓无人不知。在中国诗歌史上，李白是一座无法逾越的高峰，他的一篇篇旷世之作感染了一代又一代的中国人，虽跨越千年却光彩依旧。在您的阅读中，您最欣赏李白的哪首诗篇？

康震：《蜀道难》是一首千古绝唱，是一首鬼斧神工的诗，诗人展开丰富的想象，艺术地再现了蜀道峥嵘、突兀、崎岖的磅礴气势，展现了一位唐代诗人的精神面貌。关于这首诗的主题，后世众说纷纭，诗中所蕴含的寓意历代也争论不休。有人说是送友人入蜀，有人说是歌咏蜀地山川壮丽，还有人认为是以山川艰险比喻仕途险恶，表现诗人怀才不遇的愤懑。它虽然以七言为主，但将三言、四言、五言、七言、九言乃至散文句法都运用其中，使它冲破古典规范的束缚，获得新的生命。

李白成功地在诗中塑造自我，强烈地表现自我，突出主人公的独特个性，因而他的诗歌具有鲜明的浪漫主义特色。他喜欢采用雄奇的形象，在诗中毫不掩饰也不加节制地抒发感情。对权豪势要，他"手持一枝菊，调笑二千石"；看到劳动人民艰辛劳作，他"心摧泪如雨"。当社稷倾覆、民生涂炭时，他"过江誓流水，志在清中原。拔剑击前柱，悲歌难重论"，是那样慷慨激昂；与朋友开怀畅饮时，"两人对酌山花开，一杯一杯复一杯。我醉欲眠卿且去，明朝有意抱琴来"，又是那样天真直率。

李白的乐府、歌行及绝句成就为最高。其歌行，完全打破诗歌创作的一切固有格式，空无依傍，笔法多端，达到了任随性之而变幻莫测、摇曳多姿的神奇境界。

李白身上的时代特征

高慧斌：李白经历过盛唐的太平盛世，也饱受过"安史之乱"的战争苦痛，他的文学成就与其仕途经历构成了他人生中的两个冷热极端，命运为何总让他在成功与失败间游走？

康震：盛唐国力强盛，士人多渴望建功立业。李白以不世之才自居，以"奋其智能，愿为辅弼，使寰区大定，海县清一"的功业自许，一生矢志不渝地追求实现"谈笑安黎元""终与安社稷"的理想。他以大鹏、天马、雄剑自比："大鹏一日同风起，扶摇直上九万里。假令风歇时下来，犹能簸却沧溟水。"他希望能像姜尚辅佐明君，像诸葛亮兴复汉室。《梁甫吟》《读诸葛武侯传书怀赠长安崔少府叔封昆季》《永王东巡歌》《行路难》都反映了他的这种思想。

李白觉得凭借自己的才能，可以"出则以平交王侯，遁则以俯视巢许"，对那些靠门第荫封而享高官厚禄的权豪势要，他投以强烈的鄙视，表现出傲岸不屈的性格。他蔑视封建等级制度，不愿阿谀奉迎，也不屑于与俗沉浮。但现实的黑暗使他理想幻灭，封建礼教等级制度的束缚使他窒息，他渴望个性的自由和解放，于是采取狂放不羁的生活态度来挣脱桎梏，争取自由。其表现方式或纵酒狂歌，或寻仙学道。然而，酒既无法消愁，神仙更虚无缥缈，于是他"一生好入名山游"，把美好的大自然作为理想的寄托、自由的化身来歌颂。他笔下的峨眉、华山、庐山、泰山、黄山等，巍峨雄奇，吐纳风云，汇泻川流；他笔下的奔腾黄河、滔滔长江，荡涤万物，席卷一切，表现了诗人桀骜不驯的性格和冲决羁绊的强烈愿望。

这是李白对社会的愤怒抗争，是他叛逆精神的重要体现。他反对唐

如何阅读与思考

玄宗好大喜功,穷兵黩武,致使百姓士卒白白送死。李白以诗人的敏感,洞幽烛微。在当时的诗人中,他和杜甫最早揭示祸乱将作。"安史之乱"爆发,他的爱国热情因此升华,他的反抗性格和叛逆精神具有深刻的爱国内涵并富于社会意义和时代特征。

李白的政治抱负

高慧斌:诗人李白既有清高傲岸的一面,又有庸俗卑恭的一面,他的理想和自由只能到山林、仙境、醉乡中去寻求,因此在《将进酒》《江上吟》《襄阳歌》等诗中流露出人生如梦、及时行乐、逃避现实等消极颓废思想,这在封建社会正直孤傲的文人中也具有一定代表性。对此,您的理解是?

康震:当时的人说李白"平生傲岸,其志不可测",不知道李白的志向有多大。"数十年为客,未尝一日低颜色",这么多年就没见他低过头,平生傲岸。

即使李白被流放到夜郎时,当时的士大夫阶层也主动和他结交。李白之所以在后人眼中具有那么大的魅力,首先在于他胸怀宏大的政治理想,其次在于他为实现理想所走的一条不同凡响的路。为了实现政治理想,他曾自我推介。为此,李白开始在长江中下游、黄河中下游地区广为交游,四处干谒,寻求一个政治突破口。

对李白来说,文学才华与创作自信不过是促使他声名煊赫、进身仕途的工具。李白认为自己的真正才华在于政治,是一个像姜太公、管仲、晏婴一样将要名传千古的大政治家。他认为大唐盛世就要在他这样天才的政治家手中发展壮大,他所需要的只是一个如姜太公那样的机会,而他一旦获得唐代君王的重用,唐代历史就将翻开新的一页。

可就是这样一个胸怀远大抱负、诗文纵横天下、声名煊赫的一流诗人,不仅没有在盛唐的政治舞台上发出耀眼的光芒,反而屡遭政治冷遇,甚至最后被流放，算是沉到了政治旋涡的最底层。除了留下脍炙人口的不朽诗篇外，白发苍苍的李白在政治上一无所获，用封建时代衡量读书人的标准看，他在政治上是失败的。

高慧斌：那么，您认为李白政治上失败的原因是什么？

康震：李白政治上的失败不仅有社会的原因，也有李白自身的问题，即李白不肯服输，不肯相信天下没有他施展抱负的空间，不肯放弃他的自信与原则，即便唐玄宗对他倍加礼遇，他也不领情，也不愿苟安现状，做个舒舒服服的御用侍从文人。他要表达他的失望不满，要表现他的狂放不羁的个性风采，哪怕为此付出巨大代价，这不是政治家的涵养与性格，但这是大文学家、大诗人的独特个性。如果李白屈服于自己，妥协于现实，那他就不是那个独步诗坛的李白，也就不是我们心目当中那个狂傲飘逸、洒脱不羁的"诗仙"了。

札记：屡屡爽约的一次采访

解读李白是辽报《重读经典》专栏的报道计划之一，我和国内多位专家联系，却无人愿担此重任。最后经过同事联系到北京师范大学文学院的康震教授。

由于对古典诗词有一定研究，康震教授近年来一直活跃于各类荧屏，从中央电视台到一些省级电视台，凡跟诗歌相关的节目总能看到他的身影，那张充满活力、笑意盈盈的脸为大众所熟知。

同样由于时间关系，康震教授虽然爽快答应约访，可是三个月过去，仍未见供稿。后来催稿他虽也未推辞，但迟迟等不来约稿。沟通联系的过程中，我对康教授还真的有些想法。既然您也清楚了我们用稿的时间，既然您一直答应我们的约访，您还是应该百忙中履约，否则就影响了我们的出版计划，当然康教授也没有一定要完成我们约访的义务。

我在全国约稿名家解读《重读经典》栏目选取的名著或历史人物，为

如何阅读与思考

了保证稿件质量,一般给予解读人三个月的约稿时间,如此保证了按计划出版。若过了三个月还未收到约稿,就有些心急。如果对方中途爽约,要另请他人解读,又得至少再等三个月,可能会影响出版进度。令人着急的是,康教授并未中途退出,只是答应供稿之后,却不能按时兑现承诺,使我心里一直没底。

2015年6月中旬,终于等来一篇《李太白的人生命题》的文章。文章说,李白一生有几个重大命题需要澄清,即李白为什么不参加科举考试?该走哪条道路?担任的最高官职是什么?酒量究竟有多大?康教授认为不搞清这四个问题,李白这一生说不清楚。

这四个问题虽然说清楚了,文章也有可读性,可与我们《重读经典》交代人物及作品创作的背景、确定作品的核心思想、建议今天如何看待其人其作等的要求还有距离。此时我更加心急,于是马上电话沟通说明,能否按我们的要求再供稿?不久,康教授又提供一篇关于李白穷困却能四处游历的文章,文章虽有可读性,但也非我们所需。于是提议康教授,能否抽时间接受面访,软磨硬泡之下,最终完成了此次采访。

在此过程中,康教授还发来一些研究李白的长篇文章作为专访的辅助材料。用时一周多,把康教授提供的素材融入我们的专访之中,从标题到内容再到分思想层次,这个采访既费时又费力,其间又经过多次沟通。为此稿付出的心思之多,写作之艰难,远超出其他专访。成稿后发给康教授修正,他未改一字,同意发表。

康震教授说,李白真是第一流的大诗人,也是第一流的理想主义者。他的一生,始终坚信自己,坚信奋斗,人们读他的诗作,总能释放积郁胸中的万千烦恼,总能振起深藏内心的无限潜能,总能重新唤醒心中沉睡已久的信心。这就是李白留给我们最可宝贵的精神遗产,也是他历经磨难从不放弃的精神动力,更是李白人生命题的核心价值所在。

对此,我完全认同。

林贤治、李新宇谈鲁迅

林贤治：

1948年生于广东省阳江市。诗人，学者。主要作品：思想性作品《鲁迅的最后十年》《五四之魂》，传记《人间鲁迅》，诗集《骆驼和星》《梦想或忧伤》，散文随笔集《平民的信使》，评论集《守夜者札记》《自制的海图》，文学史著作《中国新诗五十年》《中国散文五十年》，政治学著作《革命寻思录》等。

2015年，广西师范大学出版社出版了林贤治研究鲁迅的作品《一个人的爱与死》。林贤治笔下的鲁迅是一个叛逆者、复仇的战士、举火把的人、无政府主义者、乡土诗人、守夜者、真正的知识分子。林贤治以其独特的视角且富于诗意的笔触，复原了一个丰富、完整的鲁迅。

李新宇：

1955年生于山东省青州市。南开大学教授、博士生导师。主要从事中国现当代文学的教学和研究，同时涉及20世纪中国思想史和文化史的研究。主要作品：《爱神的重塑》《新时期小说的文化选择》《中国当代诗歌潮流》《中国当代诗歌艺术演变史》《鲁迅的选择》《呐喊点评》《走过荒原》《愧对鲁迅》等。主编《新编中国当代文学发展史》等，发表学术文章100多篇。

二十一世纪出版社2013年出版的《愧对鲁迅》是一部研究鲁迅的专著。李新宇以"你你我我"的对话体的表达方式，跨越时空，追溯到"五四"的大背景下，与鲁迅就传统与现代、本土与世界之间的选择，"立人"的使命，启蒙主义，在大众面前的姿态，人的现代性，知识分子独立人格，话语权的获得与坚守，知识分子的精神家园创建等进行对话和思考。

第二辑 群山之巅

邀请林贤治和李新宇两位著名学者同时解读鲁迅,一是由于两位都是长期研究鲁迅的专家,都著有多部研究鲁迅的专著;二是由于鲁迅是《辽宁日报》阅读版开设《重读经典》专栏需要向读者重点推荐和解读的人物。两位学者认为,作为一个无法超越的人物,鲁迅一直走在我们的前面。鲁迅的精神、思想,在今天都没有过时。稿件2015年4月21日刊于《辽宁日报》阅读版,被新华网等转载。本文与见报稿不同。

伟大的"清道夫"

高慧斌:林先生,您长期从事鲁迅研究,最近出版了《一个人的爱与死》《鲁迅的最后十年》等多本鲁迅研究作品。您为何如此着力地阅读、研究鲁迅?您认为鲁迅思想最突出的方面是什么?

林贤治:一个人如果没有挫折,没有痛苦,没有不平和困惑,也没有对自由的渴望,就不会选择鲁迅。鲁迅的人格是高尚的、严整的,他有他做人的准则,虽然难以追蹑,但可以学习。他的思想最深刻,观念虽然是西方的,但一刻也没有离开中国社会的现实,没有离开改造中国这个基本主题。在我们思考"中国向何处去"的时候,他提供了一个重要的参照,可以帮助我们校正方向。在谈及鲁迅的伟大时,郁达夫曾经说过:"当我们见到局部时,他见到的却是全面。当我们热衷去掌握现实时,他已把握了古今与未来。"阅读中,我深有同感,所以,会时时在那里汲取思想的源泉。

鲁迅生于忧患,极富于时代使命感,他的思想最突出的方面就是知识分子的批判精神。一是批判中国传统文化,在鲁迅的著作中被称为"东方文明"的东西,可以说,他做的是一个伟大的"清道夫"的工作。再就是对中国现有体制及社会现象的批判,这个工作其实是历史批判的一个延伸,从根本上考虑中国的社会改革。第三是自我批判、人格批判,这一点鲁迅非常了不起,他没有那些所谓"社会精英"的优越感,在清

如何阅读与思考

理社会的同时清理自己，一点也不留情面。

高慧斌：鲁迅批判的武器，或者说"清理的工具"是什么呢？

林贤治：鲁迅发现，老祖宗家里没有这样的现成之物，只好"拿来"。鲁迅的"拿来主义"是著名的，充分体现了作为改革家的开放的气魄和眼光。"五四"是一个伟大的变革时期、转型时期，从前现代化到现代化是一个长期的过程。就是说，中国当时面临的许多问题，至今仍然存在，所以鲁迅的精神、思想，他的许多意见，对今天来说不仅不会过时，反而恰恰是最为需要的。

"另有一类"人物

高慧斌：您在书中对历史人物进行了分析。您说另有一类历史人物，当他们的事业和声名建立起来以后，一直处于平稳的状态，作家、艺术家尤其如此。另有一类，大抵是政治家和思想家，生前便受到质疑、挑战和围攻。鲁迅属于哪类人？今天我们如何读鲁迅？

林贤治：鲁迅就属于这"另有一类"。这类人物处在社会的剧变时期，而且他们作为某一阶段、阶层、集团的代表，积极介入现实斗争，使他们的名字最后成为不同的价值观的象征性符号。当我们重新说他们的时候，其实意味着在思想的冲突中进行抉择，意味着在另一度时空里表明与他们一致或相异的立场，意味着与他们同行或决裂。

今天重读鲁迅，要求我们继承他的精神遗产中的最基本的东西。在他那里，革命精神是最突出、最感人的。这种精神在文化人中尤其罕见，难怪时人称他们"白象"。当年鼓吹革命的人物和一些学者，都把革命描绘得十分可怕。鲁迅却认为，"其实革命是并非教人死而是教人活的"。他有"大革命"与"小革命"之说，大革命是指无法避免使用暴力的斗争，小革命是指渐进的改革或改良，两者在本质上是一致的。他主张尽力减少不必要的牺牲，但当人民起而斗争时，他是赞成和拥护的，绝不会因为产生"污秽和血"转而维护旧秩序。他是天生的改革派,一生都致力于社会的改进。

跟世界上那些追求永恒的伟人不同,鲁迅唯愿自己的文字"速朽",这些文字产生之日,距今已超过半个世纪的时间,其中许多人物、事件皆成陈述,但有些现象不幸存留下来。大约也正是为此,到了21世纪,改革也还在进行着。这时,重读鲁迅,感知他的思想的洞透力,就不难理解为何连并不怎么"左"倾的郁达夫竟也那么推崇他:"如问中国自有新文学运动以来,谁最伟大?谁最能代表这个时代,我将毫不踌躇地回答:是鲁迅。"又说:"要了解中国全面的民族精神,除了读《鲁迅全集》以外,别无捷径。"

作为一个无法超越的人物,鲁迅一直走在我们的前面——过去如此,今天仍然如此。

鲁迅的精神遗产

高慧斌: 您的《愧对鲁迅》出版后,引起了读者的广泛关注。这本书是您重读鲁迅的思想结晶。面对鲁迅,我们何愧之有?愧在何处?

李新宇: 面对鲁迅,面对他的同代人,包括他的前辈梁启超、章太炎等,我的确常常觉得惭愧。因为从道理上讲,我作为一个知识分子、一个学者、一个思想者,应该是他们的传承者,也应该是他们的发扬光大者,应该在他们止步的地方再往前走几步,可是我没有,没有这种力量。这种惭愧不会属于我一个人,也属于这一代知识分子。我们这代人,在鲁迅那一代人面前,的确只有惭愧的份儿。无论是人格上,还是思想上,我们继承了什么,又发展了什么?事实上,我们没有进步,而是退步了,退化了。鲁迅的反叛、抗争后继乏人,对鲁迅提出的国民性问题少有继续思考,鲁迅所代表的化方向受到冷落……在鲁迅面前,我们怎能无愧?!

如何阅读与思考

高慧斌：您站在知识分子话语的立场上来看鲁迅，而且把鲁迅视为中国现代知识分子话语的基石。从这个基本点出发，您更多强调的是鲁迅的人学思想和启蒙之路。

李新宇：这一切都与今日知识分子的自身建设密切相关。因为在传统与现代之间，在本土与世界之间，鲁迅都做出了自己的选择；在权威面前，在大众面前，鲁迅也显示了他的姿态。当下的一种新时髦是对鲁迅进行批判和否定或者消解。在过去的大半个世纪中，鲁迅的精神遗产被扭曲了，看上去鲁迅是被捧上了神坛，其实他是被遮蔽和切割，所以要守护这笔遗产，就需要重新认识鲁迅，重新确认鲁迅精神。

鲁迅研究的成果很多，一是走向琐细，二是走向虚玄，把简单的问题复杂化，甚至把那些与我们生存息息相关的问题扯到各种"新"和"后"的云雾之中。那样的研究肯定不能帮助我们重新认识鲁迅。我所做的就是回到那个最基本的鲁迅，实实在在做点解释，包括为鲁迅去掉脸上的金粉和油漆。金粉和油漆是造神时涂上去的，现在的效果却是把他妖魔化。守护现代性，坚持启蒙立场。我不赞同那些中国化的后现代言说，更不赞同拿鲁迅开刀，进行现代性批判，因为现代性在中国不是稀罕物，需要的是促其生长。面对鲁迅那代人，我们这一代人常常无力企及。

札记：成为李新宇和林贤治两位学者交往的文化信使

邀请林贤治和李新宇两位著名学者同时解读鲁迅，委实不易。鲁迅研究专家林贤治先生最近出版了四本研究鲁迅的著作，他的研究得到了业界肯定。而作为学院派研究鲁迅的典型代表，李新宇教授从反思知识分子自身担当的角度重新解读鲁迅，让我们心灵为之一震。

因为同时研究鲁迅，我还荣幸地成为林贤治先生结识李新宇教授的文化信使。

在采访林贤治先生的过程中，我们电话、电子邮件不断。某天，我

第二辑　群山之巅

收到林先生的信件："小高：回信收悉，谢谢。你有李新宇教授联系电话吗？请发给我为好，并代问候他。此复，即祝，新年好。林贤治。2015年3月4日。"

收信即转发李新宇教授。李新宇回复："谢谢高老师！我与林贤治虽然一直没有坐到一起聊过，但神交多年，当年与周海婴一起主编《鲁迅大全集》，我还曾想请他进编委会，有人说他太忙，于是作罢。电话给他没关系。祝你元宵节快乐！李新宇。2015年3月5日。"

在专访林贤治先生的过程中，他曾提议见报稿配发《一个人的爱与死》的书封，并标明广西师范大学出版社。林先生说："出版社的目的是为了卖书，希望宣传。我近日看《中华读书报》《文艺报》都配发了书封，效果很好。"因专访稿字数有限，我放了两位被访者的照片，此举主要是我们邀请两位研究鲁迅的学者来解读鲁迅，他们出版的书是为了辅助读者走近鲁迅，也因版面关系，放了照片就无法再放书封。若放《一个人的爱与死》的书封，似也应放李新宇教授《愧对鲁迅》的，如此版面实在容纳不下。最后两个书封都没放，也只能在此致歉。在此，也一并向张炜先生致歉。

我专访张炜讨论《陶渊明的遗产》时，张炜也希望给稿件配发书封，我最后配发的是张炜的照片，因为和这本书比起来，张炜的人更具吸引力。熟悉张炜的人，在报纸上若看到他的照片，可能会读报；知道张炜的，看到他的照片，也可能会看报纸，虽然我们推荐的是他的书。为了吸引读者读下去，我还是选择了配发张炜的照片。

"今天如何纪念鲁迅"，这是个值得深思的问题。今天，鲁迅的作品已从学生课本中被大幅度地删节，其原因是数字时代，得适应学生的阅读习惯，这个道理也说得过去，但不能由此说鲁迅的作品不重要了，鲁迅的精神过时了。

对于"今天如何阅读和研究鲁迅"，2003年我采访鲁迅之子周海婴时，他给出了让我吃惊的回答。周海婴说，今天的鲁迅研究有些僵化刻板，

如何阅读与思考

一些人靠鲁迅研究吃饭，把鲁迅研究当饭碗，其研究玄而又玄，故作高深，大众看到的是一个没有血肉的鲁迅。研究侧重于鲁迅对敌冷酷的一面，而鲁迅对朋友春天般温暖的一面研究不多。周海婴的话是否应引起鲁迅研究者的反思？

其实，一个时代有一个时代的精神旗帜，多元文化的今天，我们心中的精神偶像一定不止鲁迅一个。鲁迅的硬骨头精神，激励了他那个时代的人前行，也理应是我们这个时代的旗帜。

作家毕飞宇说，对他影响最大的作家是鲁迅。毕飞宇最喜欢鲁迅的杂文。毕飞宇在接受我的采访谈到今天如何阅读经典时说，鲁迅的迷人之处在于他文字的爆发力和耐力一样惊人，鲁迅最了不起的地方在于他为中国文人呈现了一种全新的文化心理。在新文化运动中，他为我们提供了一种全新的人格模式。鲁迅是无法超越的，但我们不能把鲁迅当作一个小说家，他是亲历历史的人，是历史的实践者。

除了课本上鲁迅著作的节选，我读过一些鲁迅的小说、散文和杂文。我认为，读鲁迅得结合他生活的那个时代，理解他话语的出处和他的处境，否则，没法走近鲁迅。

在此，我要衷心感谢林贤治先生，就本书稿，林先生曾给过我建议，也被我采纳。

刘梦溪谈大师与传统

刘梦溪：

1941年生于辽宁。文史学者。研究领域涉及思想文化史、明清文学思潮和近现代学术思想。代表作品：《学术思想与人物》《红楼梦与百年中国》《中国现代学术要略》《中国文化的狂者精神》《陈寅恪的学说》《马一浮与国学》《现代学人的信仰》《八十梦忆》等。

在2015年广西师范大学出版社出版的《大师与传统》中，作者刘梦溪强调今天的学人要使自己学有宗基，取径有门，传承有序。中国现代学者具有经典意义的学术著作，以及他们建立的学术传统，不只无法忽略或者绕行，而且将成为今天学人获得灵感的重要源泉。陈寅恪、钱穆、王国维、梁启超……20世纪学术界泰斗级的学术大师，他们的学术成就在中国的学术史上具有既开风气又为师的地位，是什么让他们取得如此辉煌的成就？作者给出了答案。

如何阅读与思考

今天我们应该如何借鉴陈寅恪、钱穆、王国维、马一浮等学术大师的治学精神？与这些学术大师的成就相比，当下为何难见泰斗级的学术大师？就这些问题，刘梦溪先生接受了我的专访。稿件2016年12月20日刊于《辽宁日报》阅读版，被光明网等主流媒体转载。

名副其实的学术大师

高慧斌：现在有关"大师"的称号很流行，如果以名副其实、实至名归为条件，您最欣赏的或您认为当之无愧的大师有哪些人？

刘梦溪：流行与时尚，应该与学术大师无缘，但王国维和陈寅恪那是真正的、名副其实的、实至名归的学术大师，如果称他们为国学大师也可以。而且我们从王国维和陈寅恪的身上能够看到、感悟到中国现代学术的诸多传统。

学术思想是文化的精髓，是民族精神的理性之光。王国维说，提倡最高的学术是国家最大的荣誉。如果没有了王国维和陈寅恪，中国现代学术史会黯淡许多。章太炎、梁启超、严复、马一浮、梁漱溟、熊十力等都是一代学术大师。

高慧斌：都说时势造英雄，当下的文化是多元交织的，按理说有利于产生大师级人物，可为何大师不多？是产生大师的土壤发生了变化？当下为何难见泰斗级的学术大师了？

刘梦溪：这个问题很具有挑战性，我想原因跟我们百年中国的文化断裂有关系。中国是一个很有文化传统的国家，几千年的文化史，几千年的历史，当然有自己的传统。但是我们不能不承认，清末民初的时候，那是一个文化大的断裂时期，主要是传统思想的核心价值儒学思想解体了。后来战乱，20世纪50年代以后，学者问学的时间比较少，造成了文化的断裂，学术上也有断裂。没有学术根底，大师就不容易出现了。当我们阅读20世纪这些大师的著作时，我们常常觉得不能望其项背，他们的特点不仅是对历史、对本民族的文化有了解，而且他们西学的修养也相当好。如果说古代的学者是通古今的话，20世纪这些大师是通中西，他们常常十几岁就到西方留学，西学这个根底，如果说现在的青年或者将来可以有所弥补的话，在传统的学问、国学根底方面，后来者不易赶上他们。也许这是学术大师不容易出现的原因。

高慧斌：大师不多是否也有学者主观的原因？

刘梦溪：我觉得主客观两方面的因素都有。这个世界诱惑太多了，甘心为学的人不容易。有的也有制度问题，比如学术体系的评价问题，人文学科不大好用量化的方式来评价，可是现在很多研究单位都用量化的方式，用论文的多少来衡量你的学术水平。如果用这个方式来衡量，马一浮先生就不合格了，他写的东西太少了，可是你不能否认他是真正的大师。

高慧斌：您提出中国现代学术有重视通学和通儒的传统。如果以通才作为衡量学术大师的一个标准，知识爆炸的当下，通才之人也不多，大师的标准是否在当下有所改变呢？

刘梦溪：重视通学和通儒的传统，我觉得在今天特别重要。中国现代学者当中，很多都是通儒，比如章太炎、梁启超、严复、王国维、陈寅恪、马一浮、梁漱溟、熊十力等都是通儒大儒，中国学术史上自古就有专家和通儒的区别。

古代的通儒是通古今，现代的通儒还需要通中西。现代学者的所谓"通"，一个是要中西会通，这一点20世纪的许多大师都是如此，还有一个是要经、史、子、集四部兼通。中国传统的学问是四部之学，需要兼通四部。在中国现代学者当中能够做到这一点的不是很多。我觉得钱宾四先生，大体上讲他是通四部的，我们看他的著作，不仅有经学的著作，还有史学的著作，还有哲学的著作，甚至还有文学和艺术的著作。另一位容易被忽略的是张舜徽先生，要讲学问通四部的话，他应该在钱宾四之上。张先生的学问根底深厚，他通读过"二十四史"，而且懂经学，

如何阅读与思考

懂小学。

高慧斌：您认为当代学者当中很多是专家，很多是学者，但缺少思想家？

刘梦溪：中西会通，四部兼通，还有一通，就是文史打通。中国现代学者中，一些大儒、通儒是文史打通的，具有代表性的是陈寅恪先生和钱锺书先生。陈先生一生都是用诗文来证史，他开辟了史学研究的新途径，不论是早年的《元白诗笺证稿》，还是晚年的《论再生缘》和《柳如是别传》，都是以诗文来证史的重要的学术著作。钱锺书先生基本的学术理念是主张文史打通。打通，会通，兼通，才能产生思想，所以通儒不仅是学者，而且是思想家，这一点就更重要了。我觉得当代学者当中，很多是专家，很多是学者，但是思想家未免太少。

中国现代学术的传统

高慧斌：您说学者能诗也是中国现代学术的一个传统。现在能诗的人少之又少，以此作为衡量大师的标准是不是苛刻了？

刘梦溪：中国现代学者中有很多人都会写诗，不是一般的会写，而是喜欢写，善于写，诗是他们学术生命的一部分，是他们学问的别体。王国维、马一浮、陈寅恪、萧公权、钱锺书，他们都是学者兼诗人，既是第一流的学者，又是第一流的诗人。我有一个见解，马一浮的学问主要在诗里，因为马先生的著作并不太多，有《泰和宜山会语》《复性书院讲录》等，但他的学问在20世纪很少有人能跟他相比。

高慧斌：马先生的著作不多，请问他的学问体现在哪里？

刘梦溪：他的学问在他的书信里，特别是在他的诗里，如果不信，可以去看看。总之，中国现代学术造就了大批大师级的人物，在发展过程中又形成诸多的学术传统，这些对今天而言，弥足珍贵。至于那一时期，学界胜流为学精神的坚韧性和顽强性，则是时代风雨和学术理性双重铸造的结果，即使战乱时期，他们也没有停止过对学问的探究。最不可思议的是，战乱期间是西南联大成果出得最多的时期，简直是奇迹。

高慧斌：中国现代学者有一个特点，即他们不是一开始就致力于学术，而是要从政，但最后潜心于学术，成就斐然。

刘梦溪：是的。中国现代学者中的不少人受时代潮流的激荡，往往一个时期无意为学，有心问政，中年以后，渐悟政治不可为，转而潜心学术，又在学术上卓然立说，康有为、梁启超、章太炎、黄侃、熊十力等都是如此。这种情况使他们有丰富的人生阅历，增加了潜心学问的深度，他们的学术历练和文化担当与清初的大儒一脉相通。我说的是顾炎武、王夫之、黄宗羲等，他们都是通学，都是通儒。中国现代学者中，他们是第一流的人物，在学术精神的取向上，跟明末清初的几位大儒确有相通之处，而他们的学术训练和执着单纯的精神，又很类似乾嘉诸老。他们许多学人的立身行事，流品之高，有警世励人、启迪心智的作用。

高慧斌：朱光潜对学术的实用与不实用问题曾做过辨析："学术原本有实用，以前人研究学术也大半因为它有实用，但人类思想逐渐发达，新机逐渐呈露，好奇心也一天强似一天，科学哲学都超过实用的目标，向求真理的路途走去了。真理固然有用，但纵使无用，科学家哲学家也绝不会因此袖手吃闲饭。我们倘若要对学术有所贡献，就要趁早培养爱真理的精神，把实用主义放在第二层上。"请问，人文学科如果单纯追求实用一定会走向迷途吗？

刘梦溪：如果拿朱光潜先生的话与今天学术界的状况作一番比照，不难发现，我们今天的学术未免过分强调实用，而忽略了为学术而学术的真理性和神圣性。人文学科如果单纯追求实用，将使人文学走向迷途。

如何阅读与思考

札记：刘梦溪先生说哲学博士的我做文化副刊再好不过

在此文之前我提过本书成因，一是内部压力，二是采访中遇到的太多温暖，以及约访过程中的种种经历。太多的温暖已通过多篇采访札记表露无遗。其中，约访刘梦溪、吴义勤和西川三位先生之难，以及自我的无力感，是成此书的诱因之一。惊喜的是，在日久的接触中，却和刘梦溪先生、西川先生建立了深厚的友谊。

约访刘梦溪先生之难，超出了我的意料。刘先生对国学的研究成就有目共睹，其在学界地位也是公认的。刘先生的《陈寅恪的学说》《马一浮与国学》等书，深深地吸引了我，想请其谈陈寅恪的学说为何有力量，马一浮为何难知。通过出版社联系到了刘先生，通过电子邮件发了采访提纲，却一直等不到先生回复。此间，不时发短信问候，打电话一直无人接听。这样知名的学者，一旦确定了采访意向，我是无论如何也不能放弃的。

时间过去了半年多，终于等来了刘先生回复。原来先生犯了腰疾。说让我等等，看如何才能完成采访。这一等，又是几个月。其间，我们短信和邮件联系未断。

此间，我发表了一篇刘先生署名的文章，关于马一浮先生，文尾按惯例要有个作者简介，这部分内容我请刘先生提供。同时，顺便向他介绍自己，面对这样的大学者，给人留下点印象，可能便于日后沟通与联系。刘先生看我的名字，以为我是男士。我便解释，我名字虽有点男性化，实际上是个小女子，恳请刘先生日后在采访上多提供便利，工作上多给予指点。

没想到刘先生提供的简介非常谦虚，他说就称他文化学者，约稿的作者介绍中，要省去著名、某某家之类。不日收到刘先生回复：

"慧斌：你好，我正在想，这位叫慧斌的人，是男性还是女性呢？

第二辑　群山之巅

猜想是一位女性，一是名字里有女性的痕迹，一是短信的文字气息似乎是女性。

"我上月新出了一本书，《红楼梦的儿女真情》，想送给慧斌，正琢磨如何称谓，想不到你及时告诉了谜底。

"那么好，我可以同时再多寄几本，请你阅正。请便中示知可以方便收到特快专递的详细地址，然后寄呈。

"马先生文，我就不细看了。所需之作者简况附呈。

"哲学博士做文化副刊，再好不过。谢谢，祝好。刘梦溪上。2016年4月6日。"

于是马上回复，除了感谢，又跟刘先生约稿：

"谢谢先生信任。能获您赠书，荣幸之至。如果可以，或也可能，能否请您方便时就新著《红楼梦的儿女真情》赐篇创作体会？因为研究红楼的人太多了，让读者看看您的不同视角该有多好。上次您提及您腰有点小疾，不知现在好点没有啊。请您保重。"

某日，忽接到刘先生打来的电话。先生说，看到了我发的信件，安排采访的同时，让我注意收书，还多次邀请我，若去北京，就去他家里坐坐，并告诉家中地址。刘先生还问我说："知道我夫人吗？也是写字的，陈祖芬啊，她写散文比较多。"我赶紧见缝插针约稿："能否帮我跟陈老师约篇如何读书的稿子？"刘先生说，像我这样执着的记者不多。

2016年4月20日收到《陈寅恪的学说》《马一浮与国学》《红楼梦的儿女真情》三本签名书，快递单是刘先生亲笔书写。

又过了一些时日，同时接到刘先生的电话和短信，他说晚上中央电视台有他参加的一场关于国学的讨论，如有兴趣，可看。当晚细看刘先生等几人的访谈，有启发，有感动，看到屏幕上侃侃而谈的刘先生，有如面见般亲切。过后向刘先生呈报收看体会。

采访者与被访者就这样拉近了距离，还成了朋友。不久我们加了微

如何阅读与思考

信,刘先生会发一些他所在的研究部门的文化活动,只可惜我没有时间,没有机会去拜访。

采访中总能遇到让我感动的人与事。刘梦溪先生对我的厚爱,完全出于我的执着。能采访到这么多名人,并非我水平有多高,这份执着与坚守,是成功的关键。

刘文飞谈普希金

刘文飞：

1959年生于安徽省六安市。中国俄罗斯文学研究会会长，首都师范大学外国语学院教授。代表作品：《俄国文学的有机构成》《阅读普希金》《布罗茨基传》等。译著：《普希金诗选》《三诗人书简》《哲学书简》《俄国文学史》《悲伤与理智》等。

普希金（1799—1837），被誉为"俄罗斯文学之父"。出身贵族，曾在皇村学校求学，后发表诗歌，歌颂自由与进步，在诗歌、小说、戏剧乃至童话等文学各个领域都给俄罗斯文学创立了典范。代表作有诗歌《自由颂》《致大海》《致恰达也夫》《假如生活欺骗了你》等，诗体小说《叶甫盖尼·奥涅金》，小说《上尉的女儿》《黑桃皇后》等。

如何阅读与思考

普希金是辽报《重读经典》专栏计划解读的外国文学名家之一,而邀请俄罗斯文学研究专家、首都师范大学外国语学院刘文飞教授解读再合适不过。稿件2015年7月31日刊于《辽宁日报》阅读版,被纷纷转载。本文与见报稿不同。

普希金的贡献

高慧斌:在俄国,普希金已不仅仅是一个作家,他还是哲学家、思想家和社会活动家。您是研究普希金的专家,普希金的作品有何特点,其影响又是什么?

刘文飞:普希金出生在家道中落的贵族家庭,在浓厚的文学氛围中长大,童年时代接受贵族教育,8岁已可用法语写诗。他曾因写作所谓"自由诗作"两度被流放,结束流放后仍长期受到监视,"诗人与权力""诗人与群氓"的对立在普希金那里始终存在。他在与人决斗中负伤死去,年仅38岁。

普希金作品崇高的思想性和完美的艺术性,使他具有世界性的重大影响。普希金在作品中表现了对自由、生活的热爱,对光明必能战胜黑暗、理智必能战胜偏见的坚定信仰,他那"用语言把人们的心灵燃亮"的崇高使命感和伟大抱负,深深感动着一代又一代人。

普希金的重大贡献在于完善了俄罗斯的文学语言,他在俄罗斯文学史上享有很高地位。屠格涅夫说,"他创立了我们的诗的语言和我们的文学语言";别林斯基说,"只有从普希金起,才开始有了俄罗斯文学";冈察洛夫说,"普希金是俄罗斯艺术之父和始祖";高尔基说,"普希金的创作是一条诗歌与散文的辽阔的光辉夺目的洪流。此外,他又是一个将浪漫主义同现实主义相结合的奠基人,这种结合赋予俄罗斯文学以特有的色调和特有的面貌"。

第二辑 群山之巅

以普希金的名义振兴俄罗斯

高慧斌：苏联解体后，俄罗斯国力衰落，生产力水平和军事实力下降。相对而言，其文化影响力的减弱却未被当成最突出的现象来看待。如今，俄罗斯各方面的情况都在好转，在这种情况下，如何在世界范围内弘扬俄罗斯文化，也就成了俄罗斯复兴计划中一个重要组成部分。作为文化之基础和中心的俄罗斯语言和文学，为何遭遇了空前的危机？

刘文飞：在欧洲各国，大学斯拉夫语系中的俄罗斯语言文学专业或被撤销，或缩小招生名额。在东、中欧国家，俄语不再流行；在某些独联体国家，俄语甚至丧失了官方语言的地位，中小学甚至不允许再用俄语教学。数千万目前生活在俄联邦境外的俄罗斯人，有可能因此丧失学习和使用母语的机会。出售石油和天然气而富裕起来的俄罗斯正在重振国威，自然不会对这样的局面听之任之，于是他们采取一系列有力举措，以普希金的名义振兴俄罗斯文化。

在俄罗斯，普希金已经成为一种教育的手段，是儿童的第一位阅读对象。普希金已经渗透到俄罗斯人的日常生活中。

以普希金的名义振兴俄语，振兴俄罗斯文化，振兴整个俄罗斯民族，这是莫斯科市乃至俄联邦官方一个有意且刻意为之的举措。就是让作为俄罗斯语言和文学象征的普希金成为俄罗斯民族的文化符号，借助他来恢复并进一步扩大俄罗斯文化的世界影响，在全世界范围内增强俄罗斯民族的凝聚力，最终实现俄罗斯民族和国家的复兴。

俄罗斯的这个选择是明智的、合适的。一方面，普希金对俄罗斯民族的文化意义无论如何评价都不会过头，一个拥有普希金的俄罗斯和一个没有普希金的俄罗斯，在世界上的文化地位是不一样的。另一方面，普希金作为一个文学和文化现象最具普适性，是较容易接近的。

如何阅读与思考

被"神化"的普希金

高慧斌：普希金无疑是一个超越了文学和诗歌的文化现象，但在当今的俄罗斯却出现了某种将普希金"非文学化""非诗歌化"的倾向，似乎已经很少有人在纯文学、纯审美的层面上解读普希金，这是为什么？

刘文飞：首先，普希金是一位诗人、一位作家，如果我们总是谈论和讨论普希金遗产中非文学的方面，这对普希金来说也是一种危险。普希金当然像俄罗斯诗人和批评家格里高里耶夫当年所说的那样，是"我们的一切"，但在这"一切"之中最为重要的，还是普希金的诗歌和小说。

其次，普希金当然是一个世界性的现象，每一个民族都拥有自己的普希金。然而，普希金成了一个世界文化现象，恰恰因为他是俄罗斯民族性格的典型体现，是俄罗斯文学的奠基者，是俄罗斯文化的重要标志之一。

最后，"普希金的世界"和"现实世界"似乎正在接近。"普希金的世界"首先是一个诗歌的天地、文学的天地、文化的天地，它虽然十分广阔，但和"现实世界"相比仍然很小，文学生活和日常生活之间的差距向来也是巨大的。然而，在一个普希金被"神化"的时代，"普希金的世界"会越来越大，而人们所处的"现实世界"却由于交通和通信等的便利而变得越来越小，这两个世界的接近乃至相遇，不知是象征着诗歌战胜了生活，还是意味着艺术已经消融在灰色的现实之中。

普希金是教育手段，是生活方式，是俄罗斯民族的文化符号——普希金如此多元的社会角色，提醒我们要以更加多元的态度，从更多的角度对普希金进行研究。俄罗斯当今以普希金的名义所进行的文化的普及和提升、文学的世俗化和精英化并行的文化运动，或许能够启迪我们对文学和现实、文化和日常生活的关系进行更多的思考。

第二辑　群山之巅

札记：以普希金的名义振兴俄罗斯文化令人深思

解读普希金其人及其作品，我的原则是在全国业界，先从著名翻译家着手选择解读人，解读人不仅翻译过普希金的作品，也得对普希金有相当的研究。无疑，研究并翻译普希金多部作品的刘文飞教授担此重任最合适。

采访刘文飞教授，请其解读普希金，一样遇到了采访难题。刘文飞教授因工作繁忙，没时间接受采访，最后经过一番长时间的沟通，终于约好了采访时间。我在下班路上打通了刘教授的电话，他正要去参加一个文学活动，同是在路上，我们两个就通过电话谈起了普希金。普希金传奇的一生，似乎也给沈阳的夜晚增添了色彩。接近一个小时的通话，手里的电话一直热到了我的心里，普希金伟大而光荣的一生也深刻于心。

以普希金的名义振兴俄罗斯文化，这个做法让我感佩，也应该引起我们的深思。

在采访中，刘文飞教授一再强调，普希金对俄罗斯民族的文化意义，无论怎样评价都不会过头。一个拥有普希金的俄罗斯和一个没有普希金的俄罗斯，在世界上的文化地位是不一样的，对此，我深表赞同。并由此想到之前采访鲍鹏山教授讨论孔子时，他也一再强调，孔子在中国人心中的地位，尤其是当下孔子在世界文化上的地位日隆，有孔子的中华民族和没有孔子的中华民族是不一样的。在为"实现中华民族的伟大复兴"而奋斗的今天，我们如何利用历史悠久的传统文化为实现"两个一百年"助力？

刘文飞告诉我，普希金已经渗透到俄罗斯人的日常生活中，这种渗透是通过教育，是从儿童教育抓起，俄罗斯儿童的第一位阅读对象就是普希金。他山之石，我为鉴之。支撑中华民族一路走来的悠久的传统文化，如何在今天发扬光大，如何从儿童教育抓起？

今天，我们回看普希金其人及其作品，分析他在俄罗斯民族发展中

81

如何阅读与思考

起到的作用，了解他的作品在俄罗斯的普及程度，就不难理解普希金为何会成为俄罗斯民族的一个文化符号了。根据"民族的就是世界的"来推论，俄罗斯民族的普希金，是否就成了一位"世界公民"？我感觉，如果普希金真的成了一位"世界公民"，我们对他的兴趣反而有可能会降低。换句话说，在全球化的时代，如何坚守普希金遗产中的民族特征，反而成了一个新课题。

同样值得我们思考的是，在全球化的当下，在文化日益大众化、古典和严肃文学的阵地难于扩大的当下，普希金为何依然能够在俄罗斯享有至高无上的地位？普希金在俄罗斯人日常生活中的深刻渗透，究竟是俄罗斯民族强大的诗歌精神和深厚的文学传统的鲜明体现，还是过于艺术化、乌托邦化的生活方式的具体体现？普希金无处不在，究竟是一种具有世俗、功利目的的文化造神运动，还是俄罗斯民族审美情趣和文学底蕴的自然喷发？这些问题，值得我们思考。反思这些问题，就是今天我们重读普希金的意义所在。

扬之水谈诗经名物

扬之水：

原名赵丽雅，1954年生于浙江省诸暨市。学者，编辑。长期从事名物研究。代表作品：《榆柿楼集》十二卷（卷一《诗经名物新证》，卷二《唐宋家具寻微》，卷三《香识》，卷四《宋代花瓶》，卷五《从孩儿诗到百子图》，卷六《两宋茶事》，卷七《物中看画》，卷八《藏身于物的风俗故事》，卷九《曾有西风半点香：敦煌艺术名物丛考》，卷十《桑奇三塔：西天佛国的世俗情味》，卷十一《中国古代金银首饰》，卷十二《中国古代金银器》）等。

《诗经名物新证》以传统的训诂学方法为基础，援引近几十年考古学界的大量研究成果，以实物资料证史证诗。对《诗经》中的草木、鸟兽、虫鱼、宫室、车服、官制等名物加以考证阐释，力求在《诗经》所咏与具体实物之间的遥相呼应处，接通它们的联系，去透现历史风貌。《诗经别裁》选了《诗经》四十七篇而述，每一首下面都有注释，但和一般读本的不同之处是选择认为最妥帖的古注来注释诗中的文字，有时一处有多个解释，让读者自己选择合适的意义。

如何阅读与思考

专访扬之水先生，是想让更多的年轻读者了解古典文学。尤其是在读古典已难成风尚的当下，希望更多的年轻读者也能欣赏到名家解读的古典文学之美。就扬之水名物研究在当下的意义是什么，今天我们的阅读与古人的差距在哪儿，古诗之好如何滋润我们的心田、丰富我们的精神等问题，扬之水接受了我的专访。稿件2017年9月3日刊于《辽宁日报》阅读版，被新华网、中国青年网等转载。

"物"的隔膜

高慧斌：近年，读诗热引导人们把眼光投向过去，去追寻中华文化的美好。而您多年前就把研究视角转向《诗经》以及先秦诗文史等，网上对您著作的热烈评价，足见您的读者之众。今天，我们为何要读诗？《诗经》距今久远，用的字词佶屈聱牙不好懂。今天，我们应该怎样读诗？

扬之水：近年谈如何读诗的人很多，我对古典诗词并没有专深的研究，实在回答不了这种带有指导性的问题，我只能从自己的角度说一点点体会。我曾多次说过，我的读诗，关注的是"物"，或者说这是最大的兴趣点。说到"《诗经》距今久远，用的字词佶屈聱牙不好懂"，确实有很多字如今都不常用，其实比我们"古"的古人读《诗》已经有这一类阅读困难了，因此解《诗》才成为一门古老的学问。

除了文字生僻之外，还有一类不易解是缘自"物"的隔膜：有的物使用时间很长，式样变化不大，甚至沿用千年。相对而言，有的物事却寿命很短，历史翻过一页，它就从生活中消失了，比如《诗经》时代的车制和服制。清代考据家曾在这方面下过很深的功夫，但终究不得要领。而我们今天比古人多了一重解诗的优越条件，便是由于现代考古学的兴盛发达，使得上古史中模糊的部分逐渐清晰，近年更由于博物馆事业的蒸蒸日上，使得考古成果能够很快展现在大众面前。在各种专题的展厅里，在具象的物事面前，不少以往读来觉得"佶屈聱牙"的物事，今天

第二辑 群山之巅

却可以一目了然。比如《大雅·韩奕》"簟茀错衡""钩膺镂钖""鞗革金厄""百两彭彭，八鸾锵锵，不显其光"，这大概可以算作"字词佶屈聱牙不好懂"的例子，然而一旦面对甘肃天水马家塬战国晚期墓地出土的多辆"豪车"——这是近年展出时大家发出的惊呼——"佶屈聱牙"是不是就变得很易理解了，特别是经过考古工作者的车辆复原。

与此同时，对《诗》的理解与欣赏也可以向深处推进一步。我在《诗经名物新证》里写过这样一段文字："《秦风·小戎》'小戎俴收，五楘梁辀。游环胁驱，阴靷鋈续。文茵畅毂，驾我骐馵'，这是第一章里的前六句，八个字，概括了先秦驷马车的基本形制。《小戎》写车，多半用名词，而名词兼了动词，兼了形容词，然后以气、以韵，结构成一对一对打不散的句式，笔墨便俭省到无一字可增减。但时过境迁，古制不存，名词之义既晦，便只有剩下古奥。而今借助出土文物，竟可重窥这古奥中的缤纷，原来诗中所涉名物，几乎在在可征，今日看来文字艰奥，当日却是生活中活跃着的语言。"写这本书，是在20年前，如今我们接触考古成果的快速和便捷，早不可与之同日而语，所能得到的知识和感受自然会更加丰富。关键问题是勤于思考，把所得贯穿于所学，而不是赞一句"豪车"，群发一下微信，就把参观的事画上句号。

高慧斌：《诗经别裁》您首选的四十七篇，可否视为普通读者应重点选读的名篇？如果向读者推荐阅读篇目，您的建议是什么？

扬之水：我在这本书的前言里已经解释了这个问题，即这里选的诗，是于公共标准之外，"别"存一个自己的标准，说得更明确一点，便是"我所喜欢的"。当然喜欢之下仍然颇有分别，如喜其意，喜其情，喜其叙事，喜欢事与情中的思，又或者事与情中史的分子，也有的只是特别喜欢一首诗中的一句两句。而没有录在这里的，却又不能以"不喜欢"概之，一则因为在此之前完成了一本《诗经名物新证》，为着避免重复和浪费，凡彼处谈及者，除《七月》一篇之外，此中一律未录。二则有不少非常喜欢的诗，在它面前却是格外踌躇。这踌躇的意思，不大好表达，举例说，

如何阅读与思考

比如《郑风·萚兮》："萚兮萚兮，风其吹女。叔兮伯兮，倡予和女。萚兮萚兮，风其漂女。叔兮伯兮，倡予要女。"《大雅·桑柔》："民之未戾，职盗为寇。凉曰不可，覆背善詈。虽曰匪予，既作尔歌。"《桑柔》在说着"既作尔歌"的时候，诗好像是有着裁定是非善恶的判决的力量；而在秋风剪断生意的一片悲凉中，《萚兮》说着"倡予和女"的时候，诗又是联系自然与人生的最为亲切的依凭。对着这样的诗，不免令人怀疑我们是否真正了解和理解了诗在当时人心目中的地位，是否还能够真正领悟诗所要告诉人们的东西。此际又不仅仅是心知其美而口不能言，便是连"知"也是朦胧的。因此我觉得需要为自己留下更多的思索的余地，又因此许多列在最初的一份选目中的诗，最后并没有录在这里。

文字本身的力和美

高慧斌：读完《诗经名物新证》，就已感觉到浓浓的沈派风格。花草的香气扑面而来，鸟虫的鸣叫仿佛就在耳边。您优雅的半文言写作，是为了配合古诗的风韵吗？是否考虑到古文基础不好的普通读者的阅读问题？

扬之水：我并不是不想用一些流行语汇使文字显得生动，但那时候读《诗》，是不由自主沉浸到《诗》的时代，进入到一个特定的语境，笔跟着感觉走，就那样写下来了。不过它可不是"半文言"啊，完全是白话。

高慧斌：在《先秦诗文史》中，您认为诗的好，并不在于文字的精致，而在于善于造景设境，且把入微之思放在一个恰好的空白里，至于语言，则反是极为平实。具体而言，您衡量好诗的标准是什么？您能举例说明如何用写实之笔来造景设境吗？

扬之水：前面举出的《秦风·小戎》，就是一个例子啊。

第二辑　群山之巅

高慧斌：您对《左传》精粹的语言、神采入妙的叙事、史的壮阔和细微，尤其是其闲笔工夫，赞赏有加。在叙事和语言方面，可有与《左传》比肩的作品？

扬之水：（此问未答）

高慧斌：诗可入乐，且可伴舞，遗憾的是，乐与舞都已失传。这些曾经有过的美好，终成历史的遗憾了吗？您曾说，从文学的角度来看，如果诗非依赖乐、舞则不能完成它的美善，这样的诗尚不是纯全之诗。在您看来，什么样的诗才可称为纯全之诗？诗、乐、舞，怎样结合，才能达于谐美？

扬之水：这个问题，我在《诗经别裁》的前言里已经说到："诗、乐、舞，可以结合，而且结合之后达于谐美；诗、乐、舞，又可以分离，而且分离之后依然不失其独立之美善，这时候我们才可以说，三者都已臻于成熟。因此，《诗》的旋律虽已随风散入史的苍远，但无论如何，它已经有了独立的诗的品质，即文字本身所具有的力和美，并由这样的文字而承载的意志与情感，则作为文学史中的诗，它并没有损失掉很多，只要我们时时记得，它有一个音乐的背景，它曾经是属于'乐语'的诗。"

高慧斌：从体裁及诗的作法方面，今天的新诗创作，我们能否或如何借鉴古诗的传统？

扬之水：前面我已经说到，我对古典诗词并没有专深的研究，惭愧的是自己也不会作诗，因此这个问题只能交白卷了。

定名与相知

高慧斌：您的多部名物研究力作，呈现了宋元明之金银器，宋代香事、茶事、花瓶，唐代家具等，这仅仅是为了还原历史细节和生活细节吗？今天我们怎样才能重塑这些美好？

如何阅读与思考

扬之水： 我发现近年使用频率很高的关键词是历史、历史细节、语境、还原、不可还原，而我所做的名物研究，目的正是要努力还原历史细节和生活细节。只有我们能够洞悉古人生活细节的时候，对诗中最深刻的意蕴才能够理解得完全。但还原历史细节对我来说只是一个可能的结果，并不是我的目标。我真正想做的是名与物的还原。我以为最有意思的是用拼对的办法，找回在历史中失散的名和物——一面是文献中有这样一个名称，可是原本和它对应的物找不到了，或者说不知道是什么样子；一面是考古发掘中出土某物，却不知道它原本叫什么名字。通过拼对，名与物在文献、实物、图像的契合处一旦重逢，这便是最叫人兴奋，也最有成就感的时刻。这个工作同"今天我们怎样才能重塑这些美好"，大概没有直接的关系，最直接的倒是服务于博物馆的策展，比如用于展品说明、展板的辅助图像以及对展品的相关介绍。

高慧斌： 在社会生活史的背景下，您对"物"的推源溯流，并抉发"物"中折射出来的文心文事，寻找"诗""物"相通的路径，您的研究是否实现了自设的理想，即用名物学构建一个新的叙事系统？您的名物研究对当下文化的重建有何意义？

扬之水： 我把自己的工作称作"定名与相知"。定名，是针对"物"而言；相知，则须出入于"物"与"诗"之间，以此打通两者之联系。至于我是否达到了预设的理想，最好由他人论定。这里只能辗转引用老友李旻来信中所引述的话以及一段他人对他人的评价："西哲阿冈本（Agamben）说'名物是思想诗意的瞬间'，大致如此吧。看见研究道教的吴真说，薛爱华的诸多研究，都令人信服地表明：表面上，名物似乎只关乎人类的日常生活，无足轻重，而实质上，在漫长的历史进程中，名物无声却又具体而微地说明着人类的生活方式，承载着诸多文化史、精神史与制度史的意义。"

第二辑　群山之巅

札记：必须尊重扬之水先生在文字上的"洁癖"

　　能采访到扬之水先生，我感动日久。采访的过程，值得回味。

　　要采访扬之水先生，得读懂读透扬之水先生的多本书，这委实不易。读了，你才能体会先生书写之美，也就不难理解网上为什么有那么多关于她的书评了。这期采访，竟然一时无从切入，不知从哪本书着手。我想关注的书太多了，如果深入了解一个话题，也只能重点关注一本书，可是能采访到这位大家，我可不想只关注一本书，宁可面面俱到，点到为止。

　　于是恶补。以我读过的那几本书，要想写出一个像样的、被先生认可的采访提纲有点难度，这还不知道先生能否接受采访呢。但关注扬之水先生越久，越感觉采访有难度，一是采访的内容选择，二是采访可能会被拒。而联系扬之水先生，找联系方式颇费时间。最后从收藏家韦力先生处得到联系方式，于不安中发出一封情真意切的请求采访信。

　　"扬之水先生：您好！

　　"我是《辽宁日报》记者、辽报专刊部主任高慧斌，负责辽报读书版的采编工作。

　　"百忙之中打扰您，实在抱歉。我个人像很多读者一样，一直对先生的研究感兴趣，在藏书家韦力老师的帮助下，鼓起勇气给您发信，想就您的早期著作《诗经名物新证》《诗经别裁》《先秦诗文史》等，求教于您。如果您能在百忙之中，就我们提出的问题接受采访——我可以去北京面访，也可以电话采访，或您能提供文字——您如能接受采访，采访就以您能接受并方便的形式进行。如此，我将不胜荣幸。

　　"选取您的这几本书，主要是想让更多的年轻读者了解您的研究，了解古典文学。尤其是在读古典难成风尚的当下，我们希望更多的年轻读者，也能欣赏到您解读的古典文学之美。万望先生您能百忙之中成全我们。

如何阅读与思考

"如果您能接受我们的采访，我的采访提纲早已写好，我先把提纲呈您，请您斧正。

"期待您的回复。并深深地感谢。"

2017年7月25日收到的回复不是拒绝："您好！多谢雅爱。如有提纲，先发我看看好吗？我已多次交过答卷，发现有大量重复的提问，因此常常觉得没有新鲜话可说。扬之水。"

于是用四天重写采访提纲，于忐忑中上呈，于不安中等待。没想到，当天即收到扬之水先生的回复："您好！果然您的提问与此前没有重复，还要特别感谢您竟然关注了几乎不被人提起的《先秦诗文史》。后面两个问题很容易回答，前面七个却要好好想一想，因为我'走出先秦时代'已经十几年了。匆匆写上这几句，以慰悬念。扬之水。"

至此，心是放下了，接受采访成定局，余下就是看先生如何回复，以及如何成版了。于是表达欣喜之意，就如何出版又提出了计划。

"扬之水先生：早上好！接到您的回复，真是太高兴了，心也放下了。

"因为要采访您日久，考虑的问题较多，为了集中阐述几个问题，有的问题并未列入，尤其是您新近出版的几本书，每一本书都可单独做个专访，但有媒体提前介入，为避免重复提问，只能避而不提了。

"采访到先生您并不容易，如果先生您能就相关问题展开讨论，我们可以分上下两篇分别见报，文字需要五千多字。如此，也能让读者更深入地了解到有关诗经、先秦诗文的深厚，我们的问题也与新诗、如何读诗等联系起来，这样连通古今，既是我们辽报读书版的办版宗旨之一，也是读史的题中应有之意。如果可以，文章就在九月中旬见报。"

2017年8月21日，收到扬之水先生回复，信件标题是"交卷"："您好！应该说，是在规定的时间内交卷了罢，只是限于水平，很难达到要求，比如第五问，我就想不出有什么新鲜话说，减少一个，可以吗？扬之水。"

我复："好！我整理了采访提纲，精减了几个问题。重设了标题，文中加了两个小标题。全文2800多字。烦请先生百忙中斧正。"

第二辑　群山之巅

扬之水先生回:"您好!回家后在电脑上又看了一遍,因为觉得手机上的阅读可能会感觉不准确——其实最可靠的还是打印出来读,不过事情堆了好多,实在有点顾不过来。我提个建议请您考虑:如果受字数限制,不妨再精简一两个问题,但是我的答题文字,最好不作任何删节,因为这里有个语言和语气的问题,比如我说某个问题我在某某书前言中说过,以下引出的一段是书面语,此外则近乎口语,而如果删去来源,就变得语气很不连贯,自然也很不舒服,虽然只是不足三千字的短文,不论其他,阅读的舒服感总是要有的。

"举例:原文'佶屈聱牙'是不是就变得很容易理解了呢,特别是经过考古工作者的车辆复原。改作'佶屈聱牙'是不是就变得很易理解了,特别是经过考古工作者的车辆复原。

"虽然只是删了两个字,语气却全变了。当然,'呢'的后面,绝不能把逗号变成问号。您看,是不是这样?

"请原谅我在文字上的洁癖,不知我的建议能否考虑。"

扬之水先生的建议必须采纳。并告扬先生见报稿要配发书封。

又收到扬先生回复:"多谢您的认真负责,我觉得这样看上去就如面谈了。如果选封面,中华书局的《诗经别裁》和《先秦诗文史》,是否可以考虑?"

必须考虑啊!

详记与扬之水先生的交往,不仅仅请读者从中体会到记者工作的难与乐,也想给从事新闻工作的未来人提供一个与名人交往的技巧。

叶嘉莹谈中国古典诗词

叶嘉莹：

号迦陵。1924年生。中国古典文学研究专家。1945年，毕业于北平辅仁大学国文系。1969年，迁居加拿大温哥华，任加拿大不列颠哥伦比亚大学终身教授。南开大学中华诗教与古典文化研究所所长。

2015年，中华书局结集出版"迦陵说诗"丛书（《叶嘉莹说初盛唐诗》《叶嘉莹说中晚唐诗》《叶嘉莹说杜甫诗》《叶嘉莹说汉魏六朝诗》《叶嘉莹说陶渊明饮酒及拟古诗》《叶嘉莹说诗讲稿》《叶嘉莹说阮籍咏怀诗》）。叶先生在书中对屈原、陶渊明、杜甫、李白、苏东坡、辛稼轩等古代诗人及其代表作品进行了独到讲评。叶嘉莹先生认为，古代诗人作品中含蕴着丰富而美好的品质，是非常宝贵的文化遗产。

第二辑　群山之巅

计划采访叶嘉莹先生源于中华书局出版的一套七卷本的"迦陵说诗"丛书。初看爱不释手,叶先生对古典诗词的独到讲解,引发我想要采访叶先生的念头。稿件2015年3月18日刊于《辽宁日报》阅读版,被光明网、新华网、南开大学新闻网等转载。本文不同于见报稿。

判断诗歌最重要的标准

高慧斌:叶先生,到今年,您已从事古典诗词教育整整70年了,您长期以来坚持不懈地耕耘,其动力源自何方?

叶嘉莹:我学习的是古典文学,几十年都沉浸其中。我研读、写作、教书,发现中华民族精神最美好的一面是保存在我们古典文学之中的。屈原、陶渊明、杜甫、李白、苏东坡、辛稼轩……那些古代诗人们,他们作品里含蕴着丰富而美好的品质,是非常宝贵的文化遗产,我真是被他们感动了。我觉得应该让年轻人在这美好的文学里,汲取到中华民族最宝贵的文化营养,这是我们的责任,所以我愿意把古典诗歌里崇高的思想与修养传下去。

高慧斌:在欣赏古典诗歌方面,有一个比较让现代人伤脑筋的问题,就是不知该如何判断一首诗的好坏。您判断诗歌好坏的标准是什么?

叶嘉莹:判断一首诗歌的好坏,这不仅在中国,在西方也是很成问题的一件事情。你给学生一首诗,告诉他作者是莎士比亚,他就会盲目崇拜,认为莎士比亚的作品一定都好。如果不告诉作者是谁,他就很难判断诗的好坏。也许有一些人对诗有一些直觉感受,可是为什么喜欢,为什么不喜欢,却不一定能说出缘故。

古人说"情动于中而形于言",说到一首诗歌的好坏,先要看作诗的人是不是内心真正有一种感动,是不是有他自己真正的思想、感情、意念,还是在那里说一些虚伪、夸张的谎话。是不是"情动于中",是判断一首诗歌最重要的标准,是诗歌孕育出来的一个重要质素。那么什

如何阅读与思考

么才使你"情动于中"呢？晋朝陆机的《文赋》中说，"悲落叶于劲秋，喜柔条于芳春"。在那强劲的、寒冷的秋风之中凋零的落叶，人们看了就有一种萧瑟的、凄凉的、悲伤的感觉。在芬芳、美好的春天，我们看见草木柔条发芽长叶了，我们就有一种欣喜，这是大自然给我们的一种感动。

高慧斌： 您在书中用相当的篇幅来分析钟嵘的《诗品》，意在说明一首好诗是诗人个人从自身经验写出来的。好的诗人都有博大感情、襟抱吗？

叶嘉莹： 后来更有名的一本关于诗歌批评的书——钟嵘的《诗品》，它前面有一篇序，第一段开始就说："气之动物，物之感人，故摇荡性情，形诸舞咏。""气之动物"是外边的冷暖、寒暑，中国所说的"阴""阳"二气，它感动了外物，所以有花开叶落。"物之感人"是说花开叶落的"物"的现象，感动了人的内心。"摇荡性情"是说使你的内心有一种摇荡的感动，所以才"形诸舞咏"——表现在你的歌舞、吟咏的诗歌之中。因此，人心之动，物使之然也，也就是说，"情动于中"的一个因素是外在大自然的物象的变化。如果说外在的、没有感情思想的草木荣枯都能感动你的话，那么跟你同样的人类的悲欢离合，难道不能感动你吗？

最好的、最能感动人的诗篇是诗人从自己的喜怒哀乐，从自身的体验所写出来的。好的诗人有锐敏的感受能力，有丰富的联想能力，是"民吾同胞，物吾与也"。不只是草木，不只是现在的人事，我没看见过的、没经历过的人事，都可以感动我，这才真正是一个有博大感情、襟抱的诗人，所以古人才会写出来很多美好的诗歌。白居易写《长恨歌》，他说："在天愿作比翼鸟，在地愿为连理枝。天长地久有时尽，此恨绵绵无绝期。"他虽不是唐明皇或杨贵妃，但他能够想象唐明皇跟杨贵妃的死生离别的感情。

第二辑 群山之巅

历史性的阅读视野

高慧斌：我非常喜欢诗词，但平时阅读多停留于字面理解，更多的时候缺少一个历史性的阅读视野，领会不到一首好诗词的精髓。在您看来，现代人如何才能准确欣赏一首好的诗词？

叶嘉莹：接受美学认为，当一篇作品写成之后呈现在读者面前，那文本本身就可以产生很多衍生的意义，而未必是作者的原意。所以，诠释学还有所谓"诠释的循环"的说法。所有的诠释都是从读者本身出发，带着很多属于读者自己的东西，例如种种思想、阅读背景，生活的体验、经历，生长的环境，个人的色彩，等等，因此读者所得到的诠释其实又回到了自己本身。

德国的文学理论家伽达默尔曾写过一本书叫《真理与方法》，书中提到"诠释的环境"。诠释的环境中最重要的一部分就是"视野"，而对"视野"真正的理解应该是包括个人理解和历史视野的一个合成视野。

举一个例子，杨万里有一首诗《过扬子江》："只有清霜冻太空，更无半点荻花风。天开云雾东南碧，日射波涛上下红。千载英雄鸿去外，六朝形胜雪晴中。携瓶自汲江心水，要试煎茶第一功。"他说，现在是一个寒冷的季节，好像天空还有霜气凝结，没有一点吹动芦荻的微风，东南方出现一片蓝天，太阳照在扬子江的江水上。长江在镇江一带古称"扬子江"，那里有金山、焦山，再向上游就是六朝古都南京。你一定要懂得这些地方的历史背景，才能知道作者为什么会产生"千载英雄鸿去外，六朝形胜雪晴中"的感发。千古的风流人物和六朝的繁华，转眼之间都消失了，而现在是早春季节，刚刚雪霁初晴。有问题的是最后两句："携瓶自汲江心水，要试煎茶第一功。"他说，我要亲自带着一个瓶子在江心汲水，试一试这"煎茶"的"第一功"。许多人批评杨万里这首诗，说前面风景写得不错，最后一句完全是凑韵，煎茶有什么功可言？

高慧斌：这样的批评就是不了解当时的历史背景，缺少历史性的阅

如何阅读与思考

读视野是不是?

叶嘉莹：你说得太对了。这就是不了解当时的历史背景，缺少一个历史性的阅读视野。要了解杨万里这首诗的历史背景，首先就要考察杨万里的生平编年。他是在南宋光宗时写的这首诗，那时南宋与北方的金国时战时和，有种种复杂的外交关系。每年正月初一，金国要派一个贺正旦使来给南宋贺新年，那一年杨万里任南宋的接伴使，也就是作为南宋的代表去迎接北方的使者。

接伴使跟煎茶有什么关系？只考察杨万里的编年就不够了。南宋诗人陆放翁写过一本书叫《入蜀记》，其中记载说，在金山上有一个亭子叫"吞海亭"，当时南宋的接伴使接待金国的使者，就要在吞海亭上烹茶相见，所以"携瓶自汲江心水，要试煎茶第一功"是外交的重要事件。由此可见，一首诗虽然可以衍生出来很多的意思，但最主要的是你先读懂这首诗，然后才可以有你自己衍生出来的意思，在没有读懂之前就随便解释，那是不对的。

小词的"双性人格"和"双重语境"

高慧斌：好的阅读视野除了让读者读懂诗词外，请您从"理论"的层次来分析阅读视野开阔的重要性。

叶嘉莹：前面我是从"理解"的层次来谈阅读视野，我们还可以再进一步，从"理论"的层次来看阅读视野。很多同学说，当年我在台湾大学教诗选，现在怎么常常讲词而不讲诗了？确实，近些年我越来越喜欢讲词了。什么缘故？因为诗是言志的，是显意识的。像杜甫《北征》的"皇帝二载秋，闰八月初吉。杜子将北征，苍茫问家室"，什么都说得清清楚楚；《咏怀五百字》的"穷年忧黎元，叹息肠内热"，那份深厚博大的感情令人读起来心里一阵发热，这是诗的好处。但词更微妙，它常常在表面所说的情事以外给读者很丰富的联想。

第二辑　群山之巅

小词之微妙的作用，是由于它有两个特点。一个特点是它的"双性人格"，这从《花间集》就开始了。花间词用女子形象和语言来描写女子的感情，但其作者都是男性。如温庭筠的"懒起画蛾眉，弄妆梳洗迟"（《菩萨蛮》），本是写一个女子起床梳妆、画眉、簪花、照镜、穿衣，张惠言却说它有"《离骚》初服之意"，因为屈原也曾以女子自比，说"众女嫉余之蛾眉兮，谣诼谓余以善淫"。而且，当男子求取功名仕宦而不得的时候，其感情与女子那种"弃妇"的感情也有某种暗合之处，所以他们喜欢以失落的爱情或追求爱情而不得的闺中怨妇自比。

小词的另一个特点是"双重的语境"。早期文人词产生于西蜀与南唐，相对于五代乱世的中原而言，西蜀与南唐的小环境是安乐的，但从大环境来看，北方对这些小国有强大的威胁。南唐在中主李璟时就已经处在北周的威胁之中，所以中主李璟的小词《浣溪沙》虽然是写给乐师王感化去唱的思妇之词，其"菡萏香销翠叶残，西风愁起绿波间"却令王国维先生联想到"众芳芜秽"和"美人迟暮"；冯延巳《蝶恋花》的"日日花前常病酒，不辞镜里朱颜瘦"，饶宗颐先生说是"鞠躬尽瘁，具见开济老臣怀抱"。南唐是一个必亡的国家，作为宰相的冯延巳，内心有沉重的负担，朝廷中又有主战主和的纷争，他有许多抑郁和痛苦无法对别人说，而这些无法说清的东西居然就在写美女和爱情的小词里无心地流露出来了，这正是小词微妙的作用。

高慧斌：小词的这种"双性人格"和"双重语境"的微妙作用，引发读者无限联想，它也属于阅读视野的"理论"层次，因此是否可以说，阅读视野和诗歌的评赏是有着密切关系的？

叶嘉莹：正由于小词有这种"双性人格"和"双重语境"的特点，所以就自然地形成了一种要眇幽微的美感特质。对于小词的这一特质，中国传统的说词人找不到一个合适的话语来说明，就想到了"比兴寄托"。但"比兴寄托"是显意识的，屈原、曹子建都是有心去比喻，而且那些比喻都是有固定所指的，是被限制的、死板的、约定俗成的。而小词则完全

如何阅读与思考

是一种无意识的流露，是自由发展的、不断增长的、引起读者多重想象的。

小词之所以引起读者的许多感动和联想，是因为它具有很多微妙的作用，这都属于阅读视野的"理论"层次。阅读视野和诗歌的评赏有着密切关系。一个是在"理解"的层次，你首先要能够读懂这首诗才能够评赏它。另一个是在"理论"的层次，阅读视野的开阔使你能够更具逻辑性和思辨性，更深入地来说明一些问题。

札记：叶先生十二个字回复让我有点不知所措

能采访到叶嘉莹先生是我的荣幸，但此次采访也真让我受挫。

为采写这篇稿件，我提前三个月开始策划，原计划在2015年全国两会期间见报，想不到采访过程遇到了意想不到的困难。先是出版社答应沟通，最后却沟通未果，此时距这套丛书出版已过去一个多月。在我的坚持下，出版社提供了叶先生秘书张静教授的联系方式。怕采访遭拒，我事先准备了一篇七千多字的书摘，与采访提纲一起发给了张教授，请其转发并说服叶先生能接受采访。若采访被拒，我们想用这篇书摘，请叶先生审读。

收到提纲后，张静教授回复："来件收悉并已转呈叶先生，但此稿较长，叶先生即使放下目前的全部工作来审读，也得等两三天才能有反馈意见。我们随时保持联系。顺致春安！"

焦虑等待中，当晚即收到叶先生十二个字回复："文字不通，用意不明，无法答复。"

叶先生的回复让我有点不知所措。对丛书的采访我准备充分，怕采访遭拒又准备了书摘。

对一些同行来说，采访遇到这类事，一般可以放弃，因为回旋余地不大，但我不想也不能放弃。得想办法看通过什么样的方式，请叶先生接受采访。不能接受采访，也得说服先生让我们采用那篇书摘。为了便于阅读，我将长文分了层次，感觉似不存在文字不通的问题。我猜测是叶先生没明白我的用意，才产生了误解。

于是我先给张教授发长信，解释我们采访的初衷是想在丛书出版之机引导读者了解古诗词，懂得如何欣赏古诗词，因为现在读诗的人真的不多了，写诗的人更少了。请张教授帮忙和叶先生再行沟通，不要因为我准备的不足或失误，错过了推荐这套好书的机会。之后，我给叶先生发文说明我们的采访意图：

"叶先生：过年好！

"春节前中华书局寄来您著的这套书后，我非常喜欢，读者也希望能从中了解如何欣赏古诗词。我们想借新书出版之际好好推荐这套书。

"考虑到您的工作非常繁忙，书局方面不敢过多打扰您，他们一直没敢跟您沟通。我们本着如何欣赏古诗词的角度，并按《辽宁日报》阅读版的需要进行了摘录。报纸字数有限，实在难以取舍，也无法包容您的思想，节选不够妥当。我的文字修养有欠缺，请您原谅。我们的初衷是想借您的书，引导读者了解并热爱古诗词。我现在没有素材可用，恳请您能接受我的采访。请先生原谅我的冒失。"

发完信，早已过了午夜。那是2015年正月十五的夜晚。

都说好事多磨，最后采访成功，分上下两篇见报。虽然错过了全国两会见报的大好时机，报道却收到了意想不到的效果，稿件被不少主流媒体转载，我还收到不少读者的来电和来信，他们希望辽报的阅读版多关注如何读诗品词，多关注有关中国传统文化传承的好书，多采访像叶嘉莹教授这样的专家。

李建中谈《文心雕龙》

李建中：

1955年出生，湖北江陵人。武汉大学文学院教授、博士生导师。主要从事中国古代文论及文化的研究与教学。代表作品：《中国文学批评史》《古代文论的诗性空间》《文心雕龙讲演录》《中国文化概论》《中国古代文论》等。

予生七龄，乃梦彩云若锦，则攀而采之。齿在逾立，则尝夜梦执丹漆之礼器，随仲尼而南行。旦而寤，乃怡然而喜。大哉！圣人之难见哉，乃小子之垂梦欤！自生人以来，未有如夫子者也。敷赞圣旨，莫若注经，而马郑诸儒，弘之已精，就有深解，未足立家。唯文章之用，实经典枝条，五礼资之以成，六典因之致用，君臣所以炳焕，军国所以昭明，详其本源，莫非经典。而去圣久远，文体解散，辞人爱奇，言贵浮诡，饰羽尚画，文绣鞶帨，离本弥甚，将遂讹滥。盖《周书》论辞，贵乎体要，尼父陈训，恶乎异端，辞训之异，宜体于要。于是搦笔和墨，乃始论文。

——《文心雕龙·序志》

第二辑　群山之巅

《文心雕龙》作为中国文学批评史上第一部有严密体系的文学理论，我们今天如何来看待这部文论？《文心雕龙》提出了文学批评的根本原则，今天我们如何领会这一原则？刘勰的文学理论今天是否还有借鉴价值？我邀请中国《文心雕龙》学会副会长、武汉大学文学院李建中教授进行解析。稿件 2016 年 10 月 10 日分上下两篇刊于《辽宁日报》阅读版，被东北新闻网等转载。本文是见报稿的节选。

文论巨著《文心雕龙》

高慧斌： 作为中国文学理论批评史上第一部有严密体系的文学理论，同时期的西方是否也有能和《文心雕龙》相提并论的巨著？我们今天如何看待这部文论？

李建中： 青春是多梦的季节，年轻的刘勰梦见了孔子，梦见自己手执红色礼器跟着孔子前行。刘勰醒后非常激动：太伟大了！圣人多难见到啊，居然托梦给我这个小人物。于是刘勰立志，要用撰写一部文学理论著作来弘扬孔儒之道。

刘勰用 10 年时间完成了《文心雕龙》这部文论巨著，这是公元 5 世纪末叶，在西方是黑暗的中世纪，在中国是两个文学高峰（魏晋与唐宋）之间的低谷。因为有了刘勰和他的《文心雕龙》，公元 5 世纪才有了一点亮色。章学诚称《文心雕龙》"体大思精，笼罩群言"，几千年中国文学理论批评史上，它是空前的；迄今为止，它也是绝后的。《文心雕龙》五十篇，分总论、文体论、创作论三大部分，涉及文学的起源与本原，各体文学的历史及评论，文学活动从创作发生到经典传播之全过程的诸多理论问题。

刘勰生活在公元 5 世纪与 6 世纪之交，《文心雕龙》完成于 5 世纪末。这个时期正值西方的中世纪，古希腊、古罗马文明早已结束，而文艺复兴还要耐心地等待 1000 多年才能到来。因此，与刘勰同时期的西方，

101

如何阅读与思考

没有出现能与《文心雕龙》相媲美的文论巨著。

现代社会第一次将《文心雕龙》与西方文论相比较的是鲁迅先生，他在《〈诗论〉题记》中说："篇章既富，评骘遂生。东则有刘彦和之《文心》，西则有亚里士多德之《诗学》，解析神质，包举洪纤，开源发流，为世楷式。"可见在鲁迅眼里，西方文论著作中能够与《文心雕龙》相媲美的只有古希腊亚里士多德的《诗学》，而亚氏是西方文论的祖师爷，《诗学》是西方文论的圣经。

中国文学界有两门显学：研究《红楼梦》的红学与研究《文心雕龙》的龙学。红学谈"情"，龙学论"理"，此"情"此"理"的历史及现实影响力，用刘勰的话说，是"泰山遍雨，河润千里"。

文学批评的根本原则

高慧斌：《文心雕龙》提出了文学批评的根本原则，这也是全书的"文之枢纽"，今天我们如何领会这一原则？这一原则对我们今天的创作是否还适用？

李建中：《文心雕龙》文学批评的根本原则是六个字：原道、征圣、宗经。这六个字从字面上解释，就是要以"道"为根本，以"圣人"为老师，以"经典"为楷模。圣人是经典的作者，圣人通过创作经典而彰明天地宇宙之大道，反过来说，天地之道借助圣人的创作而彰显于世，推行于世。刘勰所说的"文"是广义的文学，相当于我们今天所说的文化，包括了先秦的五经和诸子。在刘勰看来，最好的文学作品是五经，最伟大的文学家是包括孔子在内的先秦诸子。

刘勰提出这样一个原则是有针对性的，他针对的就是他那个时代绮靡委顿的文风：文学创作只追求外在的好看，辞采华丽铺张而情感空洞贫乏，太多的辞采，太少的感情。刘勰称其为"繁采寡情"。拿什么来拯救那个时代的文学？刘勰开出的药方是儒家经典的"辞尚体要"，文辞最为重要的是体察要义，而不要一味地追求新异。或简或繁，或显或隐，先秦经典在"辞尚体要"方面均为后世文学做出了榜样。

刘勰文学批评的根本原则，对我们这个时代至少有三个方面的意义。其一，中国文学的根在哪里？在孔子所开创的儒家文化。在孔子所整理的文化元典之中，中国各体文学的楷模在先秦元典，比如《诗经》《楚辞》是诗歌的楷模，又比如《左传》是叙事文学的楷模，等等。其二，中国文学的魂是什么？是人，是作为天地之心、五行之秀的人。天有天之文，地有地之文，人有人之文，人之文就是文学。其三，中国文学的"德"（功德、功用）是什么？是用人类创造的文来言说道，我们今天称之为"人文"，引而申之，又包括人性、人道、人情、人（仁）理。

高慧斌：在文体论中，刘勰讨论的文体约35种，我们今天的写作如何借鉴这样的文体？

李建中：刘勰讨论了他那个时代所有的文体，时过境迁，30多种文体之中有一部分我们今天已不常用。尽管如此，刘勰的文体理论依然有着多方面的借鉴价值。

一是他的文体研究"四原则"，也就是研究任何一种文体必须着眼于四个方面：追寻文体的源头并弄清楚其流变；给这个文体下定义并弄清楚其内涵外延；判断并选择某一类文体中的经典作家及作品；从具体的作家作品评论中归纳出具有普遍意义的文学史和文学理论规律。

二是他的文体研究并不局限于文类（我们今天称之为"体裁"），同时还包括了"体貌"（文学风格）、"语体"（文学修辞）和"体式"（话语方式）。这些与今天的西方文论都是可以相互通约和平等对话的。

三是他的文体论在具体的"体"之上有一个总体的"体"，这个"体"的内核或内在支撑是先秦的儒家文化精神。刘勰所处的时代，儒家文化精神严重匮乏，所以那个时代的文学特征是"文体解散"，而刘勰拯救那个时代文学的思路是回到先秦，回到先秦元典。

如何阅读与思考

札记：我至今也没读完《文心雕龙》

寻找《文心雕龙》解读人，出现了一个小插曲。

最先邀请的是业内一位专家来解读，老先生在此研究领域也是权威之一，先生爽快答应解读，也费了气力，不久即供了篇七千多字的大稿。开头部分写得诗情画意，通俗易懂，也符合向普通读者推荐经典作品的要求，但之后的部分，更像是学术论文。如果是参加《文心雕龙》研讨会的发言，那是相当漂亮的写法。但我们是向普通读者介绍这部经典，不能太学术化，得用大众听得懂的大白话，尽量不用书中的原话，更不能罗列《文心雕龙》里的话以说明其深刻，如此只能增加阅读难度，报纸与学术研究毕竟有别。

为何不能用古文和书中原话解读？因为于我这个有点古文底子的人读起来都颇费劲，感觉对普通读者来说，即使耐着性子，可能也读不下去，关键是读不懂。当然，作为案头书之一，《文心雕龙》也因为内容艰涩，读起来佶屈聱牙，令非专业人士或普通大众看不懂，读不下去。我至今也没有真正意义上读完这部经典，实在惭愧。

我们今天之所以要重读经典，是因为要从经典中汲取精神力量，重塑我们的人格，提升我们的品格，净化我们的心灵，给我们精神食粮。今天重读《文心雕龙》，我们不仅要了解这部伟大作品的出处，这部作品在中国文学史上的意义，作品的核心思想，还要思考这部作品对我们今天的文学理论研究以及文学批评有何借鉴和启示，重读是为了不忘中国文学的初心。

于是说明原因，烦请老先生修改，老先生不愿意修改，并批评我这个读书版编辑读不懂，修养不高，等等。同时又将此稿供给了另一家媒体。事到如此，这篇约稿是不能用了，只能再约。经人推荐，我联系到中国《文心雕龙》学会副会长、中国古代文学理论学会副会长、武汉大学文学院李建中教授作为解读人。李教授解读的《文心雕龙》

第二辑 群山之巅

十分到位。

李建中教授认为,刘勰文学批评的根本原则,对我们这个时代至少有三个方面的意义,即中国文学的根在哪里?中国文学的魂是什么?中国文学的德(功德、功用)是什么?多么精辟而透彻。

在采访李教授的过程中,还出现了一个不应该出现的失误。我一开始把标题中的"中国文学批评史"误写成"中国文论批评史",一字之差,谬之千里。李教授发现后,回复:"你作的标题不对,不能说'文论批评史',正确的命名是'中国文学批评史',发下篇时请改过来,否则,行内人会笑我的。"又详作解释:"'中国文学理论批评史'的含义是关于中国文学的理论和批评的历史,而'中国文论'是对中国文学理论批评史或者中国文学批评史的简称。因此,说'中国文论批评史',就等于说中国文学(理论)批评史的批评史,从来没有人这样说的"。好在这是发给李教授审阅的未见报稿,见报稿没有出现错误,否则,真被行内人笑话了。现在回想起来这一幕,内心还有愧。

第三辑

美的遗产

钱穆讲授、叶龙记录整理：《中国文学史》

叶龙：

新亚书院哲学教育系及新亚研究所毕业。曾师从国学大师钱穆。代表作品：《桐城派文学史》《中国通史》《中国古典诗文论集》等。

叶龙（左）和钱穆（右）

由国学大师钱穆讲授、叶龙记录整理的《中国文学史》，全书共31章，钱穆从中国文学的起源，一直讲到清末章回小说，贯穿中国古代文学的整体脉络。书中保留了钱穆先生授课中最鲜活的口语表达，也留存许多神来之笔。但因乱世流离，加之校务冗忙，讲稿并未整理成书。因钱穆先生的学生叶龙保存了当时所记的笔记，时隔大半个世纪，2014年，87岁的叶龙对这份笔记进行誊写、校订、整理，同时陆续在媒体上连载，我们才得以重见钱穆大师授课的神采。此书被称为"最好的中国文学入门书"。

如何阅读与思考

我关注《中国文学史》并采访叶龙先生,是因为此前钱穆《中国文学史》讲稿在《深圳商报》连载50期引发的持续热议。钱理群、洪子诚、李陀、张隆溪、刘再复、顾彬、莫砺锋、黄子平、陈平原、陈思和、王德威等近30位中国文学史家,在五个月内持续不断发言,讨论升级为一个文化事件。稿件2016年5月2日刊于《辽宁日报》阅读版,引发广泛关注,被中国作家网、新华网等转载。本文与见报稿不同。

钱穆个人对中国文学史的一些见解

高慧斌:被称为"一代通儒"的国学大师钱穆,一生著述80多部,无论在历史、文学、哲学、经济,还是在艺术、社会研究方面,都造诣高深。他最爱的是中国文学,然而其一生却没有留下一部关于中国文学史的系统专著。人们只能在他散落的文论,以及那部著名的《中国文学讲演集》中,去找寻他对中国古代文学史的精彩论述。《中国文学史》以一种传奇的方式弥补了钱穆先生没有留下中国文学史系统专著的缺憾,这实在是一件幸事。请您介绍一下《中国文学史》出版前后的情况。

叶龙:1949年,钱穆先生在香港与唐君毅、张丕介等人一起创办了新亚书院。在新亚书院,钱先生开过两次中国文学史课程,一次是1955年秋至1956年夏,一次是1958年至1959年,从中国文学的起源,一直讲到清末章回小说,自成一套完整的体系。钱先生担任院长时,每学期仍会开设一两门课程,开设的课程有中国通史、中国秦汉史、文化史、思想史、经济史、文学史,以及社会经济史、《论语》、孟子和庄子等。我在大学部修读他六门课,这些课程笔记跟随我60年。我在香港搬了十几次家,都带着这些笔记本。

2014年,我已经87岁,如果这些东西在我手里失传,那不只是一人之损失,而是"钱学"之损失,是"中国文学"之损失。

高慧斌:经过您整理出版的这部巨著弥补了钱先生未专著中国文学

史的憾事。为何讲义尘封了一个甲子才出版？是有不得已的原因吗？

叶龙：此乃由于早前一般世人都没有如此重视钱先生的思想。随着时间的流逝，钱先生的思想才一步步受到重视。我并没有不得已的原因，只是当时只觉得这是一门功课，选修完了，便罢。你想，20年前会有多少人重视钱先生呢？当时不多也，往后就一直搁置着，往后我也没有注意到"钱学"开始受重视。只是有人重视了，我才想起这本笔记。

我考入新亚，就是崇拜钱先生。来讲句公道话，因一般人对晋时代不重视，是不公平的。恕本人不知如何言，我只是向来敬仰他，才跟随钱师学习。

高慧斌：钱先生开篇说："直至今日，我国还未有一册理想的'文学史'出现，一切尚待吾人之寻求与创造。"钱先生当年认为中国没有纯文学的观念，对先生的这个观念，您如何评价？

叶龙：钱先生讲这门课是在1955年至1956年，是指那年代之前，尚未有一本特别好的中国文学史。这是因为当时他尚未看到一位讲中国文学史令他特别满意的吧。要写出一本十全十美的中国文学史实无可能，但人人均可写出不同的见解与看法。这也就是钱先生所说的，有待今后的学者们一齐共同来寻求与创造。钱先生在此讲稿中提出了一些大问题，值得大家来讨论，也确实提出了他个人对中国文学史的一些看法与见解。

钱穆版《中国文学史》升级为一个文化事件

高慧斌：作为一部文学史，我个人认为篇幅不应以个人喜好而长或短。钱先生对一些章节一笔带过，而对朱熹、魏晋南北朝及建安文学却浓墨重笔，您认为原因是什么呢？

叶龙：依在下之见，钱先生认为孔子以后最值得钦佩的大学者当为朱子，我想他是站在奉行儒家思想的立场上而说的。

钱先生主张学习中国文学史，需要和西方加以比较，才可知道其独

如何阅读与思考

特的面貌。他钦佩朱夫子熹，赞赏朱子解释《诗经》与前人不同而有新意，同时，也指出朱子的解释也有错失。因为朱子只用直指其名直叙其事的赋来解释《诗经》。钱先生解释《诗经》为取信于众，举出中国文学史上三个不同时代和作者的文学作品来证明，使之无懈可击。

钱先生对魏晋南北朝十分偏爱，对建安文学更是着笔颇多。在讲屈原的《离骚》时，他直言文学的最高境界是不求人解，就如同屈原写《离骚》，怨得纯真而自然，不是非要讲给人听，如同行云流水，云不为什么而行，水不为什么而流，人生遇到的悲欢离合，也当如此。

钱先生不囿于旧文学一家之言，对各种学说有批评、有吸收。他批评红学崛兴，质疑沉浸于"儿女亭榭"的人们，难道要以红学济世？他认为"五四"之所以影响巨大，并非因为提供了一套理论，而是提供了一套"新文学"。他虽然心知旧文学已死，却不放弃，呼唤包容共存。

高慧斌：2015年7月至10月，钱穆版《中国文学史》讲稿在《深圳商报》连载50期。8月11日，《深圳商报》启动"再提中国文学史系列访谈"，近30位中国文学史家，在五个月内持续不断发言，涉及钱穆版《中国文学史》和文学史的写作、传播、研究、讲授等诸多问题，使钱穆版《中国文学史》升级为一个文化事件。您是否料到这本书会在文学界持续引发热议？

叶龙：我把钱先生中国文学史讲稿整理完毕，在全书出版前，先由《深圳商报》连载部分章节，刊出10天左右，即获得文教界学者之热烈讨论。我未考虑到这本书出版后的效果如何。钱先生说过，文学史可以各有多讲，学术是自由的。

我没想到会有这么大的反响。中山大学黄天骥教授认为，"在学术界，如果自觉有能力有体悟，都可以写文学史。这本来是自然现象，应该鼓励"。德国汉学家顾彬先生认为，"所有的文学史都应该是个人的。作者需要他个人的标准、观点、方法"。复旦大学陈思和教授认为，"钱穆先生当年讲的是中国古代文学史，那时除了刘大杰先生的《中国文学发展史》有个人特色，其他文学史还都比较粗糙，后来才慢慢出现了全国统编的权威教材。至于说到理想的文学史，是永远不会有的"。

札记：能跨海采访到叶龙先生非常不容易

国学大师钱穆先生留下的文字，让我们能够从一个侧面来了解中国的历史与文学。如果没有钱师弟子叶龙先生的记述，无论如何，我们也无法还原数十年前大学课堂的风采。

在《中国文学史》一书中有太多精彩的评述，钱穆的反思反问令我记忆深刻。

钱穆说："中国从没有纯文学的观念，中国传统文化与人生、历史、天地高度融合，如果传统文学死不复生，中国社会的现实人生也将死去最有价值的那部分。而在中国文学史上，一切通俗文学最终达于上层才有意义。""如乐府、传奇、词曲、剧本、章回小说，愈后愈盛。"他怀疑新文学如果只限于神怪、武侠、恋爱、侦探等游戏消遣，会不会渐渐没落。

让我惊艳的是《中国文学史》出版后，吸引了当下中国文学史界众多知名的学者参与讨论，讨论之热烈超出叶龙先生的想象。将一本专著的出版升级为一个文化事件，实属罕见。

能够采访到叶龙先生，也出乎我意料。看到耄耋之年的叶先生写在我提出的问题纸上的采访回复，还是颇有感慨。采访由出版社方面沟通，前后也经历了近三个月，我非常理解叶先生，毕竟86岁高龄，采访过后，敬意也油然而生。

当然，本次采访也有不足。我的提问叶先生没有全部回复。不过，能够采访到叶龙先生，实属荣幸。

值得一提的还有国内对这本书的宣传。

由叶龙记录整理的钱穆版《中国文学史》，被一家报纸连载50期，

如何阅读与思考

也只有《深圳商报》才能做到。这样的篇幅及处理方式，让我佩服至极。

《深圳商报》的读书版办得真是难以企及的好，他们的做法总能突破我的想象，总能别出新意。组织讨论，引发学界讨论，其胆识与魄力，持续时间之久，非我能及。

就全国媒体读书版的办版魄力，还有一家市级党报让我佩服。他们针对贾平凹《极花》的故事情节，围绕城市化进程导致的农村剩男焦虑及妇女与农村等问题展开整版热议，评论观点针锋相对，分析入木三分，看得我十分尽兴。这篇小说评论的深度、广度和力度，让人过瘾。我感觉，这才是媒体读书版面该有的风范，引领读者读书，读好书。

都说纸媒已过了最好的发展时期，但我个人以为，传统媒体在与新媒体的竞争中还有优势，这个优势就在于谁能把话题做深做透，用深度抓读者的心，吸引读者的眼。

陈晓明谈《创业史》

陈晓明：

1959年生于福建省。北京大学中国语言文学系主任、教授、博士生导师。主要研究方向为中国现当代文学思潮和后现代理论与批评。代表作品：《中国当代文学批评史》《中国当代文学简史》《中国当代文学主潮》《无边的挑战——中国先锋文学的后现代性》《不死的纯文学》《德里达的底线——解构的要义与新人文学的到来》《守望剩余的文学性》等。

《创业史》是中国当代著名作家柳青（1916—1978）的长篇小说，这部巨著蕴藏着作者14年农村生活的丰厚积累，表现了我国农业社会主义改造进程中的历史风貌和农民思想情感的转变。为专心创作《创业史》，柳青曾辞去陕西省长安县委副书记，在皇甫村一座破庙居住了10多年。1960年4月，柳青将《创业史》第一部10万册的稿酬16065元捐给王曲公社作为工业基建费用。1961年开始写《创业史》第二部时，他向中国青年出版社预借5500元稿费，为皇甫村支付高压电线、电杆费用。柳青为写作长期生活于艰苦环境之中，身体遭受病痛折磨，62岁因病去世。

如何阅读与思考

《创业史》是中国"十七年文学"中农村题材的代表作，被誉为"经典性的史诗之作"，也是辽报《重读经典》专栏计划向读者重点推荐的经典之作。就如何阅读柳青在特殊历史时期创作的这部经典著作，我邀请著名评论家、北京大学陈晓明教授进行解读。稿件2015年5月31日刊于《辽宁日报》阅读版。

小说展开了一个宏大的生活画面

高慧斌：《创业史》是一部反映农业合作化运动的史诗式巨著，在中国当代文学史上占有突出地位。我们今天应该以什么样的视角来重读这部经典？

陈晓明：到目前为止，柳青的《创业史》依然是最具社会主义现实主义艺术特色的作品。他原打算全面反映农业合作化运动，从互助组写到高级社，却没完成这个宏伟计划。现在看到的《创业史》，只是第一部和第二部的上卷及下卷的前四章。我们今天重读这部作品，可以就社会主义现实主义文学在为现实建构时代想象的作用和意义上，来理解其独特的艺术特色。

《创业史》描写了渭河平原下堡乡蛤蟆滩互助组的建立和发展历程，文学史著作通常认为，这部小说反映了当时农村存在着日益扩大的贫富差距以及产生的矛盾冲突，由此来揭示农村开展互助合作运动的必要性和紧迫性，表明了中国农村走社会主义道路的必要性与可能性。蛤蟆滩显然概括了中国农村的普遍问题。经历过土改，中国农村的社会主义改造远未完成，这里交织着新旧两种习惯、两种势力的矛盾冲突。小说尤为深入地描写了梁生宝父子在旧时代生存、创业的艰辛与惨败，只有共产党创建的新社会才会给贫苦农民指明一条生路。这一真理也喻示着共产党领导的农业合作化运动是农民摆脱贫困的必由之路。

高慧斌：赵树理的小说关注的是一些具体的实际问题，柳青的文学创作正与此相反,他关注的是宏大的历史问题,在您看来,柳青的小说在叙事上有何特征?

陈晓明: 从现实中来,到现实中去,是赵树理小说的特征之一,而柳青要回答的问题具有历史宏伟的指向性,是中国农村向何处去的大是大非的道路问题。柳青自己后来解释说,这部小说的主题正是要说明这样的真理:"中国农村为什么会发生社会主义革命和这次革命是怎样进行的。回答要通过一个村庄的各阶级人物在农业合作化运动中的行动、思想和心理的变化过程来表现,这个主题和题材范围的统一,构成了这部小说的具体内容。"长期以来,这种思想主题被文学史编纂者理解为"主题的历史深度使小说获得了内容的史诗性"。

从小说叙事来说,也确实可以看出以柳青开阔的视野,突显了现实主义的叙述视角。小说抓住主要矛盾,设计两条路线、两条道路的斗争,以此为主线来展开具体事件所包含的矛盾冲突。小说确实展开了一个宏大的生活画面,对社会主义过渡时期的总路线,对中国社会引起的深刻变化,进行了深入全面的表现,不只是反映了农业合作化运动,也涉及对城市私营资本改造,深刻而剧烈的社会变革,对不同阶层的人造成的巨大冲击。每个人都被卷入了社会革命运动,《创业史》描写了那些运动中的人们对命运与前途的迷惘,这种表达是对那个时期最真切与深刻的呈现。小说无疑展示了过渡时期中国社会深刻变动及其最内在的矛盾。显然,梁氏父子的创业如同一部新社会的英雄传奇,新旧对比表明,过去的历史只是失败的教训,而新的选择才指向未来光明前途。

人物行为描写颇具艺术特色

高慧斌: 作为农村题材的现实主义的代表作品,《创业史》与当时其他作品相比,在叙事上有什么不一样的地方?

陈晓明: 这部作品在艺术创作上的确有其突出之处,小说对人物行

如何阅读与思考

为描写的生动性与对人物心理刻画的细致性结合得比较到位。现实主义小说当然是写人物与事件，但真正写到位并不容易。这部小说写人物的行为显示出颇为出色的艺术，精练而准确，显得很有生活的质感。同时，小说对人物心理的描写也相当成功，这不仅体现在描写梁生宝、梁三老汉，就是次要人物的心理刻画也很见特色，显得层次分明而细腻。

小说通过改革来体现当时的城乡矛盾，非常真实地表现了中国农民在现代化建设进程中的不同抉择。这里也可透视出文学对历史主体的塑造，又带有柳青本人的乡土记忆。就是通常作为被贬抑的反面形象的姚士杰和素芳，也写得很有意味。姚士杰也是一个极富有质感的形象，虽然也有一点反面人物通常有的脸谱化的痕迹。例如，他在道德上是被贬抑的，但他试图重新发家致富的勃勃野心，他作为一个庄稼好把式的那种自信，对周围人的洞察，对共产党的复杂心理等，都刻画入微而淋漓尽致。读读素芳到姚士杰家帮工的微妙心理变化，就可以看出柳青的笔法确实有不俗之处。

这部小说与当时其他作品相比，在叙事上显示了一种丰富的力量。作者把抒情性描写与对现实的反思性评价结合起来，使得叙事的要素显得相当丰富，也可以看出作者怀着理解历史与现实的愿望，使作品显出一种思想的厚重。作者显然怀有现实主义式的全面表现历史的愿望，力图使作品概括更广阔的生活内涵。在当时，小说叙事具有这样丰富的元素和视点多元展开的立体感，无疑跃进到一种高度。

作品中的多数人物与生活融为一体

高慧斌：梁生宝身上汇集了中国传统农民的所有美德，这个形象用今天的话说有点"高大上"，而其父梁三老汉等一干人物却如邻家人一样，栩栩如生，很接地气。

陈晓明：这部作品在艺术上受到赞扬的方面，主要体现在它的人物塑造上。梁氏父子是主要人物，当然也是塑造得最成功的典型形象。梁生宝被作为社会主义新人形象来塑造，他是一个吃苦耐劳而有政治觉悟和理想的新一代农民的代表，他相信只有共产党指明的道路才是唯一正确的路，坚定地走农业合作化的道路。作者在他身上注入无数的优良品德，概括了新时代农民成长的全部进步因素。这位一号主人公是为现实想象创造的，其他人物则与生活融为一体，更有可能来自现实生活本身。

梁三老汉这个勤劳耿直而又被旧有习惯支配的老一代农民，显然更习惯生活于小农经济的氛围中，他并不理解儿子梁生宝走的农业合作化道路，他无法使自己相信农业合作化会带来好处。这反映了农民依然保留的小农经济思想，他们对私有制的依恋，也说明教育农民的重要性。

柳青描写的梁三老汉形象更多地注入了他对农村现实生活的体验，不是从概念出发，而是从他的实实在在的经验出发。梁三老汉的形象正是代表了那个时期农民对土地的深刻眷恋，他们朴素的生活态度。

柳青在当时以他在农村的实际工作和对中国农村的深入了解，写下这样的作品，回答了当时中国农村走什么道路这样紧急而重要的问题，不能不说是社会主义文学的独特经验，它关注的不是个人的内心情感，而是一个民族、国家在特定时期的历史选择。

札记：怎么解读也无法还原一个真实的柳青

解读柳青所著《创业史》可谓费尽周折。在全国高校找了十几位教授，无人愿意承担解读任务。一是高校教授教学和科研任务都重，二是感觉解读有难度。因为报道有字数限制，想深入探讨的问题可能展不开。为难之际，北京大学陈晓明教授答应可以解读，之前他写过评析柳青《创业史》的长篇文章，陈教授建议按我们的出版要求，让我将长文先行整理。

2015年3月8日收到陈教授万言长文及留言："慧斌：寄上拙作，你全权处理。你做删改可能更适用。另如刊用，请再核对一下关于柳青

如何阅读与思考

的生平事迹、《创业史》的版本的说法。因原来都据图书馆里的辞典，柳青这块挺不一致，不同的辞典有不同的说法。但大的方面不要出错。现在网上的信息只能参考，不能作为最终的依据。"

从3月约稿到稿件见报足足三个月，我和陈教授邮件不断，从标题到行文，从评述内容的选择到字词表述，前后几易其稿。主要是有限的字数容不下对《创业史》核心内容的解读。如果重点分析一个方面，又不能让读者完整了解柳青其人，尤其是这部长篇要表达的思想。

有一次稿子要上版了，由于一处内容没处理好，又重新换了角度改写。此稿前后改写了四次，可以说费尽了心力。在此过程中，我也深入了解了柳青其人及其作品要表达的思想，也领略了陈晓明教授对这部长篇的观点。

过程之中，等陈教授回复修改稿时，又出现失联情况。"慧斌：你好！可能我的邮件出了问题。我记得我当时就回复你了，同意发表。你改得挺好的。当时我在武汉华中科技大学讲课，因在那里待了十多天，当时我带去的笔记本电脑是苹果系统，我过去没有用过这个系统，新电脑竟然不能发送邮件，不知哪个设置程序出了问题。后来才发现。我当时以为给你的邮件是发过去了。过了几天我又忘记了。打电话时可能我在上课。前段有点忙乱。祝好！陈晓明。5月12日。"这样的解释也让陈教授费心了。

关于稿件细节，此间我和陈教授有十几封通信，就"十七年文学"的表述请其把关，并就排版问题进行商议。

"慧斌：见信好。政治方面你把关肯定更好。你修改了觉得合适就行。关于排版安排，我只是建议。这样处理的稿件，确实你花非常大的气力，没有你的劳动几乎是不可能的。

"也确实如此，这样的文章发表出来，和作者单纯写的文章是不同的，里面有大量你的工作。给你添麻烦了。祝好！陈晓明。"

最终我们确定了以访谈的形式见报。2015年5月31日收到陈教授

第三辑　美的遗产

回复："慧斌：见信好！我刚才没有看你发来的附件，这下打开看，哈，你们文章的编排形式还是有点独特，这样确实更好。谢谢你！嘿嘿。辛苦你了！"

约访陈晓明教授的经历，再一次见证了一篇好稿诞生的周折。如果不坚持，缺少耐心，如果不能和被访者达成共识，肯定达不到预期效果。

记者采访名家，有时由于各种原因，被采访者会提供一些资料，授权记者按其思路、想法来整理，最后经被采访者同意方可使用。在我采访的众多名家中，也不乏这样的事例。这样的采访既有利也有弊。利在于最后见报的文章可能更精准，如果资料丰富，记者手快，会很快完成采访。弊则是由于这样的采访缺少现场感，缺少随机出现的思想火花的碰撞，采访的生动性不足。当然，这篇文章不太需要现场感。我是希望面访，但随着工作量的加大，时间安排不开，被采访者也没有时间接受面访，就难以如愿。

其实，无论怎么解读，都无法还原一个真实的柳青。像多数著名作家一样，柳青生前并没有为自己立传。我不知道作家柳青是否想给自己立传，但在那个年代，他是没有时间或者说来不及为自己立传的。但我更相信，即使有时间立传，柳青也不可能给自己立传，以他对革命工作的热情，他是不会把有限的时间用于总结个人一生的得失的。在柳青去世多年之后，《柳青传》刚刚出版，我不知书中还原了多少真实的柳青，但无论如何，柳青的《创业史》值得我们今天好好读一读，去好好回想与总结那个年代人们的生活及向往。

毕飞宇：《小说课》

毕飞宇：

1964年生，江苏兴化人。作家，南京大学文学院教授。20世纪80年代中期开始小说创作，代表作品：长篇小说《平原》《推拿》等，中短篇小说《哺乳期的女人》《地球上的王家庄》《青衣》《玉米》等。曾获鲁迅文学奖、茅盾文学奖。

  2017年初，人民文学出版社出版的《小说课》辑录了毕飞宇在南京大学等高校课堂上与学生谈小说的讲稿，所谈论的小说皆为古今中外经典著作，既有《聊斋志异》《水浒传》《红楼梦》，也有哈代、海明威、奈保尔乃至霍金等人的作品。他有意识地避免了学院派的读法，用极具代入感的语调向读者传达每一部小说的魅力。

第三辑　美的遗产

毕飞宇的《小说课》深入浅出地向读者分享了他阅读经典的体会，他的阅读心得独特，非常适合向广大青年读者推荐。就大学生如何打开阅读视野、如何更好地阅读经典作品，毕飞宇接受了我的专访。稿件2017年5月15日刊于《辽宁日报》阅读版，被中国作家网、中国青年网、知网百科等转载。

读小说要解决"大"和"小"的问题

高慧斌：如何读书因人而异。读蒲松龄的《促织》，我不知道会有多少人能和读《红楼梦》联系起来。您说您读《促织》的体会是，蒲松龄呈现出来的艺术才华足以和屈原、杜甫、曹雪芹相比？

毕飞宇：《促织》的开头太短了，可我要说，这短短的85个字和《红楼梦》的史诗气派相比一点也不逊色。蒲松龄作为一个伟大的小说家，他在极其有限的1700个字里铸就了《红楼梦》般的史诗品格。我只能说，小说的格局和体量没有对等关系，只和作家的才华有关。

《红楼梦》的结构相当复杂，但它的硬性结构是倒金字塔，从很小的"色"开始，越写越大，越写越结实，越写越虚无，最终抵达了"空"。而《促织》则相反，它很微小，只是描写了一只普通的昆虫，但它却是从大处入手，一起手就是一个大全景：大明帝国的皇宫，宣德年间，宫中尚促织之戏。相对于1700字的小说而言，这个开头太大了，但一句"岁征民间"，一下子就把小说从天上拉回到了人间。

读小说要解决两个问题，一是关于"大"的问题，一是关于"小"的问题，也就是我们如何能看到小说内部的"大"，同时能读到小说内部的"小"。只盯着"大"，小说将失去生动、深入，失去最能体现魅力的部分。只盯着"小"，又会失去小说的涵盖、格局和辐射，最主要的是小说的功能。好的读者一定是一只眼看大局，一只眼盯局部。

《促织》从一个低谷入手，成名一出场就处在了命运的低谷，面临"忧

如何阅读与思考

闷欲死"和"惟思自尽",小说的内在气息被按在最低处,令人窒息。驼背巫的出场又让其命运有了转变。小说的开头就呈现两个亮点:一是"此物故非西产",这使小说一下子具备了荒诞的魔幻现实的色彩;一是"有华阴令欲媚上官"里的"欲媚",处在"欲媚"这个诡异的文化力量面前,小说注定了悲剧性质。最后成名儿子死了,变成了促织,当读到"成名亦不复以儿为念"时,读者会感觉成名有些无情,而这句无情的话,其实就是现实性。

最后,促织被鸡吃了,"夫妻向隅,茅舍无烟"。这8个字充分体现了作者的才华,启发了我们有关生活经验的具体想象,悲剧的气氛宛若眼前。这是写景、写人,或是描写、叙事。在这里,人与物、情与景高度合一。读《促织》犹如看苍山绵延,听波涛汹涌。无论是写小说还是读小说,它绝不只是精神的事情,还牵扯到我们的生理感受,某种程度上说,生理感受也是审美的硬道理。

阅读的才华就是写作的才华

高慧斌:读过海明威《杀手》的人,会感觉作者喜欢对话,对话还总是省略一些主语,稍不留神就搞不清楚对话的主体是谁。对此,您认为海明威的小说并不好读?

毕飞宇:在海明威的小说里,许多东西都被他放在了"水下",《杀手》就是这样。读海明威的小说要慢,要一点点地捋,才能清楚海明威到底藏有怎样的深意。《杀手》的开头只交代了一个杀手的名字阿尔,另一个人不仅没交代,还使用了两个模糊不清的称谓:一个是"其中的一个",一个是"第一个人"。从读者的角度来说,这是不可思议的。在我们读小说的时候,最需要注意的正是这些地方。

海明威描写人物的心理非常有特点,他很少切入人物的内心,而是描写人物的外部动态,由人物的动态出发,让读者去体会小说人物的心理。因为海明威是站在杀人者的角度去描写的，简单几笔，几句对话，就呈现了饭店里紧张的氛围、人物的心理和一触即发的矛盾。这样写的好处是使小说更有力，这个有力源于简洁，而简洁就是力量。要做到简洁，对作家来说可不容易，因为简洁不仅仅是一个语言上的问题，它关系到一个作家的心性和自信心。啰唆是由胆怯带来的，作者怕读者读不懂才要解释。而判断一个小说家的能力，是否简洁是一个最好的入口。这正是海明威的高明之处，年轻读者可以学的也就是这个地方。

所谓的学习写作，说到底就是学习阅读。你读明白了，自然就写出来了。阅读的能力越强，写作的能力也就越强。正是在这个意义上，我认为阅读是需要才华的，阅读的才华就是写作的才华。人家的小说好在哪里你都看不出来，你不可能把小说写好。阅读的重要就在于，它可以帮助你建立起"好小说"的标准。

海明威小说的另一特点是紧凑。这个紧凑不是苦思冥想的结果，它需要作家惊人的直觉。如果你有一个好的阅读习惯，能够读到普通读者读不到的东西，你的直觉会得到历练，慢慢地会变得敏锐。而眼力老到的读者读《杀手》，就会知道哪个是主配角，哪里的伏笔是衬托什么的，会清楚《杀手》的风云突变和刀光剑影。

读难懂的书能明白"别的"东西

高慧斌：您的阅读领域宽泛，但您在书中说，您也有读不懂的书。哪些书您没读懂呢？

毕飞宇：《时间简史》这本书我读过多遍，每次读都觉得自己在西藏或新疆旅游。窗外就是雪山，陡峭、圣洁，离我非常远。我清楚地知道，我这辈子都不可能登上去，但隔着窗户远远地望着它们在那儿，不也很好吗？

我和不少人讨论过霍金的《时间简史》，读过的人都说没读懂。读

如何阅读与思考

难懂的书不愚蠢，回避读不懂的书才愚蠢。就如爱因斯坦的《相对论》当年并没几个人能读懂一样，毕加索就说："当我读爱因斯坦写的一本物理书时，我啥也没弄明白，不过没关系，它让我明白了别的东西。"读难懂的书，能明白"别的"东西，就是阅读的最大收获。

爱因斯坦、霍金们的领域太特殊了，他们面对的是一个独特的世界。最为独特的思想一定会产生最为独特的表达。我读《时间简史》并非为求知或对理论物理感兴趣，我喜欢的是霍金那些稀奇古怪的语言。因为语言的奥秘就在于语词间千变万化的组合深不见底。而科学的语言的组合方式构成了我们的阅读障碍，它的背后却隐藏着求真的渴望。

阅读《时间简史》是一种非常独特的体验，我读得极其慢，有时为了一页会消耗几十分钟，我明知这样的阅读不可能有所收获，但依然感觉这是必要的。我的阅读体会是，难度会带来特殊的快感，这快感是一种精神调动。而一个人的精神历练，一定和难度阅读有着千丝万缕的联系。一个没有经历过难度阅读的人，很难得到"别的"快乐。我甚至认为，虽然难度阅读也未必一定能让我们有所成就，但回避难度阅读的人很难有所成就。

札记：我"将"了毕飞宇一"军"

"我们推荐您的书，怎么变成了拜求您了，毕飞宇老师？我心里有点不平衡。"这是我发给作家毕飞宇的短信。对难于接受采访的名人，必要时得"将一军"。

记者如何与被采访对象相处才能采访到知名作家、评论家，真是一言难尽。

作为地方党报的记者，你写的文章再好，有时也不一定引起读者足够多的注意，但你若能采访到一位名人，文章的影响就不一样了，这个道理已不用多说。而采访名家，在稿子的写法上也有不少说道。比如说，

第三辑　美的遗产

你见到了被采访者，哪怕是采访不充分，通过无限注水，也能完成采访。这是被一些同行采用的一种写法。我个人最感兴趣的是专访，一问一答，看似简单，实则考验采访者和被采访者的水平。你不能注水，一眼可见采访者的问话能力，不能问没有价值的话，不能问别人问过的话，也不能让他自问自答，还不能跑题。

过去采访过毕飞宇，通过他书的责编、人民文学出版社的赵萍老师，来来回回地传递信息，尽管感到不方便，但没有其他途径。谁让人家出了名，不愿意给联系方式，也没时间接受采访呢？不过，能达到采访预期，这样的方式也是可以的。

这次毕飞宇的《小说课》出版，想在读书节期间请他谈如何阅读经典，希望与毕飞宇来一场深刻的对谈，但一直没机会。我们比不了北京等地的媒体，他们面访的机会太多了。我们更比不了央视，毕飞宇上央视《朗读者》之前，我就与其联系采访事宜，他说没时间接受我的专访，可能是因为我们的平台小。没机会只能自己创造，信箱等不来回复，就打电话。可是出版社是不会提供毕飞宇的电话的，因为作家不允许。跟作家叶兆言索要毕飞宇电话，未回复。作家东西说，毕飞宇不用手机，这个我不相信。最后毕飞宇的电话是作家鲁敏提供的。于是我带着情绪先发短信，再打电话。

短信先致意，再作自我介绍，之后，就有了情绪化的表达。言及我采访了文坛多数知名作家，却一直采访不到您。人民文学出版社发来相关材料，想请您就如何读经典谈点个人体会。推荐您的书我却这般拜求，感觉不平衡。而且之前几年也联系过采访，却一直未果云云，期待回复。

果然，此招有效，作家接受了采访。稿子写好后回传至信箱，还得让人家看一眼，这是尊重。

毕复："高先生好，哈，要平衡。我能接受谁的采访，也不做主，都是出版社安排。谢谢你写。我不在家，身边也没电脑，既然你是首席，首席总有首席的道理。那我就相信首席，不看了。"

如何阅读与思考

高:"接下电话吧毕老师,俺不是先生。作家东西说您没电话,我刚给他发过去您的电话,他无言了。"

毕:"那我就20号学习。"

高:"学习哪敢当啊。折煞我也。稿件还请您斧正。平衡了。"

毕:"好了,放心哈。"

电话中,毕飞宇老师说稿子写得挺好,还夸了我。看看,和知名作家交往,哪有那么容易!采访名家需要攻关,需要技巧,需要勇气,更需要自信。否则,怎么才能采访到各类名家呢!

陈子善:《一瞥集:港澳文学杂谈》

陈子善:

1948年生于上海市。作家,文学理论家。长期从事中国现代文学史和中国现代文学文献学的研究和教学。曾参加《鲁迅全集》注释工作,在周作人、郁达夫、梁实秋、台静农、叶灵凤、张爱玲等现代重要作家作品的发掘、整理和研究上做出了重要贡献。代表作品:《说徐志摩》《说郁达夫》《闲话周作人》《私语张爱玲》《董桥文录》《林语堂书话》等。

2017年广西师范大学出版社出版的《一瞥集:港澳文学杂谈》,从一个侧面呈现了港澳文学的现代生态。书中,作者陈子善对谢晨光、曹聚仁、刘以鬯、董桥、蔡澜、易君左、罗孚、方宽烈、叶灵凤、刘绍铭等诸多文学家的作品进行了点评,指出了内地对港澳现当代文学研究中存在的薄弱环节,以及未来研究的侧重点。这是陈子善一个人的香港文学阅读史和与部分香港作家的交往史。

如何阅读与思考

今天我们如何看待香港早期新文学作品？澳门新文学与现代文学是什么样的关系？如何评价今天我们对港澳一些作家的研究？就这些问题，我专访了长期从事现代文学史和台湾地区文学研究的华东师范大学教授陈子善教授。稿件2017年6月12日刊于《辽宁日报》阅读版，引发文学界关注。被中国青年网等转载。

对港澳早期新文学作品的评价

高慧斌：您说《一瞥集：港澳文学杂谈》是您"一个人的香港文学阅读史和与部分香港作家的交往史"？您阅读的这些作品和交往的作家能否反映出港澳文学的全景？

陈子善：这本书是我个人对香港文学的阅读史，也是我与香港一部分作家交往过程的呈现，不能反映香港整体文学发展的全景。我用"惊鸿一瞥"来形容港澳文学的魅力，"惊鸿一瞥"这个词是有深意的。我在书中谈到的作者及其作品，绝大部分已写进了香港文学史。

港澳文学有其特殊之处。共和国成立后，台湾地区与内地是隔绝的，但内地作家与香港是有接触的，像巴金、冰心等一些作家给香港报纸写稿，介绍内地情况，虽然接触有限。改革开放后，这种状况有很大改变，内地与香港的文化交流日益增多。我自1990年至今多次访香港进行学术交流，这本书是我多年来与香港文坛交往过程中所见所闻所感的一个集纳。

高慧斌：您如何评价香港早期新文学作品？

陈子善：对香港早期新文学作品的评价历来见仁见智。总体而言水平不高，难以与内地新文学诸大家相比，但这并不等于说香港早期新文学乏善可陈。香港新文学的开拓者谢晨光在上海发表的作品就具有相当的水准，只是他的这些爱情小说能否视作香港早期新文学的特色，还值得讨论。谢晨光小说的都市色彩与后来以"新感觉派"名世的刘呐鸥、

第三辑 美的遗产

穆时英、施蛰存等人的作品颇为不同。都市性和开放性是香港显著的地域特征，谢晨光的小说在一定程度上体现了香港早期新文学的主体性。

高慧斌：澳门早期新文学与现代文学的关系怎样？

陈子善：澳门虽小，但它在文学史上的地位并不是可有可无的，这一点已被方宽烈等学者的大量研究所证实。

香港早期新文学的整理和研究近年已取得长足进展，与此相比，学者对澳门早期新文学的整理与研究相对滞后，这当然有复杂的历史和地域原因。内地作家南下，从20世纪30年代到40年代，落脚点往往是香港而非澳门，这给香港文学不断注入新活力。无论是文学活动规模还是创作实绩，香港都优于澳门，但这也不等于说澳门新文学没有焕发自己的异彩，对郁达夫《过去》的再评价和文学杂志《小齿轮》的再定位，就已说明应该重新认识澳门新文学。

同时，也应该深度挖掘20世纪20年代到40年代澳门新文化进程中一些作家的作品及文学活动。澳门新文学与香港新文学有千丝万缕的联系，说澳门新文学曾深受香港新文学的影响也不为过。问题在于，要认真梳理、区分，实事求是地评估，不要让香港新文学的辉煌掩盖了澳门新文学虽微弱却仍熠熠闪烁的光泽。至于澳门新文学与现代文学的关系，整体的、准确的把握还有待深入分析。尤其是新文学运动对澳门是否产生过影响，又产生过什么样的影响，至今仍是个缺乏研究的盲区。

高慧斌：20世纪20年代，香港新文学作家不断北上，而鲁迅、茅盾、巴金、施蛰存等文学大师则南下香港，有评论说南下作家的作用被高估和夸大了？

陈子善：香港文学处在一个不断发展变化的过程中。共和国成立前，香港文学受到内地文学的影响很深，尤其是新文化运动的影响，一些香港作家以在内地发表小说、新诗为荣。后来全面抗战开始后，有很多作家来到香港办报纸、刊物，被称为"南下作家"。

梳理香港新文学史，南下作家问题一直困扰着研究者。20世纪30

如何阅读与思考

年代中期以来，香港新文坛上，内地作家纷至沓来，他们对香港新文学的作用和影响，在相当长一段时间里是被夸大和高估了。最近已有研究者指出，南下作家的负面影响是把香港本地作家的主体性降低、边缘化乃至湮没了。不过，必须指出的是，远在内地的作家因东北沦陷、上海战事、抗战全面爆发等原因陆续南下香港之前，香港新文学作家已经北上。这其中就有早已为研究者所乐道的侣伦、张稚庐等人，而最早北上者就是谢晨光。

香港的传记文学研究

高慧斌：研究香港文学，传记文学历来被文学史家排除在视野之外。为何会出现这种局面？

陈子善：查阅至今为止内地出版的几部香港文学史著作，都少有探讨传记文学的章节。香港文苑有名目繁多的乡土、历史、武侠、科幻、财经、言情等小说，各具特色，也有传记文学的奇花异卉。20世纪八九十年代，香港的人物传记创作空前繁荣，只是鲜有研究者关注。人物传记在中外古典文学史上本应归入文学的范畴，比如中国文学史上司马迁的《史记》列传、英国文学史上鲍斯威尔的《约翰生博士传》等，都是以传记人，更是以传写史，是"给史家做材料，给文学开生路"的范例，在文学史上自有其不可动摇的地位。但到了近代，却从文学的殿堂被请了出来，放到了史学评论或文学批评的领域。比如曹聚仁的《鲁迅评传》尽管在香港文学史著作中无立足之地，却在古远清著的《香港当代文学批评史》中得到了充分评价。香港的传记文学研究一直甚为薄弱，与传记文学活跃的创作相比，未免滞后。

当然，传记作品到底是史学著述，还是文学批评或文学创作，向无定论，学术界可以见仁见智。事实上，上乘的传记作品往往是史学、批评和文学色彩兼而有之，相得益彰。"评传"形式的传记著作，批评的成分固然加重，但只要文笔漂亮、可读性强，仍不妨看作是一种特殊形式的传记文学作品，似无必要作刻板的限定。

高慧斌：香港研究鲁迅的人不少，其中张向天就用毕生精力研究鲁迅，您认为关于香港的鲁迅研究，曹聚仁是最有成就者？

陈子善：我之所以推崇曹聚仁的鲁迅研究，是因为他的研究从整体上讲经受住了时间的考验，虽然在具体史实上也有一些出入。尤其是曹聚仁于1956年出版的《鲁迅评传》，被论者誉为在国内外众多关于鲁迅的传记和评传中，是"极具个性的一部"。

曹聚仁在20世纪中国文化史上是个多才多艺的人物，他集作家、记者、学者于一身，著述颇丰。有论者认为，在"近代中国知识分子当中，像他这样高产，除了梁启超、鲁迅、郭沫若和林语堂之外，似乎还不多见。成名的新闻记者当中，像他这样的饱学之士，也实在找不出几个"。他不仅见过鲁迅，还与鲁迅通信几十封，他笔下的鲁迅立体、多侧面，他立足于鲁迅是人不是神，但他遭人非议最多的是对鲁迅内心世界的开掘，精神历程的探索。

高慧斌：您说对港澳一些作家的研究至今仍存在薄弱环节？

陈子善：20世纪90年代以降，我数度赴港，或开会或访学，每次都抽空到大小旧书店。我特别关注20世纪三四十年代在内地有名，50年代先后赴港的诸如叶灵凤、曹聚仁、徐訏、李英辉等作家的作品，尤其是他们在香港出版的著作。我发现，他们不但在当时，就是到了今天也仍然是中国现代文学研究的一个空白或薄弱环节。

此外，在目前所能见到的几种香港文学史著作中，对香港新文学开拓者谢晨光均语焉不详。近年已有研究者注意到他，但谢晨光在香港早期新文学史上的地位，仍未得到应有的、较为全面的评估。鉴于谢晨光在当时香港新文学杂志和报纸上发表的作品尚未完整梳理，期待谢晨光其人其文能引起香港新文学研究者更多的关注。

如何阅读与思考

札记：期待港澳新文学研究不再有盲区

看到陈子善教授的新著，马上就有专访他的想法。因为推荐图书两年多来，我们从未推荐过港澳文学，对港澳文学也知之甚少。虽然通过影视歌曲了解一些港澳散文家、作家，但对港澳文学过去和目前的发展情况并不了解。作为我国经济发达且处于特殊地位的地区，让更多的读者通过港澳文学，进而了解港澳文化特质，不仅必要，也十分重要。

于是我联系出版社，很快得到陈子善教授的联系方式。马上联系，但几天过去，短信未回，电话无人接听。于是，有时间就打一通，终于打通，但陈老师出差在外，便请家人转告，请陈老师方便时看邮箱里的采访提纲。后来约定了电话采访时间，我们就在电话中根据之前的采访提纲，一问一答，陈教授的上海话虽然听着有一点费劲，但因为书看得透，理解也到位。成稿后发信箱请求修正，竟没动几个字，一篇专访稿就这样大功告成。

陈教授多年与港澳学界来往，可以说他是业内对港澳文学研究较深、对港澳文学界了解较多的人。香港和澳门地区地方虽小，但文学样式繁多，文学成就却不小，遗憾的是，我们对港澳一些作家的研究至今仍存在薄弱环节。

虽然陈子善教授的这本书命名为《一瞥集》，是陈教授个人对港澳文学发展线条的观察，但书中关注的却是未曾引起重视的中国文学领域的重大问题。如果缺少了港澳文学的补充，中国文学的现状似不完整。期待通过本书的出版，陈子善教授提到的诸如叶灵凤、曹聚仁、徐訏、李英辉、谢晨光等人提出的新文学史研究的薄弱环节，能够引起相关研究者的关注。期待在不久的将来，港澳新文学研究不再有盲区。

张炜：《陶渊明的遗产》

张炜：

1956年生于山东省龙口市。作家。山东省作家协会主席。代表作品：长篇小说《古船》《九月寓言》《你在高原》，散文《融入野地》《夜思》《芳心似火》，文论《精神的背景》《当代文学的精神走向》《午夜来獾》，诗《松林》《归旅记》，古典文化随笔《楚辞笔记》《也说李白与杜甫》。曾获茅盾文学奖。

2016年中华书局出版的《陶渊明的遗产》是张炜对传统文化发掘和反思的成果。在他看来，陶渊明不仅是中国文化的独特精神符号，在此之下更隐藏着可以医治"现代病"的巨大能量。作者以敏锐沉郁纤细的笔法试图还原一个真实的陶渊明，描写陶渊明在动荡的时代和穷困悲苦的人生中的抉择和无奈，突显他作为一个"人"的伟大之处。

如何阅读与思考

为了让读者思考今天的我们应该怎么看待陶渊明给我们留下的精神遗产，我对张炜进行了专访。稿件2016年3月刊于《辽宁日报》阅读版。本文与见报稿不同。

陶渊明参与塑造了中华性格

高慧斌：是什么样的机缘使得您对陶渊明这么感兴趣？如此深入地关注和研究一位古人，您想据此告诉读者什么呢？

张炜：陶渊明是家喻户晓的中国古代诗人，他今天的诗名当在最著名的几位大诗人之间，如李白、杜甫、苏东坡等。很少有人不知道他，我们也大都能随口吟诵他的几个名句。我们平常用的词语，有许多还是源自他的诗，可见其影响之大。

陶渊明已经是中国文化的一个标志性符号，是中国文化基因中永远磨洗不掉的印迹。他参与塑造了中华性格，而拥有这种地位和能力的人，在中国历史上并无太多。

重读陶渊明给了我很大的触动，因为我觉得自己以前对他的理解太简单了。以前对复杂的人和事只会记取简单的印象，这是可惜的。这种错误是犯不得的。我想把自己的错误纠正过来，于是就更加深入地阅读陶渊明，只为了找到一个起码的真实。寻找的过程以及结果就有了这本书。

高慧斌：我认知陶渊明是通过中学课本，而且多数人谈到陶渊明可能会将其简化为回归自然、悠然自得的典范，这是不是误解了他？在您看来，历史上真实的陶渊明是什么样的？他的生活状态真如我们想象般闲适吗？

张炜：陶渊明有过美好的田园生活，这样说并不错。我们印象中那个怡然自得的诗人、田园的主人，自然是真实存在过的，然而这只是一个片段，片段并不是诗人的生活常态，更不是全部。

第三辑　美的遗产

为什么那种闲适与怡然就成了他的标志？就因为这种生活太迷人了，太求之不得了，这种生活几乎可以安慰所有的人，吸引所有的人。有谁会拒绝这样的生活？大概很少。人之不如意十之八九，不如意，即会寻找如意的寄托，而陶渊明的生活样态就是最好的寄托。于是一代代有话语权的人就按照自己的心愿塑造了一个心中的如意形象。这种塑造陈陈相因，影响了许多人，感染了许多人。大家都从这种塑造中得到了或大或小的满足。人生没有蓝本是不好的，那就没有希望了。我们从历史中找到一个可以效仿的人，以便接近他，学习他，乃至于做一个他，该是多么好的事情。可惜这种不如意的"十之八九"中就包括了陶渊明。他何止是不如意，他是一生大部分时间都在苦难中挣扎，最后差不多是在饥饿中死去的。他有过明媚的阳光，但那不是一生，也不是最后。他的凄凉与痛苦超过了我们的想象。

高慧斌：您在书中说，陶渊明能够成为一个文学标本，首先因为他是一个生命的标本。毕竟陶渊明生活的时代和当下差距甚大，这个可资参照的标本的现实意义是什么呢？

张炜：如果陶渊明一生只作了一些和和气气的田园之歌，那就简单了。但是不仅如此，他的喜悦和痛楚都来自深刻的人生体味，来自辛苦劳作之余，历尽坎坷之后。他的心声之所以动人，就在于这是生命底层的回响。他的热情、执拗、专注，他的幻想力，他的自卑与骄傲，他的忍韧，他的自尊，都在实际生存过程中一一刻画下来，这些痕迹就包含在他的诗赋中。

诗人生活的年代与现在相去好像很远了，原始农耕与网络时代差距何等大，然而就人性来说，两者相差又很少。我们会发现，人性之本质变化微乎其微，喜怒哀乐、爱与恨、恐惧与追逐，其形式与趋向本就相差无几。人的贪婪和敬畏的品质，也没有改变多少。就此来说，魏晋离我们很近，陶渊明离我们很近。他生活的艰辛，他的屈辱与叹息，我们听来一点都不会陌生。所以，我们可以从诗人身上看到自己，或获得力量，

如何阅读与思考

或得到启迪。

陶渊明之伟大在于他能挺住

高慧斌：您认为关于尊严、自由、田园，对生命本质的强烈追求，是陶渊明给我们留下的丰厚遗产，今天我们应该怎样对待这份遗产？

张炜：每个时代都有自己的痛苦，造成这些痛苦的具体因由不同，但感受和结果却差不多。怎么对待贫穷，怎么忍受折磨，怎么面对权贵，怎么处理最难以处理的"自尊"，这在陶渊明那里都经历过了。我们一生必得从头再经历一番，因为只要活在世上就无一幸免。于是我们得好好看一下诗人是怎么做的，他的得与失，他忍受的结果，看看能否为我们接受。人生的窍门还有所谓的命运是极其复杂的，但也并非无限玄妙晦涩。我们从诗人身上看到，只要一个人还能够睁大自尊自爱的眼睛，也就大半不会左右逢源。在丛林法则中，人需要足够的机警和乖巧。但那个不能泯灭的"自尊"又怎么打发呢？这就是今天，也是明天需要回答的一个问题。陶渊明真够倔强，这就是他饿死的原因。过去的"犟"字是有"牛"撑着的，人生一直有一股牛劲，这可是要好好想一想的。陶渊明之伟大，在于直到最后他都一直有这股牛劲。这就是我们为什么要好好读陶渊明的原因，也是陶渊明的意义所在。

高慧斌：这本书您是通过解读陶渊明，跟读者谈一种理想的人生和状态。现代人的精神世界正在发生变化，相对于陶渊明当年面对的物质上的贫困、与世人交流等性格上的障碍，现代人如何破解这些困境？现代人怎样才能感受和寻觅陶渊明这样的诗人和艺术？

张炜：我在书中说过，陶渊明与人交流好像是有障碍的，也就是我们今天说的不善于沟通。可是巧嘴滑舌的人从古至今都不是少了而是多了。聪明人和傻子与奴才，鲁迅先生早就说过他们了，我们在现实生活中其实人人都不陌生。还有现代的孤独问题，这并不比古代更容易解决。

第三辑　美的遗产

数字时代人与人的深度隔膜、不能沟通，已经进入到了更加严重的阶段。现代人是孤独的，而且这孤独已经没有了陶渊明时代伟大永恒的抚慰：大自然。我们需要待在水泥丛林中，在人造纤维的包裹中喘息。我们生活得有些无奈。还有我们的食物，比起诗人的时代已经不那么安全了。与古人比生存，我们未必具有多大的幸运和优势。

陶渊明在苦闷之中找到了伟大的自然和田园劳动，这给人最大的启发。人与自然之手足情一旦失却，悲剧也就来临了。我们今天的悲剧之源，有许多正是起于此。诗人在自然中找到的至乐与幸福，竟不惜用生命去换取，这就是陶渊明过人的勇气。我们读陶渊明，读出了这个，真是怦然心动。这种心动，人人心动，就能汇成时代雷鸣般的节拍，它将指引和规定人的步伐。

高慧斌：您说陶渊明是最难学的，如此，他只能是一个我们可望而不可即的人生标杆了？

张炜：陶渊明之难学并不意味着不可学，像他那样一条路走下去固然极难。想明白易，做下去难，这是人人都明白的道理。我们常说要放下，这是好的，但真要放下就不易了。学陶渊明之难，即在于看上去容易，因为他无非是回到土地上弄弄稼禾，这和今天的一些城里人回归田园的生活多么相似。果真如此吗？当然不是。在他那儿是孤注一掷，是永不回头，是从头开始，是誓不回返，是再也不取"五斗米"。还有这是真爱，爱星星与泥土，爱菊，爱柳，爱一壶浊酒。

他的朴素性与彻底性都达到了一个极致，尽管也有犹豫痛苦，但毕竟最终还是挺住了。诗人里尔克说过："哪有什么胜利可言，挺住就意味着一切。"陶渊明挺住了，如此而已。我们学他，是要学他挺住，而不是追求胜利。因为说到底，人生没有什么胜利可言。念念不忘追求胜利的，极有可能半道即垮下来，追求的东西得不到，最后也就颓丧了。只用"胜利"二字鼓励他人，是极不完整的，可能也不够诚实。人要在悲剧里挺住，如此而已。里尔克的话是有深意在的，读这句话，让人不

如何阅读与思考

再那么浅薄得意。

札记：有几个人能像陶渊明那样挺住

每一次采访著名作家张炜先生都舒心而归，皆大欢喜。可以说几次采访下来，我们已成了好朋友。只要是请其供稿或提出采访要求，他总是有求必应。这是一位不摆架子、平易近人的作家。

2015年末约稿，正值春节，张炜先生回复说，家有近百岁的老母，得全力尽孝道，没有时间再写字。并嘱："年后你专访我时，会争取多写一点吧。现在也正患眼疾，写东西甚少。你约访的事情我记着，能写时就写，但不能约定哈。"听后，我为作家的大孝而感动，稿子没约来，但心中的那份暖意，都不觉得那个冬天寒冷。专访稿件发表时，张炜先生希望配发《陶渊明的遗产》一书的书封。

张炜笔下的陶渊明处处感人，陶渊明的精神境界，是我们追求却不可得的；那田园风光，也是我们心之所往却达不到的。像陶渊明那样挺住，是一种境界，可又有几人能够做到？在现实面前，有谁能够挺住？如果坚持挺住，不失原则，只能如作家阎真作品中的主人公一样，他们是生活的强者，这样的人生是有意义，但他们的痛苦，又有几人能够忍受？

看张炜解读的陶渊明，让我联想到读阎真的长篇小说《沧浪之水》的感受。陶渊明毕竟离我们太远。一个小知识分子在残酷现实面前的挣扎，在《沧浪之水》中表现得入木三分。读这本书，我会不自觉地流泪，主人公的经历，可能是像我这样的不少小知们的共同经历。有一点梦想，不停地追求，一心想出人头地，却因为没钱没靠山而不断受挫，后来得志也没忘本，也经受住了人生考验，却一点也没有陶渊明那般洒脱，得处处妥协、忍让、退缩。

巧合的是，书中主人公的命运延续到了现实中。作者阎真经历了考验，复制了陶渊明的洒脱。

第三辑　美的遗产

话说阎真的另一长篇《活着之上》，在第九届茅盾文学奖评选上只差几票未能获奖。茅盾文学奖评委朱向前告诉我，这本书够分量，可是最终没能获奖，他说可惜了。这本书把小知识分子的穷困，把学校考研、论文答辩、学生就业遇到的种种困难，写得入木三分，把一个读书人为实现价值而付出的艰难写得淋漓尽致。我喜欢阎真的心理描写，于是跟阎真约稿，请其谈《活着之上》的创作体会。稿约来了，却看到了阎真在网上发出的对茅盾文学奖评奖规则的几点建议。

阎真说，茅盾文学奖是中国长篇小说的最高奖项，也是影响最大的文学奖，怎样做到评选的公平公正，无愧于众多兢兢业业从事长篇创作的作者，还有很多工作要做。为了这一目标，作为多届茅盾文学奖的参评者，他提出四点建议。"核心只有一个，即把权力关进制度的笼子里，为今后每一位参评者争取尊严、公平、公正，也为评委争取尊严。我的这些建议，也适合鲁迅文学奖的评选。"

阎真的建议，让我心中一惊。脑海中不断出现《沧浪之水》《活着之上》主人公挣扎无望的片段，那不就是阎真吗？我不禁想象着阎真小说中的人物，有多少是他个人经历的缩影？阎真如此直白地挑战茅盾文学奖评选规则，这哪里用勇气就能概括！这位北大的高才生，真是书生意气，他似乎复制了他书中主人公的气质。

我感觉阎真此举是自毁前程，晚上和他在微信上通话十几分钟，阎真说他敢于这么做，就把一切都看开了，无所谓了。

阎真和他笔下的主人公，都挺住了。我也挺住了。你呢？

艾朗诺:《才女之累》《美的焦虑》

艾朗诺:

1948 年出生于美国康涅狄格州。美国斯坦福大学东亚系中国文学教授、系主任,美国东方学会会长。主要从事中国古典文学研究,研究以宋代文学为主。代表作品:《欧阳修的文学作品》《苏轼的文字、意象和功业》《钱锺书〈管锥编〉选译》等。

2017 年上海古籍出版社出版的中文版《才女之累:李清照及其接受史》是对李清照生平、创作及接受史的研究,欲破除一直以来人们对李清照的种种先入之见,再现了历史上有关李清照的争论,重构了一个不同于惯常认知中的李清照形象。《美的焦虑:北宋士大夫的审美思想与追求》剖析了在艺术品鉴赏与收藏、诗话、花谱、宋词等可以代表北宋文化特征的领域,士大夫的审美思想与追求,以及由此带来的焦虑。

第三辑　美的遗产

鉴于美国汉学家艾朗诺对宋代文学研究的权威身份，适逢上海古籍出版社出版《才女之累：李清照及其接受史》中文版，为了解中国古典文学在北美的研究现状，我通过电子邮件跨洋采访了艾朗诺教授。稿件2017年7月23日刊于《辽宁日报》阅读版，登上今日头条，被新华网等转载。本文是专访原文，为让读者了解这位美国汉学家的中文表达。

从两性关系的角度阅读李清照

高慧斌：艾朗诺教授您好，我注意到，您在《才女之累：李清照及其接受史》和《美的焦虑：北宋士大夫的审美思想与追求》两本专著中引经据典旁征博引。书中涉及大量的中国历史、文学经典及故事，甚至哲学思想，作为一名汉学家，您是怎么做到的？

艾朗诺：我应该说清楚，中国古代文学的研究，尤其是宋代文学的研究，是我的学术专业，我进行做这个研究有30多年，研究中文的时间更长久，快50年。这么多年我能够潜心学习这领域，我总感觉自己很幸运。我念大学已经从本来想念欧美文学转到念中国文学，后来在研究院继续研究，毕业后都有教书工作，不断地进行这种研究。做了这么长时间，我现在对古代文学史上基本的资料与要紧的作家有点知识不难怪。若是花了这么多年而到现在还不熟悉，那样才难怪。

高慧斌：北宋的文学成就对中国文化有深远影响。作为汉学家，您如何评价中国学界对宋代文学的研究？比如，中国学界研究的不足之处和您研究的突出之处分别是什么？

艾朗诺：这几个问题涉及满复杂的事情，不容易回答。第一件得说是我对宋代文学的了解植根于中国学界的研究与成就。中国文学研究在中国很发达，在北美这领域窄小，学者人数不多，每年发表的专著也少，专门的学刊才几个。这领域在北美学界到现在还会是很边缘的，远不如欧美文学研究那么发达。另外一点该说是北美汉学虽然窄小，其中也有

如何阅读与思考

不同的学术方法，不同的看法，学者中的争论经常出现。中国国内这领域丰富，我想也应该有不同的意见、争论等。所以把中国与北美两地的情况对立恐怕有点问题，真实的情况往往不是那么简单。

高慧斌：在您刚刚出版的《才女之累：李清照及其接受史》一书中，您从宋代开始梳理历代对李清照的接受史，您想向读者传递什么样的信息？您如何评价中国学界对李清照其词其人的研究？

艾朗诺：我看一般研究李清照的学者很容易承认她的文章才华，就把她与当时其他大诗人（欧阳修、苏轼、秦观、周邦彦等）共谈并论。但这样待遇她恐怕忽略她以女性诗人面对的挑战，所以我那本书第一种目的是尝试了解当时两性不平等社会与李清照的关系，提到后代对李清照的看法，也要注意两性关系。我们知道古代文坛是男性占优的，很少把女性诗人称为第一流的"大家"。得到这样赞扬，李清照算是很特别的。不太肯承认女性作家的优点，这样的文坛还那样称赞李清照，这是怎会发生的事情？我那本书也提出这样的问题，也想质疑后代阅读李清照的习惯，会不会有一些偏见或误解，好让以男性占优的文坛接受这位很特殊的女诗人。若是能够从两性关系的情况下了解她的一生与文学作品，她在文学史上的成就就变得更伟大，我们就会更佩服她。

北宋士大夫的收藏

高慧斌：在《美的焦虑：北宋士大夫的审美思想与追求》一书中，您展现了士大夫群体在收藏、诗词等领域对美的空前的追求，但由此也造成了新的焦虑。您如何评价北宋士大夫对美的这种追求？又如何看待这种新的焦虑？

艾朗诺：我们现在看宋代是在文化史上很优秀而繁荣的时代：诗词、书法、绘画、收藏与鉴赏各种艺术品都很突出，而且觉得在中国文化史这些宋代的特点对后来文化的影响甚大。宋代与唐代的关系也很要紧。

第三辑 美的遗产

当然不能说唐代没有书法、没有绘画、没有收藏艺术品，但是唐代这些活动或是集中于宫殿或是专家的行为，不像宋代这些活动广泛于士大夫阶层。因为这种现象是以前没有，所以要想办法来辩护，辩护时就表示一种焦虑。在儒家传统，玩物丧志的观念很严重，不理它不行。关于宋代这情况，士大夫不只是欣赏各种美，还要做文章记录欣赏的细节与条件。譬如花木，不能说唐代没有人欣赏美丽的花木（梅花、牡丹、芍药等）。但是做文章分析那种美丽，就是写花卉的植物谱，是宋代才开始。而且从北宋最早的这种谱本看得出来，起初写这类的文章很不容易，是因为在儒家文以载道的传统中这种文字很难辩解。

高慧斌：您的研究表明，北宋对美的积极追求也影响了男性的自我定位？请问，士大夫对美的空前追求，与北宋"重文轻武"风气的形成是否相关？

艾朗诺：北宋士大夫对美的追求也许是出于几种不同的因素。当时"重文轻武"的风气是朝廷政策还是整个时代风气？很难说。但我看士大夫对美的兴趣虽然表现于文学与艺术，它和社会改变与政治机构分不开。在北宋社会，士大夫变得人数空前众多而责任是空前重大，这是由于唐代贵族到了晚唐消逝几乎无踪。到了北宋，士大夫的身份高，自豪感很强。在唐代，最高级文化集中于皇帝宫殿与朝廷高官。最富裕的人们当然是皇族、皇亲与贵族。高等文化集中于皇族宫殿与贵族大厦。宋代的士大夫有新兴政治地位，就想要在文化界有自己的空间代替从前的贵族，也与皇帝宫廷对立。宫殿收藏艺术品、古物、石碑拓本等，当时士大夫好事者也开始收藏这些，像欧阳修（历代石碑）、刘敞（古代青铜器）、赵明诚与李清照（古写本、石碑）、米芾（书卷、绘画）。士大夫不仅收藏，他们还为收藏的东西写题跋、记录、评论、史评。这样慢慢地发展，士大夫就有他们的一种高级文化传统，而这种文化不以朝廷或皇宫为中心。

高慧斌：欧阳修的收藏别具一格，他的行为也颠覆了士大夫的既有

如何阅读与思考

观念，但也引发了种种问题。您如何评价欧阳修其人及其在历史上的贡献？

艾朗诺： 我这里想考虑一下欧阳修以"六一居士"的字号自称的含意。"六一"是什么？是他私人藏书一万卷，他收集的历代石碑拓本一千卷，还有他琴一张，棋一局，而酒一壶，这五物再加上他自己一老翁就是六物，所谓"六一"。除他自己与一壶酒以外，其他"一"都是他收藏的东西（他的古琴其实不止一张，而且都是古代古琴），都是物质的东西，并且都是艺术品。从前有没有人做朝廷高官像欧阳修以收藏的艺术品取字号吗？可见他想造自己的空间，而这种空间与他做官的生活是分开的；又想造一种自我认同的身份，而这种身份与他做官的身份又是分开。有意义的是他这种新的自我认同是一种美学性的身份，以艺术品为主。

北宋士大夫的新兴文体

高慧斌： 第一位写诗话的也是欧阳修，诗话为何能在当时广泛流行？您经过长篇分析后认为北宋诗话缺乏对经典的关照，其原因是什么？

艾朗诺： 诗话是北宋中期很要紧的新文体，它起源于笔记，但更好说它起源于士大夫中的随意谈话，谈谈写诗的方法，评价当时人们诗歌的优点与缺点。欧阳修开头后，很快有别人来编别的诗话，可见这新兴的文体很受欢迎，满足当时士大夫中的一种要求。诗话原来是针对写诗的技术，它是一种很实用的东西。后来的诗话中有的慢慢变得更理论性或富有历史知识，但它总不失掉原来实用的性格。因为诗话有这种来源，它比较少注意到经典的诗体，所以《诗经》《楚辞》不多于宋代诗话出现。编诗话的文人对过去的诗体（《诗经》的四言体、《楚辞》的骚体）不太感兴趣，因为当时没有人写这些。我们现在可以把诗话当作研究诗歌的资料，看它是很有学术意义的文章，但在宋代它主要更有实用作用，是为了帮助士大夫学习写诗而出现的工具。

第三辑　美的遗产

高慧斌：宋词在今天被认为是宋代文学的重要成果，可是，词在北宋时期争取认可的努力也举步维艰。请问，时人为何会对宋词有偏见？您最欣赏的宋代词人是哪几位？

艾朗诺：我欣赏的宋代词人相当多，所以很难说哪个最好或最值得欣赏。尤其北宋的好几位各有其优点：晏殊、欧阳修、柳永、秦观、苏轼、晏几道、周邦彦，我都特别喜欢。李清照当然是特殊，但其他几位大词人都有"自成一家"的成就。我们现在把词当作宋代文坛中的重要文体，经常忘掉在当时，词是个身份比较低的文体，很多人看不起，或喜欢听而不会把它看作重要文章的一种。为什么？有几个原因。一是它比较新颖，没有诗赋那么悠久的历史。二是它接近娱乐事业与地区，与当时城市中的娼妓与她们住的章台路区分不开。三是它内容主要是讲男女恋情或时间流逝，比较含有情感的主题，而比较少涉及文以传道或言志的更典型的文学理想。第四是它语言接近白话（虽然不是真正的白话），所以它缺少文言文写的文章的那种风味。

高慧斌：您对秦观小说《逆旅集序》给予相当高的评价，认为此序是士人文化新风尚的一个有力宣言？

艾朗诺：秦观的《逆旅集》早就失传，现在没办法知道内容如何，但从传下来的一篇序文可断定是一本杂记集子。那篇序文中的想法满特殊，秦观要用来辩护他为什么想编辑这类的杂记集子。从序文知道这本书所记录的事情很驳杂，也多记录士大夫不太愿意提到的事情，粗俗的事情比较多，典型的高雅的事情比较少。序文中强调所谓智与好（美丽）是到处能找到，并且说专门关注文雅文化，选择这些而抛弃不文雅的是不对，这种想法满特殊。有学者从前说他这种想法是起源于古代道家观念。秦观肯定受了道家像庄子的影响，但若是光这样了解他恐怕不行。秦观这本集子不是哲学书本而是记录文本，与其说受了古代道家的影响，不如说他是模仿他师友苏轼的文笔。苏轼杂文（后来为人编成《东坡志林》）中就有不少类似驳杂的事情：鬼怪、占梦、异事、谈笑，等等。

如何阅读与思考

北宋末期的文人像苏轼与秦观,他们的思想豁达,对社会不同阶层的生活感兴趣。秦观这篇序文的特点是他尝试明确地辩护写这种文章,算是文人文字中很少见到而大胆的一篇论文。

札记:汉学家艾朗诺半个世纪一直研究中国古典文学

无论是《才女之累:李清照及其接受史》还是《美的焦虑:北宋士大夫的审美思想与追求》,这两部对中国古典文学的研究著作,研究的视角和得出的结论与国内学者完全不同,让人眼前一亮。让我欣喜又算自责的是,《才女之累》刚刚出版即被我淘到,而《美的焦虑》是多年前出版,我却不知有这本好书。

出版物还是太多了,一些有一定文化含量的好书才被淹没。发现《才女之累》后,我马上通过出版社跨洋联系作者采访。用时一个月通读了两本书,通过电子邮件给艾朗诺教授发去采访提纲。

"尊敬的艾朗诺教授:您好!我是中华人民共和国《辽宁日报》记者高慧斌,感谢您为我们奉献了《美的焦虑》和《才女之累》这样的好书。本书的责任编辑、上海古籍出版社的刘女士说您能接受我们的采访,我感到很荣幸,感谢您能百忙中接受我的采访。2017年6月18日。"

2017年7月1日,我收到艾朗诺教授的回复:"高首席先生,这几天我才有时间回答您采访的问题,现在附上寄送您。我这几天还在欧洲忙碌开会议,若是我回答中有什么错字或不妥处,麻烦您替我修改,谢谢!感谢您给我这种采访机会,好让我谈谈我那两本书。祝安!艾朗诺。"

这两本书几乎涉及了宋代文化的方方面面。由于篇幅所限,只能忍痛割爱,选取几个小角度切入,每个话题都未展开,实在遗憾。尤其是艾朗诺教授关于欧阳修的艺术品鉴赏与收藏一节,让我大开眼界。成稿后又一再删节,稿子有点碎片化,起伏也大,有些地方衔接不上,有点

第三辑 美的遗产

愧对这位汉学家。

经济基础决定上层建筑。宋代词风举世闻名,且绵延至今,宋代的消费能力之强,让人瞠目。这方面在艾朗诺的笔下着墨颇多。

陈寅恪先生曾说:"华夏民族之文化,历数千载之演进,造极于赵宋之世。"他说宋代文化达到中国古代社会文化的高峰,宋代是中国传统文化的一大转折点。对此,艾朗诺在评析宋代文化的奢华之风时也有论证。

为了证实艾朗诺的分析,论证宋代的消费的奢华程度及消费能力到底有多强,我专访了北京外国语大学教授何辉。他的《宋代消费史》从政治、军事、经济、舆服制度与社会风尚、消费观念等方面,探究宋代消费与宋王朝盛衰的关系。何辉的研究从经济方面说明中国社会、统治阶级对农业税和商业税的依赖,从而在北宋时期发生了一次渐进式的"质变"。发现这一质变是何辉的重要学术贡献。因为宋代是中国古代社会的高峰,也是社会转型时期,这一转变情况的发现,从某种意义上说,也揭示了整个中国历史进程中社会经济最重要的一次转型的变化特征。

如果我们想象不出当时社会的收支到底是什么样的情况,请读者看看宋人下馆子吃饭的奢侈程度,也能帮助我们理解当时社会的富裕程度。

史籍《东京梦华录》中的《会仙酒楼》记载:"大抵都人风俗奢侈,度量稍宽,凡酒店中,不问何人,只两人对坐饮酒,亦须用注碗一副,盘盏两副,菓菜楪五片,水菜碗五只,即银近百两矣。"这段文字可以有两种解释。一是两个普通人在汴京的会仙酒楼像模像样吃上一顿,花费大约要一百两。一是两人在会仙楼吃一顿饭,所用餐具需用银(用银打制)近百两。这至少说明,当时北宋都城汴京人们的生活相当奢侈是实情。

艾朗诺的研究从另一个侧面说明,强大的消费能力是宋代文化繁盛的保障。而何辉研究宋代消费与宋王朝盛衰的关系,对我们今天也有启示意义。从古到今,国民消费能力强是国家经济发展良好的一个重要表

如何阅读与思考

现。宋代最主要的居民消费活动发生在京城和一些大城市，宗室、官僚、城市居民是社会消费重要群体；农村大多自给自足，剩余产品用于交换。因此国家内部实际上是城乡二元社会，而且是一个贫富分化的二元社会。如此，一旦大城市受到打击，整个国家的消费能力就会被破坏，消费的重要基础便会丧失。

洪子诚：《在北大课堂读诗》

洪子诚：

1939年生，广东揭阳人。1961年于北京大学中文系毕业，后留校任教，2002年退休。主要从事中文写作、中国当代文学史、中国新诗等方面的研究和教学工作。现参与中国新诗研究所《新诗评论》、"新诗研究丛书"的编辑工作。代表作品：《中国当代文学史》《当代中国文学概说》《中国当代新诗史》《我的阅读史》《中国当代文学的艺术问题》《问题与方法——中国当代文学史研究讲稿》等。

洪子诚教授的《在北大课堂读诗》介绍了中国当代先锋诗歌，收录了北京大学20多位博士、硕士研究生和年轻诗人在解读课上的主讲报告与讨论，所讨论的诗篇全系20世纪90年代最活跃的10多位先锋诗人的著名又有一定欣赏难度的作品。本书内容涉及当代中国许多重要的诗学问题，充分展示了当代先锋诗歌的无边魅力。

如何阅读与思考

自 2016 年 5 月 20 日起,《辽宁日报》在其文化观察版推出了系列策划——重读百年新诗,我力邀洪子诚教授加入讨论。洪子诚教授接受我多次采访,相继在辽报发表五篇讨论中国百年新诗的专访文章,本篇专访是其中之一。专访以洪子诚教授主编的《在北大课堂读诗》为切入点,洪教授畅谈了他对中国新诗现状的分析和建议。稿件 2016 年 11 月 13 日刊于《辽宁日报》文化观察版,引发广泛关注,多位诗人和评论家积极回应。稿件被中国诗歌网等转载。

诗歌的边缘化

高慧斌: 新诗百年的讨论中,经常听到诗歌被边缘化的说法,您如何看待诗歌的边缘化?

洪子诚: 新诗在百年中,其实既存在着边缘化处境,也存在进入社会文化空间中心的趋势。显然,20 世纪 50 年代"大跃进"时期,提倡人人写诗的时候,诗看来一点都不边缘,郭沫若先生欢呼这一情景,说可以将中国称为"中华人民诗国"。20 世纪 80 年代前期,新诗也占据重要的位置。目前我们说的"边缘化",与当代我们对新诗的想象有关,与奚密说的"边缘"有共同点,我们尖锐地意识到诗歌在整体文化构成中位置的滑落。不同之处是,现在说的"边缘",又暗含以 80 年代作为参照的时间意识。

确实,20 世纪 70 年代末到 80 年代前半期,新诗界呈现热烈景象,新诗很兴盛繁荣。1980 年 4 月,我参加在广西南宁召开的"全国诗歌讨论会",会议居然开了将近一个星期,来自全国 100 多位诗人、批评家和新诗史研究者热烈争论。为了某个诗歌潮流、某个诗人、某首诗的评价争得面红耳赤,有的彻夜难眠。讲给没有这个经历的人听,会觉得难以置信。新诗吸引了超过诗歌爱好者范围的关注,几乎成为社会情绪、政治观念、意识形态表达的工具。

第三辑　美的遗产

荷兰莱顿大学中国新诗研究者柯雷教授认为，那时是原有主流意识形态解体和商业化的浪潮到来之间，人们在思想感情和表达方式上存在空白，正好由诗歌填补，这个阶段是新诗过程中的"特例"。柯雷的分析是否合理暂且放在一边。西川也有类似的看法。他说那时诗人戴错了面具，成为先知、政治预言家和歌星，在大家心中，也在一些诗人的自我意识中，扮演了"文化英雄"的角色，他也把这个阶段看成是"特例"。

高慧斌：诗歌的边缘化是一个事实吗？

洪子诚：诗歌的边缘化的确是一个事实。诗在整体文化中的地位不断下降，读者流失。20世纪90年代以来，中国文学评价所依据的主要是小说。多年来，有一个说法很流行，用来说诗歌的没落，叫作"写诗的人比读诗的人多"，换一种说法是，"诗歌是为生产者生产的产品"。这种说法在80年代后期，诗歌开始退潮时就出现。1988年，诗人公刘发表在《文学评论》上的一篇文章里，就讽刺地说写诗的人比公园里排队上厕所的人还多。

如果真的这样，那也不是个可以讥讽的现象。诗的写作与阅读的关系，诗歌与小说、戏剧等文类相比，其实有大家没有注意到的差别。在20世纪80年代，诗人大多是"专业"的。90年代以来，"专业"诗人的数量逐渐缩小。从经济收入的情况说，一个重要的事实是，专靠写诗已经不能保证一个人过基本的，更不要说过体面的生活。这导致的后果，就是作为诗人的读者和作为读者的诗人之间，界限可能越来越难以分清。传统意义上"专业"性质的诗人会越来越少，诗人大多具有另外身份，如学校教师、出版人和编辑、企业职工、政府机关公务员、企业家商人……在新诗写作不是作为一种"专业"的情况下，"为生产者写作"将会成为一种趋势。

高慧斌：您也认可诗歌圈子在缩小这个事实了？

洪子诚：我不是否认诗歌圈子缩小的事实。但是对产生这种现象的原因，在批评界存在不同的意见。有的诗人、批评家，将其主要归结为

如何阅读与思考

诗本身存在严重问题，比如诗歌脱离现实，没有对社会生活重要问题做出有力反应，比如晦涩难懂、脱离人民大众，等等。这当然有道理，但不能概括诗歌滑落的全部原因。

我们为何离诗远去

高慧斌：在对诗歌的批评声中，最多的恐怕是"诗正在离我们远去"，您却据此提出了要问问"我们离诗远去"的说法？

洪子诚：那是1997年秋天在福建武夷山的一次诗歌会议上的事。当时，谢冕、孙绍振先生都对20世纪90年代的新诗提出严厉批评，我在他们发言之后第一个提问和回应。谢冕敏锐地指出诗歌的问题，这些问题也确实存在，诗人自然要承担责任，但也不能完全由诗人承担。而且，在诗歌与社会文化、大众关系发生重要变化的时期，在诗歌写作出现调整的情况下，读者也需要改变、调整自己的诗歌观念、阅读期待、阅读方式。因此，我模仿20世纪40年代闻一多《田间与艾青》的提问方式（闻一多比较艾青和田间，说田间已经深入民间，和大众结合，而艾青却还停留在小资产阶级立场上；艾青举《太阳》这首诗有"太阳向我滚来"的句子。闻一多说："为什么要让太阳向你滚来，你不向太阳滚去？"），提出在问"诗离我们远去"之后，也要问"我们为何离诗远去"。

高慧斌：您同意谢冕先生的批评吗？

洪子诚：我不是不同意谢冕先生的批评，只是要做一些补充，也就是看到问题的另一方面。另外，他说的"读者"，不是一般的读者，而是类乎"经验读者""专业读者"，也就是批评家身份的"读者"。在新诗写作发生重要调整（这一调整涉及诗人身份、诗歌功能、艺术走向等方面）的情况下，读者也要调整自己的诗歌观念，反省在态度、方法上存在的欠缺。在批评、阅读上，"读者"不是什么时候都是"上帝"，对"权力"应该有所约束，应该具有自省的能力。如果他希望做出有效的批评，首先应该学习。

近年来，诗歌界为了增强诗与读者、与大众的联系，做了很多努力。诗人、诗歌刊物、批评家和诗歌活动家，不断探索如何改善诗的传播手段、媒介，以扩大接受范围。这种努力，粗略说是两个方面，一是题材上现实性的增强，二是与各种艺术门类结合，并扩大传播的手段和方法。

个人化历史想象力

高慧斌：您如何看待和评价诗歌界多年来提出的诗要反映、呼应现实重大问题，要表现"下层"生存状况的呼声，以及有关"底层写作""工人诗歌""打工诗歌"的概念？

洪子诚：题材选取和诗歌社会功能的强调自然重要，诗人、读者要求诗能触及、回应复杂社会问题和普通人的生活处境，是合理的，也是积极的，是新诗传统中的"启蒙精神"的体现。不过我希望这种提倡不要成为一种"潮流"，以免这种提倡演化为一种道德律令，建造道德制高点。有时候，有价值的写作恰好是潮流之外的。

回顾20世纪中国文学、诗歌的经验，对写作者来说，更要紧的是个体真切体验和艺术转化之间的能力。"底层写作"的写作者值得敬佩，但也要尊重那些没有响应这一"潮流"者的选择。不同的题材在特定语境中，确实具有并不相同的社会文化、道德伦理的价值，但希望不要将这个问题绝对化，不要题材决定论。在这方面，最好是回到写作者文化素养、人格精神和艺术能力的个体问题上。

高慧斌：陈超的一个看法值得讨论。他的写作，尤其是诗歌批评，他的为人，在诗界得到广泛敬重。2014年他坠楼去世后，许多诗人、批评家都写了悼念诗文。您怎么评价陈超的诗歌？

洪子诚：陈超最后的一本诗学论著，名为《个人化历史想象力的生成》，出版于他去世的那个月（2014年10月）。关于"个人化历史想象力"，

如何阅读与思考

陈超自己的解释是："诗人从个体的主体性出发，以独立的精神姿态和个人的话语修辞方式，去处理具体的生存、历史、文化、语言和个体生命中的问题，使我们的诗歌能在文学话语与历史话语、个人化的形式探索与宽广的人文关怀之间，建立起一种更富有异质包容力的、彼此激发的能动关系。"

陈超的"个人化历史想象力"的概念，显然是在回应新诗现实与历史关系的问题。在这里，个体、个人化的地位得到突出，没有诗人主体独立精神姿态、想象力和语言能力的支点，其他一切，都是不可靠的、空洞的。俄国诗人曼德尔施塔姆1923年写有题为《世纪》的诗，翻译家智量的译文是："我的世纪／我的野兽啊，谁人／有本领凝神注视你的眼珠／并且，用自己的鲜血粘紧／两个一百年的两条脊骨？"历史、世纪，以及看进它的眼，都属于诗人自身，是主体与"我"和历史、时代的关联问题。这可以用来解释陈超的"个人化历史想象力"的想法。

札记：洪子诚教授为辽报新诗讨论贡献思想令我感动

约访北京大学著名学者洪子诚教授的感动，让我难忘。

由《诗刊》主编李少君所供的一篇关于中国百年新诗的评价稿，引发了辽报关于中国新诗百年的讨论，我采访到了国内几乎最重量级的20多位诗人和评论家。

采访洪子诚教授是诗人西川的建议。发去采访提纲时，洪教授正在台湾休养。通过北京大学出版社张老师的沟通，洪教授回复，回京即可接受采访。

2016年8月17日，洪教授刚从台湾回京，即回复了我的采访。"慧斌：昨晚才回到家。可能休息两天才能写，看看是否有什么话可以说。如果写的话，争取在8月25日之前给你。字数大概是多少？洪子诚。"

我复："洪老师：您好！太感谢您了，知道您太忙，之前一直没敢

第三辑　美的遗产

打扰您。但不请您加入，我们的讨论不够深入，也不够圆满。您多休息几天，别累着。我有点不忍心了。我们调整了出版计划，您的访谈这部分从10月份开始见报，这样时间就会充足点。中国新诗的成就巨大，问题也不少，您能为我们贡献思想，我代表辽报的同人，向您表示感谢和敬意。我提的问题较多，想做五篇文章，每篇文章见报的字数得三千字。这些问题由您来解答会权威……"

洪子诚回复："好的，知道了。不过，这个专栏要持续这么长的时间，读者不厌倦吗？没有想到这么长。我不习惯当面访谈，临场常常语无伦次，所以还是我写个书面的给你，你再做修订调整。回答基本按照你的提问。写好就传给你。洪子诚。2016年8月20日。"

原以为采访会顺利推进，没想到，遇到了点问题，我明显感觉到了洪教授对诗歌现状的灰心："慧斌，发来的访谈读了一遍。结果反而对参加这次活动有些犹豫，觉得好像没有什么新的话可说，所以有点想请你允许我不参加（虽然答应的事情不应反悔）。

"新诗的危机、困境我已经听了几十年（至少从我上大学开始），对我来说早已不能引起惊讶。构成这些困境、危机的问题本身也没有多少变化。即使现在公认的诗歌生态最好的80年代前期，诗歌界当时热烈的话题也是'新诗的危机和出路'。我觉得百年新诗很不错，诗人已经足够努力，成就也相当可观。危机、困境等都是'伪命题'。即使仍沿着旧诗的路子走下去，情况就会好？就会有大诗人？我想更糟。

"在我看来，诗在社会空间，在文化构成中，就是边缘的，不存在'化'的问题。让它不边缘，或者是一种'妄想'，或者是一种灾难（如1958年）。诗就是少数人的事情。诗人今天要警惕的，不是不够'大众'，而是不能从'大众'中孤立出来。我不能认可的是，连著名诗人、批评家，对百年中的前辈和自己的创造、努力也不能持敬重之心，即使从提出的许多有关'困境'的问题而言，几代人已尽力做过艰苦探索。这些探索的成败、经验，没有得到认真讨论，没能纳入到我们仔细检视的范围。

如何阅读与思考

新诗已经建立的'传统'一直得不到尊重……

"虽然有这样一些看法，但都是感想式的，恐怕难以形成完整的访谈文字。我将六七年前一次会议的发言转给你，我的基本意见，可能都包含在这个发言中。洪子诚。2016年8月26日。"

我马上回复："非常感谢您为我们的报道如此费心，还是想请您参加，否则，我们的报道会少点权威与厚度。其实，正如您所说，有些问题正因为经过了这么久并没有解决，我们在百年新诗走到今天的这个节点，才应该回过头来，好好总结其中的经验教训，即使我们的采访不会促使问题解决，但也会使新的一代，尤其是20世纪80年代以后出生的这一代人，清楚新诗存在的问题。我们想请您加入，一方面是因为您过去的研究、呈现出来的思想正是我们想纳入的；另一方面，把您对20世纪八九十年代对新诗的研究思想清楚地呈现出来，让年青的一代知道中国的新诗曾经发生了什么，作个知识的普及，也是我们对百年新诗的一个纪念。正像郑敏先生所说，现在提中国新诗都不知说什么好了，不知从何谈起，年轻人不知道这段历史。另外，也期待您提出新的思想。还是非常希望您加入，没有您的加入，我们的讨论就没有厚度，我们的讨论就不完整。您的纠结，让我难过，这也正说明了我们关注中国新诗的必要和重要。请您百忙中支持我们。不好意思，一直打扰您。慧斌祝您晚安。"

一番沟通，我们连发了洪教授的五篇专访，反响非常大。得到多位诗人和评论家的积极回应。但每每想到洪子诚教授对诗歌现状的无力感，我都难以释然。

西川：《大河拐大弯：一种探求可能性的诗歌思想》

西川：

1963年生于江苏省徐州市。诗人、翻译家。1985年毕业于北京大学英文系，和海子、骆一禾并称为"北大三剑客"。北京师范大学特聘教授。代表作品：诗集《深浅》《虚构的家谱》《大意如此》《西川的诗》，散文集《水渍》《游荡与闲谈：一个中国人的印度之行》，随笔集《让蒙面人说话》，译著《博尔赫斯八十忆旧》、《米沃什词典》(与北塔合译)。编有《海子诗全编》。

《大河拐大弯：一种探求可能性的诗歌思想》收录的文章时间跨度长达20年，内容多是近年来作者在诗歌写作、诗歌与文明、诗歌与时代、诗歌与社会等多个方面的重要思考，展现了作者一贯强调的"诗歌思想"，使诗歌问题被放置在文化和历史的大背景中。作者西川以其广阔的视野、深刻的问题意识、敏锐的直觉面向诗歌，力图通过对中外古今诗歌，以及诗歌与其他行当艺术的反复比对，为当代中国诗歌的创造力呈现找到可能的出发点和突破口。

如何阅读与思考

自2016年5月20日起,《辽宁日报》在其文化观察版推出了系列策划——重读百年新诗。我以《大河拐大弯:一种探求可能性的诗歌思想》为探讨问题的切入点,对诗人西川进行了五次专访,内容涉及百年新诗的成就及不足、诗歌的格律问题、诗歌批评、20世纪80年代诗人的创作,以及中国诗歌走出去等问题。稿件自2016年6月1日相继见报,并引发诗歌界热烈讨论,对读者提出的问题,西川两次回应。所有稿件被中国诗歌网等转载。

谈诗要结合文化现状和历史背景

高慧斌: 您在《大河拐大弯:一种探求可能性的诗歌思想》中提到,您这一代诗人的写作对应的是20世纪中国社会的剧烈变革,这就是您主张的"讨论诗歌要结合文化现状和历史背景"的依据吗?您的研究是否为当代中国诗歌的创造力呈现找到可能的出发点和突破口?

西川: 我在《大河拐大弯:一种探求可能性的诗歌思想》中一再强调,谈诗歌不能脱离文化现状和历史背景。之前我在写《昌耀诗的相反相成和两个偏离》这篇论文时,我结合昌耀诗的滞涩古语特征和散文化现象,谈到了他创作历程中的两个"偏离",即对新诗的偏离和对诗本身的偏离,但我认同昌耀的"偏离"。正是在这个意义上,谈诗歌得结合我们的文化现状,不能脱离历史背景。如果我是个俄罗斯人,我也许会像曼杰施塔姆一样讲究音节和韵脚;如果我是个法国人,我也许会像圣琼·佩斯一样对格律不耐烦。每个国家的诗歌,都有其不得不面对的读者和历史文化条件,这两者既构成了可能性,也构成了限制。身为一个中国人,你首先得确认用汉语写作这个事实,之后再确认可以做些什么,发展什么,改变什么,在多大范围和多大程度上改变。

我理解的中国的新诗,它是语言上的"我手写我口"、诗思模式上"诗言志"的浪漫主义化。所谓"新诗基本上属于文学青年的",这是犯了一个张冠李戴的错误，即把新诗和一般意义上的诗歌混为一谈了。从"五四"到20世纪60年代中期，新诗只产生了极少几位有影响的诗人。

朦胧诗以来，不断有文学青年顶着"前卫""先锋"的帽子，理直气壮地回到"我手写我口"，这样的写作是有意义的，但这样的诗歌对我来说太简单了。我们今天所写的诗歌，的确是从新诗中来，但已不是从"五四"到1949年的新诗，更不是20世纪50年代到70年代末的民歌加古典的新诗，而是"现代汉语诗歌"。从新诗到现代汉语诗歌，我们的诗歌所对应的是20世纪中国社会的剧烈变革，这在世界上也是独一无二的。历史对文学肯定有所期待，想想西方的现代主义文学是应着怎样的历史期待而出现的，我们就能够明白新诗的不足。这还仅仅是从历史和文学的互动关系来看待我们的新诗写作。

汉语诗歌写作最紧迫的问题

高慧斌：从新诗产生以来，我们的许多诗歌观念是不是都与我们对西方现当代诗歌的认识相关？

西川：的确如此。就连我们对印度泰戈尔、黎巴嫩纪伯伦的了解也是绕道西方和英语。这既对不起我们身上的文明因子，也对不起我们的社会主义经验，也不能呼应我们的基本生存状态。我觉得我们真的有必要半发明性地找到自己的声音。

你从徐志摩那儿找吗？你找到的是19世纪晚期的英国诗歌；你从戴望舒那儿找吗？你找到的是法国象征主义诗歌里的二流写作；你从卞之琳、穆旦那儿找吗？你找到的是大大弱化了的艾略特和奥登。

高慧斌：请您从"我们"角度谈谈历史对文学的期待，以及中国现代诗与西方诗歌观念和写作实践的关系。还是应该从"我"的角度谈合适？

西川：如果从"我"的角度来谈，势必涉及这些年来我本人的生活

如何阅读与思考

经验、思想转变，以及作为一个诗人的社会文化处境，等等。我并不想推倒谁，我只是希望能够写出与自己灵魂相当的东西，或者从相反的方向说，我希望自己所写出来的东西能够给出一个我认可的灵魂，并且也能够被这个世界上我尊敬的灵魂们所认可。

新诗百年历程，其丰富成果的关键点在于诗人的创造力。在诗歌写作方面，创造力包括了诗人对语词、语气、节奏、旋律、意象、明喻、隐喻、转喻、寓意、反讽、象征、空间形式、智力形态、空白、清晰、直截了当、缠绕、错位、写作边界、越界、控制力、失控状态等的发现。这种要发现新事物的努力，由文学的冒险精神所推动，它不会被一点点俗世的成功、声誉、掌声，以及诗人所获得的文学势力、话语权所中断；它的内在动力来自诗人对自身、他人和世界的不可遏止的好奇心，对驾驭语言快马、慢马、烈马、怪马的愿望，还有联通心灵与世界的赌博心态，联通诗歌与文明的暗自窃喜，为世界发明思维模型的不可告人的孩子气的小秘密。诗人挣扎于语言对情感状态的表达，对真理和歪理的发现、体验满足感，然后陷入更大的不满足感，等等。

高慧斌：对于当前的汉语诗歌写作，您认为最紧迫的问题是什么？

西川：最紧迫的问题是千人一面，这意味着创造力不足、蒙昧主义盛行、文化视野狭窄并为此沾沾自喜。某些人依然沉浸在要命的美文学当中，以低智能冒充天才，并有人为此叫好；错把写作当成闹事，谁的动静大就跟风一哄而上，毫无根据地骂骂咧咧，一些热闹出点小名堂的人写得太烂。

高慧斌：诗歌写作面临的一些非常具体的问题是什么？

西川：不在此道者根本无从理解。作为一种文学形态，诗歌在任何时候都不是孤立存在的。在古代，它与书写格式（竖写，从右往左）、书写工具、书法、音乐、题写习惯、诵诗习惯、诵诗场合、官场社交、山林冥想等紧密纠缠。在今天，诗歌也是与书写格式（横写，从左往右）、书写工具、简体字、杂志和书籍的印刷、平面设计、朗诵会等因素密切相关。

正是在这个意义上，我认为笼统地谈论中国古代和今天的诗歌我们会遇到许多盲点。比如，毛笔书法很难表现现代诗，现代音乐很难直接把现代诗拿来作歌词，等等。可以说，我们的现代汉语诗歌是现代生活的产物，它在功能上与古代诗歌有很大差别，现代诗人的社会角色与古代诗人的社会角色也有很大不同。现代诗人至少不仅仅是"文人"了，他们的角色中多多少少已经融入了现代知识分子概念——不论你承认不承认。这些因素都要求我们通过各种尝试，找到诗歌在今天的妥帖表达形式和呈现形式。

捍卫新诗的合法性

高慧斌：有人提出要给新诗立规矩，对此，您怎么看？

西川：这些人大多是一些创造力匮乏、趣味良好、富有责任感的好心人。他们多以19世纪以前的西方诗歌为参考系，弄出些音步或音尺，但这没什么意义。

格律问题是个假问题，是卞之琳、穆旦、袁可嘉一流人物的问题。什么音步不音步，音尺不音尺，中文又不是拼音文字。中文有自己的平平仄仄平平仄，反正是弄不出抑扬格五音步。凡缺少创造力的人就喜欢纠缠这类精工手表问题。它居然还变成了学术研究对象，把多少博士硕士害成小老头小老太太的模样。

将艾青的"为什么我的眼中常含泪水"划分为"为什么/我的/眼中/常含/泪水"五个音步，或者"为什么我的眼中/常含泪水"两个音步，意义何在？难道五个音步就比两个音步更经典？就该让大家仿效？仿效完了又怎样？不是老有人写"诗人幸会更无前"这样平平仄仄仄平平的七言句子吗？他们或者觉得中国自初唐以来，诗是有格律的，新诗没个格律不称其为"诗"，但这势必把屈原摆在了非诗人的位置上。现

如何阅读与思考

代汉语诗歌当然有它内在的根由，有它的音乐性、它的轻重缓急、它的绵密和疏松、它的亮堂和幽暗、它的简约和故意的饶舌、它的余音、它的戛然而止、它的文从字顺、它的疙疙瘩瘩、它的常态、它的反常，所有这一切，是使用语言的人绕不过去的。不论中外，文学史上的每一次形式主义回潮，都是以"托古改制"为模式的，但中国新诗无古可托，它只能往前走，走到它自己的巅峰时刻，后辈人就可以"托古"了。

高慧斌：请您分析一下诗歌与散文的不同，它们仅仅是分行与不分行的不同？还是押韵与不押韵的不同？

西川：最基本的区别可能还是瓦莱里说的那句话："诗歌是舞蹈，而散文是走路。"——走路有走路的目的地，而舞蹈，它的每一个动作都是它的目的。我愿意通过自己的努力来捍卫新诗或现代汉语诗歌的合法性，因为新诗取代古典诗歌是历史的必然。但捍卫新诗的合法性并不意味着要在接受、理解、体会古诗方面变得不堪，新诗也应该向"鱼龙寂寞秋江冷""关塞极天唯鸟道"这样的诗歌看齐。因为中国古诗对大多数人来讲，是他们教养的一部分，但对我自己而言，更重要的是重新激活蕴含在其中的创造力。中国古代的诗人们曾经达到过那样的辉煌，我们得能够认出他们的辉煌才行。

札记：采访西川遇到的困惑是本书起因之一

这本书稿的缘起之一，便是西川的难以约访。采访屡屡受挫，激起了我想写点东西的欲望。

之前，几次约稿西川不成，多次打电话不接，短信不回。后来西川联系我，寻问我的采访意图时，说他的文章太长，我们恐难用，若用还需付费。后来不以采访和约稿为目的单纯探讨诗歌，使我们的话题越来越多，竟然成了无话不聊的朋友。

通过几年的交往，我感觉西川之前不接受采访、约稿，还是因为我

第三辑　美的遗产

们交往不多、交情不深。其实，西川是重感情的人。只要是熟悉的人，只要他能做得到，他还真愿意帮人忙。比如他多次为年轻朋友站台推荐新书，夸奖作品写得如何好，能看得出来一个前辈对后辈的奖掖之情。用西川的话说，能帮人处且帮人，也是美德。

成了朋友后，我收到西川六本签名书。也有幸第一时间看到他出版的新著样稿，比如写作《唐诗的读法》时，他多次跟我聊起写作意图，要表达的核心思想等，书稿出来后让我提意见。那时，因一些原因，书稿没看完，提不出观感，辜负了西川的期待。

西川还跟我分享他参加许知远《十三邀》、央视《跟着唐诗去旅行》的拍摄花絮。看到西川发来《是面包是空气是奇迹啊》的拍摄花絮链接，原来是他和歌手陈粒、演员夏雨去日本旅游的见闻。这档节目开播后，短短几个小时就吸引超500万人观看。一档节目能如此引人关注，可以看出媒体是有受众的，这关键是看你做出了什么和能做什么来吸引受众。西川参加许知远《十三邀》采访播出点击量达到1500万，让我吃惊。我不知道这是西川的魅力、诗歌的魅力，还是许知远的魅力？或者是互相成全的？总之，他们的谈话吸引了人们的关注。

某天，收到西川发来的邮件，内容是2015年4月13日他在北京师范大学图书馆的演讲发言：《从写作的角度试谈中国想象之基本问题》。西川附言："有人说向前望两代，向后望一代，没有人能够写出这样的文章。"作为行外人的我，认真阅读，无力评价。

我了解的西川很忙、很务实，他一直在思考问题，从没停止。我也问过他跟海子的关系，他不认同外界说他"沾了海子的光""因海子而出名"的说法。据我对西川作品的了解，以及他一直未断的研究和诗歌创作，他的名气不用靠任何人，因为他一直在文学的现场。

我与西川能够成为朋友，也得益于他受邀参加辽报重读百年新诗系列访谈。西川接受我五篇专访，所谈问题引起诗人及评论家的热烈讨论。对此，西川对笼统地谈论传统会忽略传统主流与传统支流对写作的不同

如何阅读与思考

意义、讨论诗歌音乐性必须注意七点等问题，做出两次回应。

《辽宁日报》从 2016 年 5 月 20 日开始，由我主笔在文化观察版推出系列策划——重读百年新诗。我利用半年时间采访了 20 余位著名批评家、诗人，刊发专访 36 期，累计 20 余万字，讨论新诗语言、翻译、批评等诸多问题，在诗坛引起强烈反响，成为 2016 年重要的文化事件，为新诗百年历史做了细致梳理和总结。所有稿件被中国诗歌网特设专栏，原文转载。

在此过程中，西川帮我提供王家新、郑敏、杨炼、唐晓渡等人的联系方式，还推荐我采访洪子诚。《辽宁日报》重读百年新诗系列策划不仅在国内业界引发关注，其影响也扩散到了海外。有不少读者对我们讨论的问题发表意见建议，我们专门开辟专栏进行刊发，达到了讨论的目的。我们的采访也从最初的约访到最后一些诗人主动参与，为百年新诗贡献了思想。

顾彬：《二十世纪中国文学史》

顾彬：

1945年生于德国下萨克森州策勒市。著名汉学家、翻译家、作家。波恩大学汉学系教授，德国翻译家协会及德国作家协会成员。北京外国语大学特聘教授。主要研究中国古典文学、中国现当代文学和中国思想史。代表作品：《中国诗歌史——从起始到皇朝的终结》《二十世纪中国文学史》《汉学研究新视野》《德国与中国》等。

顾彬（左）和王家新（右）

《二十世纪中国文学史》以时间为经，以文学类别为纬，对20世纪的中国文学进行了梳理和评价。作者没有过多地纠缠于文学以外的社会、政治、文化，而是更加突出了20世纪中国的文学、文字和作家。《中国诗歌史——从起始到皇朝的终结》重点探讨各个时代在相应的文化思潮影响下有创造性的诗人及其代表的艺术特质。《鲁迅选集》选取了鲁迅具有代表性的小说集、散文集和诗歌，结集成《呐喊》《彷徨》《朝花夕拾》《故事新编》《坟》《诗选》六卷本。

如何阅读与思考

自 2016 年 5 月 20 日起，《辽宁日报》在其文化观察版推出了系列策划——重读百年新诗。鉴于顾彬教授对中国文学的多年研究，我邀请他参与中国百年新诗讨论。稿件 2016 年 11 月 3 日、7 日、16 日分多篇刊发在《辽宁日报》文化新闻版，引发业界广泛关注，并被中国诗歌网、新浪网等转载。本文是五篇见报稿的浓缩。

中国现代诗离不开戴望舒的翻译

高慧斌：您在《二十世纪中国文学史》中说，中国的现代主义在抒情诗方面取得的成就最大，它的主要奠基人物除了小说家刘呐鸥、施蛰存，还有杜衡，以及他们最重要的代表戴望舒。您对戴望舒的评价为何这么高？

顾彬：如果离开了戴望舒杰出的翻译工作，中国的现代诗是不可想象的，正是戴望舒以他对洛尔伽的翻译，为中国诗歌指示了一条出路。

在中国的文学体例中，诗歌取得的成就最大，而其中抒情诗取得的成就又是最大的。我对中国新诗的研究及评价都是站在国际学界的高度，是站在中西文化比较的角度，是站在德国与中国诗歌的比较研究中得出的结论。中国在 20 世纪涌现出那么多杰出的诗人，出现了那么多优秀的诗作，这在德国是不可想象的，德国在同时期的诗歌成就不能与中国相提并论。在中国新诗走过百年之际，还有多少人记得 20 世纪的那些诗人？今天又有多少人读过他们的作品？如果没有这些诗人的奠基工作，中国新诗不可能会是今天的样子。

中国现代主义在抒情诗方面做出突出成就的诗人是戴望舒，中国现代主义诗歌的中心文本就是戴望舒的《雨巷》。戴望舒在诗中拾取了西方现代派的一个惯用主题，有些人把戴望舒列为象征主义者。象征主义的特点是，它们同国际通行的纯诗化十分吻合，表达了一种支离破碎的生活感受，不经意地带有古典主义的氛围。象征主义还有一个实质性的方面，即音乐性，它是一种纯语言和纯形式意愿的结果，简言之，就是唯美主义的表现。优美和整齐以一种独异方式成为对那个时代的美学回答。现代主义尽管避开无论民族性还是社会性主题，它仍然关注社会的革新。

诗人臧克家受到新月派影响，又主张像中国诗歌会那样的现实主义。臧克家早期的诗作常常是异乎寻常的，以其"坚忍主义"的精神很难被归入某一流派。他的诗体现了对下层人民的同情，这种同情以感人的语言表达出来。1933年，臧克家发表了诗集《烙印》。《烙印》这个名字本身富有寓意，代表着像火一样灼烤生命的不幸，这篇作于1932年的诗歌在形式上可归入现代主义名下，却没有现代主义常常极典型的垂死挣扎的精神。

从学术角度来看，现代主义这一派实际上是象征派和后期新月派的融合，不过过渡得比较顺畅，也有很多共同之处。

胡适追求的不只是自由诗的建立

高慧斌：《辽宁日报》在"重读新诗系列策划"报道的第一期开始，有多位诗人和评论家在接受我的专访时都对新诗初创之时就存在的隐患进行了深入分析，而胡适及他提出的"作诗如作文"的白话主张，成为日后人们对新诗提出批评的最大把柄。当然，无论是诗人还是评论家，都对胡适等新文化运动倡导者的主张给予了充分的理解与尊重，因为那也是胡适等新文化运动倡导者当年为新诗寻找出路不得已而为之。您如何看待那段历史？

顾彬："五四"时期的人们只片面地理解了西方，并且过于轻视自身传统。分量更重的是它对白话文的异议，认为白话造成了一种不要形式，从而失去了控制，也无法控制的写作。"五四"时期对当年的文学革命的讨论，依然首先是以新诗为对象展开的。在此起决定作用的又是胡适，他在1919年10月的一篇散文《论新诗》中，总结了他在此前几

如何阅读与思考

年，特别是在美国期间发展的一些观念。相比于梁启超等理论上革命、实践上保守的革新者，胡适认为"诗的革命"并不是旧瓶装新酒的事。在他看来，仅仅把新内容借助于一种新的，也就是受到西方影响的句法，灌注进诗艺的传统形式是不够的。他所希望的不是用于新世界的旧章法，而是"诗的解放"，也就是打碎一切旧的关于诗的教条。因此他追求的不只是自由诗的建立，他所关心的还有民主的方面——这与晚近的后现代讨论惊人地接近。对他来说，诗的散文化是根本性的，"作诗如作文"。为了这个目的，引入和使用白话是非常重要的。只有白话才能实现平民化，才允许平平常常的我对一般的人关于日常生活的事物发言，这些事物出自实际经验，也符合言说行为的自然节奏的这种实际经验，也能够成为每首诗的描写对象。简言之，一切都可能成为诗，只需要一个前提，这个前提是个人的经验，而非其他的，譬如书本知识。

冰心独一无二地超出了她的时代

高慧斌：您认为中国的文学创作在数量上没有哪个时期比得上20世纪，仅仅在当代就有30万名诗人。而中国文学百年来新诗取得的成就最为伟大，其中涌现出来的众多杰出诗人中，您说诗人冰心"独一无二地超出了她的时代"。如今她的诗在德国广泛流行，与此相比，在当下的中国，似乎年轻人并没有像德国人那样认可并广泛阅读冰心的诗歌。

顾彬：自由诗提出了自由与约束的辩证法，中国的这种自由诗首先要归功于对惠特曼的接受。写出了《女神》的郭沫若是他那个时代最具代表性的人物，但并不是唯一的代表。与他并肩的还有女作家冰心，冰心受到1924年访问过中国的印度诗人泰戈尔的影响。其实冰心自1921年开始创作短诗，这些短诗在文学批评界获得的评价褒贬不一。普遍的指责是说她世故、做和事佬和温情脉脉。冰心的这些缺点自然是有的，可另一方面，这位女作家成功地建立了一种体裁，直到今天这一体裁还有其追随者。撇开冰心诗作的内容价值不谈，1923年冰心出版的两本诗集《春水》和《繁星》所取得的成就，仍不容低估。

泰戈尔自1918年以来，通过译介在中国闻名，并由于郑振铎的翻译变得家喻户晓。虽然可以证明小诗体裁自1917年就出现了，但这种抒情形式的建立，还是应归功于冰心。1921年，冰心把她的164篇作品收入了第一本诗集《繁星》，而早在1919年，她已经读过了泰戈尔的《迷途之鸟》，这首诗帮助冰心开启了小诗的形式。

冰心可能是从泰戈尔那里学来的并置手法，这样的手法在多大程度上受惠于俳句或者古代中国的绝句暂且不论，不管怎么样，冰心与埃兹拉·庞德有一个共同点，就是与并置手法相伴而生的不连续性。然而，冰心真正的优点并不在此。她有令人惊讶的语言和形式意识。不同于同时代的许多人，她对手中的工具似乎有清楚的认识。她写出的中文虽然简单，本身却富有表现力，她给她的文本赋予了一种层次分明的形式，在这方面她堪称大师。就她在语言和形式方面塑造诗歌文本的天才而言，冰心独一无二地超出了她的时代。而说到短诗创制，也只有顾城在内容深度上超过了她。冰心的很多诗确实已经获得了一种具有永恒性的温柔之美。

鲁迅或是中国散文诗最成功的作家

高慧斌：在"五四"新文化运动所催生的新的文学样式中，您认为小诗是一个极端，另一个极端是散文诗。鲁迅也许是迄今为止唯一的一位在散文诗上获得成功的中国作家？

顾彬：鲁迅同黑暗势力作辩驳的手段之一就是创作散文诗。鲁迅散文诗形式上的高超技能表现为对反复和变化的成功运用。在身体运动和语言运动两者之间，鲁迅更偏向于后者。其他人如他的同时代者郁达夫，则把街头变成了辩驳场所——一种创造了历史，并为现代抒情诗初始阶

如何阅读与思考

段中的某些诗奠定了背景的举措。

鲁迅从 1924 年到 1926 年间创作的组诗《野草》，它们属于中国现代文学上最晦涩的作品。按照中国的看法，散文诗是一种把抒情诗和散文的特征相结合的文本，其具体含义是活泼而精练，简要而生动，反复又有变化。鲁迅作品中有几篇是如此散文化，它们仅仅是因为被安放在了整个组诗中才被称为散文诗。这一特征是鲁迅与他的欧洲前驱，像波德莱尔、兰波和马拉美所共有的——至少今天我还是这么看——好像挣脱了一切逻辑的个人性的隐喻和形象世界。

数十年来，1919 年的革新运动的代表人物鲁迅，似乎无法或不可以同时扮演该运动的批评者角色。如果我们严肃地对待鲁迅在散文诗中所运用的语汇，再把他理想化为青年运动的先知，就很不合适了。无论如何，鲁迅在 1907 年哀叹没有一个为了中国的声音，1922 年哀叹缺少愿意追随的倾听者，而在散文诗中，他的出发点似乎该是一个新的情境，也就是存在着这种声音，也有了一个听者，然而似乎又缺少一个明确的方向、固定的道路、位置以及更多的同路者。尽管声音有了，其他人也听到了这个声音，一切显得依然照旧。

鲁迅散文诗《希望》再度探讨了青年的主题。他既不相信希望，也不相信绝望。这是一种非同寻常的话语，直到今天都是独一无二的。

札记：顾彬教授的中文表述未达到我的预期

提起德国汉学家顾彬教授，人们印象最深的莫过于他对中国当代文学毫不客气的批评及由此引发的争议。

2011 年，顾彬成为北京外国语大学全球史研究院的特聘教授。2016 年 8 月，通过诗人、翻译家王家新的引荐，我前往北京外国语大学采访顾彬教授，请其谈谈中国新诗创作及所取得的成就。

采访过程当中，我深感这位著名汉学家的汉语水平于我们采访交流

第三辑　美的遗产

而言，并未达到我的预期，有点失望。我希望的一些回答，因这位德国汉学家所使用的中文表述欠佳而未得到想要的答案。但这位教授的亲切、热情，还是让我感动。

在顾彬教授办公室，他早早地为我准备了茶水，为了不让我拘束，他不时活跃着采访气氛，对我身材的赞美穿插在他对中国知名诗人诗歌的赞美中间。采访进行了整整一下午，晚上我们共进晚餐。诗人王家新专程前来相聚，顾彬教授30年前的中国学生李雪松教授拿来两瓶贵州茅台酒。顾彬教授酒量尚可，但当晚他说身体不太舒服，没有喝太多。饭后他还送我三本签名诗集。品读书中诗歌，我不由得敬佩这位汉学家的学识。

这次采访，我们谈及的话题集中在中国新诗创作及成就上，还谈到了中国现当代著名的诗人及其作品。顾彬对中国文学的研究长达几十年，通过他的翻译，中国现当代的不少作家、诗人为海外所熟知。在接受我采访时，顾彬再一次提及了人们对他的误解，他并没有否定中国文学取得的成就，他批评的是个别作家的个别作品。

顾彬说，中国诗歌要想走出国门，一定离不开翻译。他把诗人王家新、翟永明、欧阳江河、王小妮等中国当代最知名的二十几位诗人的作品翻译推介到德国，让德国读者了解中国诗歌和中国文学、文化。仅此一点，顾彬就应得到人们的敬重。

顾彬告诉我，他对中国当代诗人的创作总体上给予极高评价，他在向我分析这些诗人的作品特点时一再强调，他是站在国际学界的高度来看待和评价中国的新诗及诗歌创作。他认为，与西方诗歌创作相比，中国当代诗歌创作成就不俗，中国当代诗人具有持续的高水平的创造力。

顾彬研究中国文学几十年，他说从20世纪就与中国结下了不解之缘。他一再向我强调，他的研究只代表个人观点。他希望从其个人观察中，让中国学者从一个侧面了解到西方对中国诗歌的了解和认识程度。在谈到中国当代诗人的创作时，顾彬一开口就谈起了诗人、评论家、翻

如何阅读与思考

译家王家新的《柚子》，并对王家新的诗歌创作给予了高度认同。他说："如果我没记错的话，中国诗人中很少有人写柚子这样的植物，就连李白、杜甫这样的大诗人也没人写过，这可以看作是王家新写作风格的变化。""王家新属于少数一批坚持下来的诗人之一，他的诗歌能够代表20世纪80年代和90年代的诗歌创作。读者读他的诗可以直接进入到他的个人生活。"顾彬认为王家新钟爱表面看来朴实无华的诗句，将深沉隐藏在表面。翟永明能以简练的诗行夸耀于人，在这方面，她与到现在还不时被误解的台湾地区女诗人夏宇有灵魂上的相通之处。后者喜欢以两性斗争为主题，她以这样那样的方式，在台海两岸敞开了新的写作空间和相遇可能。

被喻为"四川的小舒婷"的翟永明是"女性诗歌"的"头羊"和"重镇"，她的长达二十首的组诗《女人》和《黑夜的意识》奠定了她在诗界的地位。顾彬对翟永明的欣赏时时挂在口头上，顾彬翻译翟永明的作品也是比较多的。顾彬说，翟永明早期诗歌体现了女性意识，但其中含有一种反思的动机。顾彬尤其欣赏翟永明在组诗《女人》结尾处提出了令人措手不及的问题，即"完成之后又怎样"。顾彬说这个问题处在组诗《女人》之末，从中听得出那种畏惧——现在就已经"写完了"。早在2000年翟永明在德国柏林时，她已经不再为了"治疗"而写作了。

在顾彬看来，顾城是20世纪最好的朦胧诗人。同时，西川、王小妮、欧阳江河等诗人的才华和创作，也得到顾彬的赞誉。

"杨炼就好像开创了一派诗风。对杨炼来说，今天的人就行走在祖先的路上，传统继续活在他身上。对于中国灵魂的寻求成了对祖先原始灵魂的寻求。"顾彬说，这位定居德国的诗人运用了一个现代诗学程序，以便将当代从传统中挖掘出来。过去必须被挖掘，从而进入和当代的对话，这是他所倚重的从海德格尔到希尼等人的看法。

第四辑

琼琚荟萃

沈津与古籍善本：
不修大典难出大师

沈津：

1945年生于天津。1966年毕业于武汉大学图书馆学系。曾在上海图书馆、香港中文大学中国文化研究所、哈佛大学哈佛燕京图书馆任职。2011年自哈佛荣休后，先后担任广州中山大学图书馆特聘专家、复旦大学中华古籍保护研究院特聘教授。代表作品：《书城挹翠录》《书城风弦录》《老蠹鱼读书随笔》《美国哈佛大学哈佛燕京图书馆中文善本书志》《中国珍稀古籍善本书录》《翁方纲年谱》《顾廷龙年谱》等。

凡精加校勘，错误较少的书籍，称为善本。时代较远的旧刻本、精抄本、稿本、批校本、碑帖拓本及流传稀见的其他印刷品等，通常称为善本。沈津先生曾参与编辑《中国古籍善本书目》，著录了国内各公共图书馆、大学馆、博物馆等800多馆所藏各种善本13万种。

如何阅读与思考

沈津先生几十年通过整理典籍，诠释传统文化。作为媒体中人，向读者推荐典籍，就是在传播传统文化，这是媒体人义不容辞的责任。2018年初，借沈津先生回国之机，就中国古籍整理、研究、传播情况等，我对沈先生进行了专访。稿件2018年3月12日刊于《辽宁日报》阅读版，当时正值全国两会期间，收到非常好的阅读效果。

将稀见的古籍善本供学界利用

高慧斌：您曾在上海、香港中文大学和美国哈佛大学哈佛燕京图书馆任职，几十年来，您从事的都是与中国典籍的保存、整理、研究及传播相关的工作，在此过程中您发现了哪些需要补足的问题？

沈津：我去年5月才离开广州中山大学图书馆，这之前在几个图书馆里工作了58年，基本上都在和中国古籍打交道，购书、整理、编目、鉴定、保管、服务读者、回答咨询、编辑出版、写作研究，我都做过。也是缘分，我有幸在中国内地、香港地区和美国等地图书馆看了不少古籍，尤其是美国的国会图书馆及各大学的东亚图书馆，藏有一些国内没有却具有重要文献价值的图书，我想这些稀见的古籍善本，应该通过有效途径，用现代化的科技手段，使它们也能回归国内，或化身千百，供学界利用。

高慧斌：您所著《中国珍稀古籍善本书录》，收入的都是您认为难得的罕见之书，包括美国东亚图书馆、香港的大学图书馆里见到的本子，能否举例说明您选书的标准是什么？

沈津：我的著作除了两本年谱外，其他的几本都涉及各种图书，尤其是善本书，您刚才提到的一本也属此类。几十年中我经眼了2万部左右的善本书，有不少是难得一见的本子，如稿本、抄本等。所以我认为，我应该站在读者或研究者的立场上，将他们很难见到的书或版本加以揭示，在这个前提下，我选书的标准是《中国古籍善本书目》只著录一部者我才写,这说明"物以稀为贵",流传较多者我就割爱了。

高慧斌:您在"哈佛燕京"工作18年,将其收藏的4000余种中文古籍善本写成书志,给研究中国传统文化的学者提供佐证,是什么机缘促使的?您在撰写书志的过程中也发现并揭示了一批国内所没有收藏的善本图书,美国大概有多少种中国古籍?哪些是中国没有而美国所独有的珍贵善本?

沈津:我想先说明一点,我只将"哈佛燕京"的善本写了3000余种300多万字,另外将近1000种是我们请来的4位专家教授完成的。这部书志曾获得2011年中国出版界的最高国家奖。在美国的国会图书馆和各大学的东亚图书馆里收藏的中文古籍大约在50万册以上,也有一些国内未收藏的古籍善本,如"哈佛燕京"的善本书中就有《休宁荪浯二溪程氏宗谱》《新刻全像汉刘秀云台记》《钦明大狱录》《明杨继盛弹劾严嵩奏疏草稿》《清宗室敬徵日记》《北洋海军来远兵船管驾日记》等,大约有360部为国内各图书馆所没有著录的善本或版本。

高慧斌:我国到底有多少种古籍善本?您认为入选《国家珍贵古籍名录图录》中的图书也并非件件珍稀,几十年来,仅您经眼的明代刻本就有万部,宋元刻本也有千部左右,哪些珍稀独本让您印象深刻?

沈津:30多年前,我参与编辑的《中国古籍善本书目》,著录了国内各公共图书馆、大学馆、博物馆等800多馆所藏各种善本13万种。北京市古籍保护中心成立的10年间,又进行了一次大规模的古籍普查,目前仅知已达230余万部,但具体补充了多少种新的古籍善本,尚无统计数字。至于《国家珍贵古籍名录图录》,顾名思义,应是"国家"级的"珍贵图书",也就是要上等级。所谓"珍贵",即指贵重、稀有、难得,可现在《国家珍贵古籍名录图录》中却出现小小偏差,有些流传较多的非珍贵者也收了进去,这很可能是一些地方馆的专业人员在具体执行过程中的理解不同,最后导致审核人员难以把关,将就全收了之。

至于我所见的哪些珍稀独本令我印象深刻,这很难回答,即不知从

如何阅读与思考

何说起。就说美国国会图书馆馆藏的中文善本吧，我曾应邀将该馆所藏宋元版本做过一次重新鉴定与评估，但我认为最好的不是这些宋元版本，而是《永乐大典》41册。这是仅次于中国国家博物馆、中国台北故宫博物院的收藏，它的辑佚价值不必去说，但它的市场价值却较其他中国古籍善本为高，如今《永乐大典》单册价格约为900万元人民币，那41册即相当于3.7亿元人民币。如合之美元（1美元≈6.5元人民币），则约5700万美元。众所周知，世界上首屈一指的美国国会图书馆，其最为珍贵的藏品为古腾堡42行本的《圣经》，现市价每部在2500万至3500万美元。因此，我们可以推算出《永乐大典》41册的价格，接近于两部古腾堡42行本的《圣经》之价。

完成揭示善本书内涵的"工程"是一项成就

高慧斌：《校注项氏历代名瓷图谱》是因其用纸之豪华，不惜工本，而被誉为"民国第一善本"的吗？

沈津：所谓"民国第一善本"，只是一种前人之誉称。不过此图谱确实印得精，盖因其纸料为新发嫩竹，纸帘按书页大小特制，系依南唐澄心堂造法，砑花于上下端。纸质无论在何种气候中，皆能历数百年而不变，且砑印若干次，而纸面愈见光泽。由于均为西式水印特制，与中国传统木版水印方式不同，加上用纸考究，装帧奢华，富丽堂皇，使人一见即有光彩夺目、精美绝伦之感。

高慧斌：在《中国珍稀古籍善本书录》中，您介绍的多为明清的善本，为何之前的收录不多？难道不是古籍的年代越久远，就越珍稀、越有价值？

沈津：您说的是。《中国珍稀古籍善本书录》共收491部，其中宋刻本收了22种，元刻本收了11种，而明刻本竟达201种，稿本57种，抄本74部。不可否认的是藏书家最重宋本，因为其书之行式、字迹、纸质、墨色，多精雅古朴，迥非后世所及。或密行细字，或大书巨册，无不动人美感。我很少刻意去写宋元本，是因为这类宋元本多数是流传有序，前人不仅著录，而且详考有加，我若再写，也少有心得。所以我的着眼点是流传稀见的明刻本，以及那些未刻的稿本、抄本。

高慧斌：宋刻本向来以稀为贵，为何从20世纪60年代开始，人们就已经对宋刻本《新刊名臣碑传琬琰之集》的版本存有疑问，而至今仍未能进一步研究？版本鉴定学问高深，您如何评价目前国内版本鉴定现状？

沈津：《新刊名臣碑传琬琰之集》作宋刻本的依据不足，确有很多疑点。版本鉴定是一门学问，我尚未完成的书中有一部是《古籍版本三十讲》，其中有一讲是写版本鉴定的，大约有7万字，写的都是我50多年来的所见所闻与实践，将来习流略之学者或可借鉴。说句老实话，国内图书馆界古籍版本鉴定的人才早已呈现出青黄不接之势，20世纪40年代至60年代成名的中国版本目录学家早已凋零殆尽，如王重民、赵万里、瞿凤起、顾廷龙、潘景郑、冀淑英都先后御鹤西归，今后也很难再出现这样的上驷翘楚、高才巨匠。目前国家古籍保护中心也致力于这方面人才的培养，由于师资力量匮乏，故还要待以时日。反之，民间藏书家中却有不少优秀者，他们的实践能力较强，有的还有研究成果，这是一股前进的力量。

高慧斌：国内大馆如中国国家图书馆，省、市馆如浙江、南京、上海的图书馆以及重要的大专院校图书馆，目前都没有自己的善本书志。您如何评价国内古籍资源的整理与保护现状？对此，您有何建议？

沈津：据我所知，这些重要的大馆目前都没有写作本馆善本书志的计划，大馆的特藏资源丰厚，人员也是兵强马壮，专家多多，这是一般馆所不具备的优势。但若真的要进行这项"工程"，时间上很可能就是10年、15年，那是一种长期"抗战"。因为写书志确实是一门学问，很不容易，那是要详细地揭示书的内容版本，尽可能精审确凿。所以，

如何阅读与思考

将来揭示善本书内涵的"工程"完成应是一项成就,就像图书馆一座标志性的建筑,是处永久的坐标,永存天壤的。它在学术上的影响、价值,不是得不得奖或得什么奖的问题,它可能影响几代人,这也是我们在哈佛秉持的"学术乃天下之公器"之理念体现。重要图书馆的善本书志出版的意义不必自己去说,而是由后人去作评价。所以我以为写作善本书志不仅是将馆藏的各种善本及文献都能予以揭示、编辑、影印,以之嘉惠学林,更重要的是通过这项"工程"来培养版本目录学这个领域中的专门人才。

札记:敬佩沈津先生几十年如一日整理诠释古籍善本

约访沈津先生,想不到的顺利。

沈津何许人也?互联网上这样介绍:沈津师从著名版本目录学家顾廷龙,曾任上海图书馆特藏部主任,后任职美国哈佛大学哈佛燕京图书馆善本室主任16年;他经眼超过2万种善本,已出版的专业著论达到800万字。程焕文教授评论道:"环顾海内外中文古籍界,能出其右者难以寻觅。"

这也是网上的介绍:沈津的祖父沈曾迈,字斐庐,是有名的书法家,20世纪30年代曾在天津、上海开过个人书法展。《艺林散叶》中记载:"沈斐庐从张子开文运学书,子开仅工真行,斐庐于四体书无所不工。吴昌硕见斐庐篆书,大为称赏,且示其子东迈曰:'此合肥沈斐庐所书也,年未三十,而下笔遒劲若此,异日所造,何可量耶!'昌硕曾作一诗赠斐庐。"沈曾迈先生在沈津24岁时过世,那年正是"文革"第三年。之后,沈津跟顾廷龙先生学习版本学30多年,练习书法,校正卡片,管理书库,接待读者。沈律年轻时每天临池一小时,写大楷、小楷。早年临过多种碑和帖,临摹时间最久的便是褚遂良、欧阳询。

采访沈津也属偶然。原来想就如何阅读古籍善本跟沈津先生约稿,

第四辑　琼琚荟萃

跟广西师范大学出版社编辑索要联系方式，经过几天的等待，终于索来了在美国工作的沈先生的联系方式。因沈先生没时间供稿，考虑到沈先生近年来就中国古籍目录学出版了多本著作，最后决定就此话题请其谈谈中国古籍整理、研究、传播情况，以及在此过程中遇到和存在的问题。

采访计划完成后，跟沈先生沟通，正好他那时要回国，还要去香港，而此间我采访看书也需要时间。热情的沈先生两次从美国打来电话，安排采访时间，那正是美国的午夜，让我感动良久。

《中国珍稀古籍善本书录》太厚重了，阅读并不顺利，我告之沈先生别怪我读得慢，慢读才能读透，才能提出问题。沈先生看到邮件后马上打电话，但电话未通。于是我收到沈先生的信件："高主任，我电你，但打不进去，不知何因。我已拜托深圳尚书吧寄一本我的《书海扬舲录》给你，是上午由顺丰快递发的沈阳，你查收即可，不必付款的。祝顺利，津上。"

我回沈先生，另一本《中国大陆古籍存藏概况》还未找到。沈先生说他正在香港，过两天飞上海，这本书辽宁省图书馆原副馆长韩锡铎有。让我跟韩馆长借阅。

从事采编工作日久，接触国内外著名的各类专家、学者也不少，像沈先生这么热心的学者，真的是第一次遇到，让我感动不已。

得知沈先生回国，于是跟他索签名书。沈先生回复："我于昨天（2017年10月19日）下午已飞抵波士顿，如果我提前一天看到则可将书呈上，但现在来不及了，只能明年4月我回上海时寄了。采访事不急，您慢慢读。等提纲出来后再电你即可。我这次回去，在香港、深圳、广州办成了一些事，又在暨南大学及复旦大学作了2场讲座，每次2小时，你可在网上查到的。刚回来，有时差，半夜2时即下楼找点吃的，再工作。有点累。现在有点睡意了。20日晨7时20分。"

采访沈先生的过程，也是精神境界提升的过程。我深知这样的选题，一定不会是大众读者都关心的话题，但越是这样的问题，主流媒体越应

如何阅读与思考

该关注,这就是党报的社会担当。否则,古籍就真的会蒙上厚厚的灰尘了。通读几本沈先生的大作过后,个人也是受益良多。沈先生几十年通过整理典籍,诠释传统文化。作为媒体中人,向读者推荐典籍,就是在传播传统文化,这是媒体人义不容辞的责任。

后来跟沈先生在微信上互动,经常被他发来的链接感动,从中受益。他在"儒家文明论坛"讲善本书志撰写,正如李勇慧馆长精彩总结的那样:"沈先生没有稿子,没有提纲,洋洋洒洒,滔滔不绝,一讲就是近两个小时。没有枯燥的术语、冗长的定义、费解的概念,讲的都是具体的素材、生动的事例,信手拈来,如数家珍。这就是上课的高境界吧:那些纸面上的知识,沈先生说那去看他的文章好了,他只讲你在书上看不到的,但却是能够触发你的兴趣、激发你的灵感的东西。你觉得有趣,自然会主动来学;你觉得不可思议,自然会自己去解开谜团;你记住了他讲的故事,也就明白了什么是真假美丑。"

能够不时受教于这样一位国内外著名的学者,何其幸运。

《李国文评注酉阳杂俎》：
一部唐代"百科全书"

李国文：

1930年出生，上海人。作家。代表作品：小说《冬天里的春天》《月食》《危楼记事》《花园街五号》《第一杯苦酒》《没意思的故事》等，文史杂谈《李国文说唐》《李国文读史》《中国文人的非正常死亡》《李国文谈红楼梦》等。曾获茅盾文学奖、鲁迅文学奖。

《酉阳杂俎》是唐代笔记小说的代表作品，作者段成式出生于世代簪缨之家，其祖段志玄是唐代开国功臣，父亲段文昌是中晚唐时期宰相。《酉阳杂俎》主要材料有从古书中摘引的，有从旁人口中听说的，还有唐代流行的传说异事；所记人物从皇帝宰辅士大夫到道士僧人穷书生，以及贩夫走卒等，均有涉及，他们主要活动在魏晋时期及初盛唐时期。《酉阳杂俎》堪称"唐代社会生活的百科全书"。由于段成式的文字稍嫌晦涩，这部典籍长期被冷藏。2017年人民文学出版社出版的《李国文评注酉阳杂俎》，旨在引起大家对这部大书的关注。

如何阅读与思考

《李国文评注酉阳杂俎》是注定不会成为畅销书的大书，但其思想性和学术性却引起业内关注。该书出版不久，我即对李国文教授进行了专访。稿件 2018 年 1 月 8 日刊于《辽宁日报》阅读版，属于真正的独家专访。见报后在业界引发热议，被作家网等转载。

长期被冷藏的《酉阳杂俎》

高慧斌：您高度评价唐代段成式是中国志异体文学的集大成者，您在《酉阳杂俎》评注中一再强调，段成式所著《酉阳杂俎》是一本空前绝后的好书，然而这本书却长期被冷藏，其原因是什么？

李国文：文言文的笔记和笔记小说，是中国文学中宝贵的经典，每一篇都是一个小中见大的世界。文字凝练，内容浓缩，千字以上者很少，数百字，数十字，即是一篇精彩的小说。这些出自文人手笔的文学作品，行文以精致著称，题材以志异为主。在西方文学概念中，找不到相对的门类，一是他们没有，二是他们弄不来，这与中国古代文字的表现形式为文言文有关。而段成式对文字的美学，有特别苛刻的追求，这也是他这部书比较费解的原因。

段成式一度随其父段文昌在西川节度使任上，因他耽嗜畋猎，段文昌怕他荒废举业，托同僚婉为戒劝。结果，这些人都收到段成式为自己辩解的回信，内容一样，但每封信的遣字用语，选词达意，竟无相同之处，令人叹绝。所以，鲁迅就认为他这部书"古艳颖异"，"颖"就是新颖，"异"就是不同，这便是对他笔下文字的评价。另外，唐代是个开放社会，长安更是胡汉杂居的大城市，不但有中原音韵，还有梵音胡语，更有很多流行词汇和佛教词语。文字是不变的，语音却不断地变，所以，原本为唐代的口语，也因语音的变换而字非原意。

段成式的文字的确稍嫌晦涩，且是唐代的文言文，比较古奥、费解，而且生僻字多，杂以胡语梵音，相当费解，阅读困难是必然的，这也是这部不朽之作难以推广的障碍。当然，长期冷藏最主要的原因是，这些笔记小说、野史演义，在中国文人眼中是小道，是末技，诚如《汉书·艺文志诸子略》所言："小说家者流，盖出于稗官。街谈巷语，道听途说者之所造也。孔子曰：'虽小道，必有可观者焉。致远恐泥，是以君子弗为。'然亦弗灭也。闾里小知者之所及，亦使缀而不忘，如或一言可采，此亦刍荛狂夫之议也。"看得比较淡，不怎么当回事。

高慧斌：您说叶限的故事是中国版的《灰姑娘》，《酉阳杂俎》被认为是世界流行的此类故事中最早的文字记录？也早于1812年格林兄弟出版的《格林童话》？

李国文：《酉阳杂俎》续集卷一《支诺皋上》有一则叶限的故事，那是中国版的《灰姑娘》。成书于9世纪的《酉阳杂俎》，被认为是世界流行的此类故事中最早的文字记录，早于1697年夏尔·佩罗所写的《鹅妈妈的故事》，更早于1812年格林兄弟的《格林童话》。受这两部流传甚广的西方童话影响，人们往往将故事中受到继母虐待的孤女称为"灰姑娘"，于是作为一个很容易引发共鸣的文学母题，便络绎不绝，层出不穷。

据研究者称，此类故事几乎流传于全球各地，特别在口头文学之中，约有300多种大同小异的版本。也有专家认为，《酉阳杂俎》中叶限的故事可能由域外传入。因为邕州曾经是中国南方对外交流的重要港口，段成式也特地注明此故事为"南中怪事"，表示这则故事的"舶来性"，而且"灰姑娘"这个文学母题，早在公元前1世纪的希腊就出现了。

在人类的全部文化记忆史上，各个民族有其独特部分，但也有渊源类似、内容相近的共同部分，"灰姑娘"即是一例。虽然作为文字记载，《酉阳杂俎》领先《格林童话》，但近代能够得知并了解"灰姑娘"传奇者，百分之八九十均来自《格林童话》，以及由《格林童话》衍生出来的戏剧、电影、图画，而非段成式的《酉阳杂俎》。中国13亿人，知道唐代这位作家、这部作品者，会不会超过1000万人？存疑，这是一个值得思

如何阅读与思考

考的可悲现象。产生这种数典忘祖的负面现象，不能不归咎于"五四"新文化运动的矫枉过正、偏激决裂。那些弃用文言文，实施白话文的先贤们，他们也许未曾考虑过，热血冲动之下，打倒孔家店，彻底颠覆中国传统文化的同时，也在后人心灵里种下外国月亮就是圆，自信缺失的苦果。

志异体文学的百科全书

高慧斌：没有一定古文功底的人想读懂《酉阳杂俎》并非易事，单从目录实在难以看出作者的写作意图，段成式都写了什么？这位非常在意文字的诗人，其写作有何特点？

李国文：《酉阳杂俎》早在鲁迅的《中国小说史略》中闻其名，评价很高，可惜无缘一睹，后在阅读古籍过程中，终得一睹这部奇书，如获至宝。初读时，我还记得读到其中"飞头獠子"一则故事，"岭南溪洞中，往往有飞头者"。夜晚，头能离开身体，飞出家门，出外觅食，然后在天明以前回来，又吻合在自己的脖子上，只见"颈有痕，匝项如红缕"。惊骇之余，竟推开窗户，看满天繁星的夜空里，是否仍有此物，可见此书说法之奇，触动读者感官之深，而且，类似"飞头"情节，为他书所未见，堪称闻所未闻。

在唐代文学史上，晚唐诗人段成式是个很一般的人物，恐怕连他自己也没想到他的这部不经意之作，在中国文学史上竟成为志异体文学的百科全书。这部书的特点，凡异，无不备载，凡异，无不论述，称得上囊括古今，包罗万象，越读越有兴趣，越品越滋味无穷。

中国文学渊源历来分为两脉，一曰"写实"，一曰"志异"，但两者并无截然分界。从上古至秦、汉、魏、晋，"志异"是相当长时期内的文学主流，《酉阳杂俎》不但继承它以前的志异体文学精华，还承前启后地为宋、元、明、清的志异体文学奠定了坚实的基础。后来的志异

第四辑 琼琚荟萃

体文学，如宋人洪迈的《夷坚志》、元人叶子奇的《草木子》、清人褚人获的《坚瓠集》，都沿袭着段成式的风格。

中国旧时文人，一直以"志异"和"写实"并行不悖的写作方针行事，曹雪芹的《红楼梦》，极其真实的生活细节，极其浪漫的虚幻境界，两者几无缝隙地冶于一炉，是最成功的例子。主持《四库全书》编纂的纪昀，自然应是绝对正统的文人，然而他的《阅微草堂笔记》却是一部标准的志异体笔记小说。江左三大家之一的袁枚，以性灵说解诗，引领潮流，但他的《子不语》《续子不语》皆为怪异之言。至于蒲松龄的《聊斋志异》，更是标明为志异体文学的精妙之作。这些文学大家的志异之作，无不受到《酉阳杂俎》的影响。

高慧斌：今天我们如何来读这部书？这部书对后人的启示是什么？

李国文：是让我们懂得，想象力对人类来讲，既是发展的推动力，也是进步的催化剂；既是产生智慧的不竭源泉，也是超越自我的能量所在。这是我们生活在这个物质化的世界里，常常不在意，或者不太在意，而实际上是绝对不能不在意的事情。生活，固然是一个重要的方面，而想象，则是一个更为重要的方面。

一个不具想象力的人，活在世上，与动物何异？试想，在这个地球上，一个没有想象力的民族，能够生存下来吗？同样，一个没有想象力的文人，能够在他的领域里得心应手吗？正是想象力的迸发，使人类在时空上能够无限拓展。所以，在中国古籍中，这部承先启后的《酉阳杂俎》，是我们这个伟大民族的文化传统中关于想象力的集大成者。一般读者也好，文学作者也好，读过这部书，对自我想象力的扩张，肯定是有所裨益的。

中国文学，志异与写实，向来是合二为一的，然而，"五四"新文化运动最大的缺失，就是以无神论或不科学的名义，贬低甚至否定中国文学中最为优秀的志异体这半壁江山。90多年来，白话文的新文学，只有正，而无异，只有实，而无虚，始终处于一种不完全、不完善、不完备，

如何阅读与思考

因而也就不完美的跛足状态中。在世界文学之林中，至今无法成为一种强势文学，不能不为之遗憾。

高慧斌：您是出于何因，又用时多久，才给这部著作做了评注的？

李国文：我手头有一本1981年12月中华书局出版的方南生点校本，从那以后，我一直期待高明者的注释本出现，以使段成式的《酉阳杂俎》能够进入寻常百姓家，得到更多人的关注。然而苦等不得，只好自己动手，从2013年起，用了两年多时间，进行注释说明，并搜集历代相近和相关资料，以资佐证。同时，力求对人物、事件、器物、现象，其时代背景、来龙去脉、因果关系、影响所及，加以适当评述，提供思考余地。这一切的不自量力，只是出于对这位1000多年前志异体文学大师的敬意，希望更多的同好关注这部书，接受这部书，也更希望这部不朽之作的主导精神能够启发我们，只有展开想象的翅膀，才能有更高蹈的境界。作文如此，做人如此，世上一切，莫不如此，那就不负夙愿了。

札记：李国文教授从事的文化修复工作难能可贵

过去读过李国文先生的书，印象深刻，他的文字有力量，叙事有条理，说理深刻，那本《中国人的教训》，成为我的案头书之一，没事就会看上几眼。我国的历史书籍汗牛充栋，个人感觉此书有穿透力，还朗朗上口，让人爱不释手，足见李先生的史学功底。

能注解80万言的《酉阳杂俎》，我们真得向李国文教授致敬。我专访李国文教授，李教授却要感谢我，他说得感谢我能关注到这样一本不被大众关注的书。这个感谢让我很难过，而段成式的长期被冷落并非个案。那些我们道不出名字的经典仍静静地藏于图书馆，其光辉早被蒙尘，被现代的书海淹没，应该引起我们的思考。

《酉阳杂俎》这本书，我了解不多，对段成式其人也不甚了解，看后肃然起敬。

第四辑　琼琚荟萃

一敬成书者的远见与学识。一部百科全书，我只当它是字典，以了解唐代经济、社会、文化等。书中不少字难识，可见我学识之浅薄。

二敬评注者李国文先生。他能够点评这部大书，足见其学识之渊博，评与注的功夫，非吾辈所能及。

三敬人民文学出版社。我敬佩出版社的眼光与心胸。我不清楚这本标价不低的大书的销量，我敢肯定的是，这本书不会成为"畅销书"，但会成为相关研究人员的案头工具书。出版社不以经济效益为主，注重社会效益，让读者通过注释了解唐代的经济、社会、政治、自然、民间等全领域，实在功德无量。

我有时会想，这80万字的大书，会有多少读者呢？现在又有多少人能知道段成式其人其书？有几人能品出《酉阳杂俎》的内涵？但这样的工作，不管有多少读者，都应该有人来做，李国文教授费心费力从事的文化修复工作，实在难能可贵。能够从事这样工作的人，也实在不多了。

不得不说的是，通过人民文学出版社联系采访李国文教授，事先得知，李教授可以通过邮件采访，不接受面访。联系采访李教授，其回复之快，超出我之预料，那可是耄耋之年的老者啊！2017年10月3日，适值国庆长假，李教授写了近3000字的答复长文，最后他说，因为年龄关系，此信迟复了，很抱歉。

文章见报后，李先生又回信邀请我，"有机会到北京采访，请你到家里坐坐"。

多么令人感动的学者。心中的那份敬意，实难用文字表达。

《字看我一生》：
流沙河讲解汉字源流

流沙河（1931—2019）：

原名余勋坦，1931年生，祖籍四川省金堂县。诗人，作家，学者，书法家。曾任《星星》诗刊编辑。1985年起专职写作。代表作品：《流沙河诗话》《流沙河随笔》《白鱼解字》《故园别》《游踪》《台湾诗人十二家》《锯齿啮痕录》《庄子现代版》《流沙河讲诗经》等。

《字看我一生》用清末一个读书人的口吻，自述其一生与文字的关系，使阅读者了解汉字源流。本书近似小说，又解说汉字的源流演变，近似科学，属文字学。流沙河先生在书稿中通过手中的笔，画出了每个阶段的汉字演化，本书排版独特，是作者的手稿本。这是一本关于人生沉浮机遇的图书，更是一本有关中华文化，尤其是民风民俗等内容的图书。作者本着对传统文化的敬畏心，解码和探寻汉字起源的奥妙，是在传承中华文化的文脉。

2017年，流沙河的《字看我一生》甫一出版，我即联系中华书局上海分公司总经理余佐赞先生帮助联系采访流沙河，并请余先生一并接受采访，一起讨论此书创作风格。这篇独家专访2017年12月25日刊于《辽宁日报》阅读版，收到极佳的报道效果。

宣讲文字学常识之心太迫切了

高慧斌：您在《字看我一生》中探索破解远古先民造字的秘密，这是出版社给您的"命题作文"吗？这本书是用手写繁体字出版，也是您的创意吗？您以小说体叙说李三三的坎坷一生，每个故事情节均是工工整整手书一千字，如此用心写作，用时多久？

流沙河：《字看我一生》用清末一个读书人的口吻，自述其一生与文字的关系，从童年私塾发蒙到晚年成都教书，其间悲欢离合，故事连绵不绝，而每一回目中插入几个古文字，由故事主人公李三三予以解说，使阅读者了解汉字源流。自述其一生的悲欢离合，近似小说，沾文学边，又解说汉字的源流演变，近似科学，属文字学。如此非驴非马，惭愧，只好承认是我的创意。我爱汉字，晓得汉字个个皆有来头（文化内涵），总想请阅读者也来爱，所以用小说故事包装文字学常识，不得已而出此下策，写出这样一本书来，非敢以所谓创意自夸也。出版社不会给我"命题作文"，都是我自己胡弄的。算来写写停停，历时两年多，胡弄出一匹非驴非马的怪物《字看我一生》来。

高慧斌：这本书我有不少字不认识，读后才知道，一些字古今读音有异，字义所指却相同。您还多次纠正东汉许慎《说文解字》之误，让人眼前一亮。不过我感觉目前年轻人对繁体字已经越来越陌生，对汉字的源流演变也不太了解，恐亦不太有兴趣，您认为呢？

流沙河：你说的是事实。年轻人对汉字的源流演变不了解，或没兴趣，早已如此。我心焦急，晚景不乐。乾嘉以来，文字训诂称为小学，亦即

如何阅读与思考

国学初阶，经学入门。我怕后人难以进入古代典籍，所以，一有机会就要宣讲文字学常识。服务之心，拿四川话来说，太迫切很了。所以不顾眼疾，写这本《字看我一生》。至于《说文解字》，在我心中，仍是圣书，置诸案上，有时检阅。只是许慎夫子不可能看到清末才发现的商代甲骨文，自然难免说错、解错一些文字，让后人来纠正，实不足怪。此前，我近10年已有《白鱼解字》《解字一百》《正体字回家》出版，加上这本《字看我一生》，只能算是许慎夫子的裔孙之作，渺不足道。

高慧斌： 您从篆文、甲骨文、金文去探求汉字的源流形态，您拆解的字都是最难讲清楚的吗？您是主人公的原型吗？

流沙河： 非也。我是随着李三三的故事情节，顺手牵出一些字来，由主述者李三三（他研究古文字）加以解说的。全书从头到尾，保持了第一人称的叙述口吻。书名中的"我"是已死百年的那个李三三，不是我本人。

高慧斌： 您想通过这本书告诉读者什么？

流沙河： 告诉读者一些最起码的汉字常识，兼对古文字的一点点了解。若能引发读者的兴趣，由此萌生研究汉字之热情，使古文字学后继有人，则幸甚矣。

高慧斌： 您创作的故事鲜活，不担心小说情节会影响读者对解字的兴趣吗？

流沙河： 读者完全可以当作小说读，跳过文字学，仍能顺着情节读完本书。我敢说，你能读完后不失望，至少会觉得故事也有趣。著书人如厨子做菜肴，无权要求食客爱与不爱都得全吃。

一个接地气的解读古文字起源方式

高慧斌： 出版作者手稿，是出于繁体字太多，排版困难，还是想原汁再现古汉字及流沙河先生的书法之美？

余佐赞：出版手稿本主要是作者的要求。从编辑和出版的角度看，我也觉得很好，正如您说的，这个可以再现书稿中说到的古汉字，还有就是流沙河先生的书法之美。从技术上来说，整理和排印这样的手稿不成问题，但有些古字的异形字体的细微区别要想完整表达出来，还是有不少难度，比如书稿中的"子"字，从原来的甲骨文中有头发、脸庞、手指和坐具，到籀文、金文和古文越来越省，最后到篆文时就双腿简化成一腿，那个是襁褓裹成一筒。为了说清楚汉字的演化过程，流沙河先生在书稿中通过自己手中的笔，画出了每个阶段的字，从这个角度看，手稿本还是能更加准确地表达作者的思想。出版手稿本既尊重作者意见，又有利于本书的内容展示。

高慧斌：您如何看待流沙河先生对文字起源的解读？相比先生的拆字解字，您如何评价本书的文学创作？

余佐赞：流沙河先生从文化的角度去解读古文字起源，结合了民风民俗等知识，是一个接地气的解读方式，也是很多人喜欢的解读方式。

对古文字解读是个复杂的问题，流沙河先生主要是从民俗学角度去解说汉字，根据当时社会，还原当时场景来解释汉字的起源，是这本书最大的特点。比如裘锡圭先生在《文字学概要》中说，有时候，在一个字应不应该看作记号字的问题上，文化水平不同的人会有不同的答案。并举了"都"和"之"的例子，比如"都"，水平比较高的会承认它是一个形声字，形旁是右耳刀，声旁是"者"，如"赌""堵"等均类似，但对一个文化水平不高的人，就会觉得这个字是记号字。古文字解读有多种角度，也有层次高低之分，流沙河先生有自己独特的视角，并且属于对传统文化非常熟悉的作者，所以其解说汉字也符合中华文化大发展的趋势，是一位八旬老人对汉字的睿智的分析。从文学角度来说，故事情节跌宕起伏，读后有收获。

高慧斌：网络时代的学习与阅读，键盘鼠标代替了有温度的纸张。您期待读者从手稿中读到什么？

如何阅读与思考

余佐赞：作者本着对传统文化的敬畏心解释汉字，是在解码和探寻汉字起源的奥妙，更是在传承中华文化的文脉。我期待读者读到古汉字的一些基础知识，知道汉字的发展演变史，还要知道汉字发展过程与劳动和生活是息息相关的，最早的汉字都来自劳动和生活的需要，我们要尊重劳动和生活，要为祖先的智慧而骄傲。这是一本汉字解说的图书，也是一本关于人生沉浮机遇的图书，更是一本有关中华文化，尤其是民风民俗等内容的图书。读这样的书，你得到的是知识，是智慧，是对中华文化的崇敬之心。

札记：流沙河先生用三页手写体回复我

对流沙河先生的了解，仅限于他过去的经历以及吸人眼球的个人感情生活，从未想到会采访到这位老先生。

得知流沙河先生新作《字看我一生》成为中华书局上海书展的重点推荐书后，了解到这是一本老先生破解远古先民造字秘密的少见的厚重之书。流沙河先生用繁体手写体成书，主人公李三三一生的故事跌宕起伏，遇到难解或有故事之字，老先生就从篆文、甲骨文、金文一一破解，耄耋之年，一页500小字，写作之难或写字之难，于年轻人而言，都是一个不小的挑战，主人公从出生到老去的每一个小故事，都会破解四至五个字。你会不自觉地跟随作者看李三三的一生经历，又能从中探寻到远古先民造字的秘密。

我自小就练习过繁体书法，识得也会写不少繁体字，汗颜的是，细读《字看我一生》，还是有不少字不识得。相信"80后""90后"，甚至"00后"的年轻人，也一定会遇到如我一样的阅读障碍。

通过本书责编、中华书局上海分公司总经理余佐赞先生，联系采访流沙河先生。余佐赞先生说不一定能采访得到，主要是流沙河先生的年纪大了，现在也没在上海。于是我再次使用软磨硬泡的攻关本领，终于

第四辑　琼琚荟萃

打动了余先生，请其一定把我的采访提纲转呈给流沙河先生。我感觉，流沙河先生如果体力尚可，应该能接受采访，毕竟他用10年时间来传播中华传统文化，也希望通过主流媒体来传播他的心声。如果流沙河先生因身体原因不能接受采访，就真的不宜打扰，但还是得努力一下，因为像流沙河先生这一代人，也成为世纪老人了，如果我们错失了采访时机，就真的成了憾事。同时，我也向余先生进行了提问，一是担心万一流沙河先生接受了采访，但不足以成一篇稿件，可请余先生补足；二是此举能促使采访的完成。没想到事如所愿，采访非常顺利。

采访提纲是2017年十一假期用两天时间完成的，采访提纲发出不到一周时间，流沙河先生用三页手写体回复了我的采访，那字迹不像出于80多岁的老人之手。值得一提的是，流沙河先生用的还是繁体字回复，这份用心，让我感动。

这样的采访，由最初的担心，不抱多少希望，到最后完功，在我的采访工作中并不多见。在此，向流沙河先生表示深深的敬意。这敬意不仅仅是先生接受了采访，主要是先生能在晚年，用10年时间不间断地写出同类书，意在传播中华传统文化。先生的担心也不是多余的，如果先生这一代人不去完成这样的工作，我们这代或后代人，就真的难以走近古籍了。这样的文化贡献，真不是一般人能做得到的，如果不精通古汉字，如果没有传扬文字学的公益心，都不可为之。《字看我一生》，让我坚信字如其人、文如其人的道理。

遗憾的是，流沙河先生已于2019年末仙逝，在本书出版之前整理此文时，想到采访先生时经历的一幕幕，内心十分难过。

谨以此文纪念先生。

《走向世界丛书》：
最早走向世界的先辈不应被忘记

钟叔河：

1931年生于湖南省澧县。出版家，学者。代表作品：《走向世界——近代知识分子考察西方的历史》《从东方到西方》《念楼集》《天窗》《小西门集》《念楼学短》《学其短》等。策划编辑出版的作品有《走向世界丛书》《周作人散文全集》《全本曾国藩家书》等。

《走向世界丛书》的编辑出版工作始于1980年，由钟叔河先生担任主编。《走向世界丛书》一经发行便轰动全国，原拟推出100种，当时仅出版35种，后65种书稿一直未整理出版。直到2017年，《走向世界丛书》（续编）完成，收书65种，约1700万字，主要收集了1840—1911年中国人出使、考察、游历西方各国的记录。这和已出版的35种一起构成了早期国人走向世界、看见世界、认知世界、记录世界、思考世界的全景图。

第四辑　琼琚荟萃

《走向世界丛书》出齐100种是出版界一件大事。为了让广大读者通过这套丛书了解近代中国从闭关自守到对外开放历史过程的100个侧面，了解我们的昨天和今天，引导我们思考明天，我专访了丛书主编、出版家钟叔河先生。钟先生还邀请岳麓书社总编室主任杨云辉先生一同接受专访。稿件2017年11月12日刊于《辽宁日报》阅读版，被新华网等转载。

最早走出国门的人对现代人影响很大

高慧斌：您从20世纪70年代末即开始编辑《走向世界丛书》，至今丛书已编辑出版100种。今天，您如何看待这些最早走出去探路的前辈及其对社会的影响？

钟叔河：1800年前，就有欧洲人到中国来，可是直到180年以前，还很少有中国人到欧洲去，是封闭造成了落后，落后又加剧着封闭。走向世界，无论是自己走出去，还是让别人走进来，无论是主动还是被动，从历史进程看，都有利于发展，都是一种进步。妨碍各国人民友好往来的，往往并不是高山大海，而是长期隔绝造成的错觉与误解。

《走向世界丛书》100种，只收录了1911年以前国人亲历欧美和明治维新后日本的记述。丛书从100个断面和侧面反映了19世纪中国从闭关自守到逐步开放的历史，这是一段十分重要且丰富的历史。它既是文化交流史，又是人民生活史；既是外交史，又是政治史；既是西学东渐史，又是变革维新史。编辑丛书的目的是帮助人们了解历史和文化，了解我们的昨天和今天，引导我们思考明天。

鸦片战争打开了中国大门，郭嵩焘、容闳、王韬、黄遵宪、严复等人最早走向世界，他们到欧美、日本去学习、访问和工作，经过千辛万苦，向西方寻找发展的真理，他们接触的近现代的科学文化和政治思想，在中国产生了影响，起到了思想先驱的作用。这些最早走出国门的先进

如何阅读与思考

中国人，代表了近代中国向西方寻求真理的一派人物，他们的现身说法，对现代人产生了很大影响，其文化的意义和历史的价值，值得今天的我们纪念和学习。

高慧斌： 最早走出去的这批人中，其实践和认识有着怎样的特点？

钟叔河： 斌椿、林鍼等人走出去获得了关于西方的真实信息，这在中国人走向世界的征途上，具有破天荒的意义。随着"内中国而外夷狄"这类偏见慢慢消除，人们获得知识和友谊的天地就渐渐广阔了。第一批走出去的中国人，在思想认识上大有收获的，第一个要数郭嵩焘。严复和马建忠也是留学造就的不可多得的人才。严复到英国学习海军不到一年，就可以向郭嵩焘介绍亚当·斯密的《国富论》。研究严复和郭嵩焘在欧洲的这段历史，可以发现一个问题，日本留学欧洲的有两百多人，中国只有十几个人，这十几个人全都是学习海军的，而日本留学生"学兵法者甚少"，大部分都学政治、经济、法律。郭嵩焘对此感慨不已，认为学习坚船利炮只是务末，只能抓住枝节，学习政教才是务本。他的认识远远超出了同时代人。

高慧斌： 丛书众多的作者令我们敬重与仰望。比如，首位驻美公使陈兰彬，可是其履职中竟然毁誉参半。

杨云辉： 翰林出身的陈兰彬，饱读儒家经典，却非纯粹的守旧官僚。他三度走向世界，足迹遍布亚、欧、美洲。他在书中对美国的科技发明以及军事设施进行了较为细致的描述。从这一点来看，他对19世纪中叶世界各国的科技发明和军事发展还是非常关注的。作为首任驻美公使和学生监督，他也是中美外交关系和留学教育事业的主持人之一。在处境艰难的情况下，他积极运用条约和国际法，与美国政府交涉，为维护国家利益和保护在美华人殚精竭虑。留美幼童事业的失败，他的确负有一定的责任。他的问题主要是过分强调中学的重要，没有摆正中、西学位置，导致和容闳的矛盾隔阂。其实，留美学生中途撤回的主要责任，并不能归罪于他。

高慧斌：宋育仁曾策划奇袭日本，以扭转甲午战争危局，这至少可以说是"其志可嘉"。但他随使英、法、意、比等国后，对西方社会的深入思考，却长期被遗忘。

杨云辉：宋育仁被誉为"四川睁眼看世界第一人"，《泰西各国采风记》是他旅欧一年的考察成果，全面论述了西方的文明制度、习俗礼仪，及其与《周礼》所描述的上古善政的异同，以期为维新运动提供一个可供实行的标本。但直至2000年之后，才有人开始关注并全方位地研究宋育仁的思想，这的确是件憾事。

高慧斌：在清人的海外游记中，为什么王芝的《海客日谈》多被诟病？

钟叔河：王芝的《海客日谈》对"海中怪物""山中野人"之类描述近乎天方夜谭，自然招致诟病。他始终没有言明到欧洲所为何事，其旅欧身份也无记载。但王芝也记下了缅甸各地华商概况、英国侵缅的历史、途中所知各国的历史风俗及国情，还介绍了海船上的蒸汽机及舵轮的运转。但他对西方的政治制度了解甚少，《海客日谈》在这方面甚至还不如当时未出国门而编就的《海国图志》与《瀛环志略》，但仍然可备一格，帮助人们见识一下英国老师所说的 the traveler's leave to lie（远游者凭空编造的特权）。

脚虽跨出国门但思想未跟上时代步伐

高慧斌：早在1903年，无锡人蒋煦就自筹旅费去欧洲考察玻璃生产，他当年的言行真值得当下企业家学习。

杨云辉：蒋煦这位实业家当年的探索，于当下依然有意义。蒋煦于1903年自费到欧洲买设备，聘技术人员。此行虽为建玻璃厂，但其目光却不受此局限，仅就工业而言，便非常详尽地叙述了造纸和造肥皂的方法和设备，对德国克虏伯厂的大炮制造也进行了细致考察。他多方奔波，详尽勘察，一路精打细算，在欧洲人面前礼貌得体，不卑不亢，展现出

如何阅读与思考

了现代企业家的形象。今天读蒋煦的《西游日记》，他关于国家治理、企业管理以及反腐败的论述，仍未过时。而赴欧前，蒋煦已两度到日本考察学习毛巾制造技术，回国后成功开办了毛巾厂。

比蒋煦更早走向世界的企业家还有李圭。他主张学习西方的学校教育、工业技术、交通运输、医疗卫生。他写的《环游地球新录》让22岁的康有为读后下定了走向西方寻找真理的决心。

高慧斌：今天，走出去看世界的年轻人越来越多，前辈的哪些观念已不合时宜，哪些经验还值得借鉴？

钟叔河：今天的世界早已不同于19世纪，那时，西方国家在许多方面比中国先进，值得我们学习，但由于国家利己主义的本质，他们总要压迫剥削比他们落后的民族。"洋为中用"是我们今天的主张，也是19世纪先进的中国人的主张，后人的思想和事业肯定要超越前人，但前人的足迹总可以留作后人借鉴，先行者总是值得纪念的。现代人走向世界，要使自己成为能接受全球文明，有世界知识、眼光和理想的人。今天我们如何向西方学习，就有个因地制宜的问题。要学会分析，一切好的拿来为我所用，也要抵制和预防一切有害的东西。在此，前人的经验和教训有一些仍值得我们注意。

杨云辉：当年走出去的一些前辈，虽然双脚跨出了国门，但因观念陈旧，抱残守缺，思想并未跟上时代的步伐。比如谭乾初就没有真正了解国外的慈善事业，他不理解西方富翁为何临终前要把财产捐给慈善事业，而不是留给子孙，他悲叹这是不重后嗣的表现，这和从未出过国门的同时代人曾国藩"不留财富给儿孙"的主张差之甚远。王芝的思想深处，仍认为西方是"鬼域"，因"蛮夷猾夏"而产生的排斥情绪，使他海外之行虽有所见所闻，却不愿"精视而详究"，对国外诸多先进事物终难产生共鸣。当年留美学生中途撤回事件，也应引起我们的重视，应注意今天的留学生低龄化的问题，应思考如何避免留学生完全西化的问题，世界一体化程度再高，中华民族的传统还是不能丢。

第四辑　琼琚荟萃

札记：休养中的钟叔河先生瞒着女儿打电话安排采访

在国内出版界，钟叔河、朱正和沈昌文被誉为出版界"三杰"，能采访到"三杰"之一的钟叔河先生，何其荣幸。

计划采访钟叔河先生有两个缘起。一是通过辽报阅读版专栏作者、海豚出版社俞晓群社长的专栏文章，得知俞社长有这样一位敬重的长辈。作为出版界的同人，俞社长和钟先生见面次数不多，但情谊深厚，俞社长对钟先生的那份崇敬感染了我，让我萌生了如果有机会一定要采访到这位长辈的想法。因为俞社长见钟先生也难，这个采访只是在心里作为一种愿望而已。二是与长沙税务干部学院的刘绪义博士聊天时，他提议可采访钟叔河先生，钟先生苦心经营了30多年的《走向世界丛书》刚刚出齐了100种，这可是老先生的最大夙愿。

于是刘博士提供了钟先生的联系方式，我咨询岳麓书社，哪几本可作为代表书目，毕竟100本书难于选择。书社总编室杨云辉主任推荐了五本书籍，一本十几万字，一天看一本，一周后写出采访提纲，由杨主任转呈钟先生，因为钟先生近期身体不大好，毕竟86岁高龄，我哪敢冒昧打扰。对这个采访，我并未抱有太大希望，主要考虑到钟先生的身体健康，我的采访是其次。

没想到，很快接到钟先生的回复，他说采访提纲的问题问得有水平，本来身体原因不能接受采访，但可以想办法完成采访。这让我感动的同时，也是心怀不安。随后，钟先生又给了我一个没想到的感动。

2017年8月26日上午8时左右，抱病休养的钟先生竟然背着女儿打来电话安排采访。他先是推荐我看一些书目，对可能难以找到的书，他还告诉我跟某某去索要或借用。先生怕我听不懂湖南话，对书名和人名，他连续一个字一个字地重复多次，并一再问我是否听清楚了。通话20多分钟，钟先生声音洪亮。最后先生说，他现在身体不太好，近来一直感觉不太好，他强调是很严重的不太好。现在是女儿出去了，没在房

如何阅读与思考

间,他是背着女儿打来的电话,因为女儿不许他接听电话,只让他安心养身体,怕外界的打扰影响休息。听此,我内心又一阵激动,一阵不安。而先生对我的采访提问的高抬,也让我惭愧。

钟先生一字一顿,浓重的湖南口音,一直让我回味。作为著名出版人,先生谦虚地把我稿子中先生名字前缀的"著名出版人"的"著名"二字删去。采访中因为一些问题,他说他了解得可能不如杨主任全面,就让杨主任回复。先生还授权我,可以从他提供的书目及材料中增删一些内容,这样有利于读者全面了解这套书的价值。

能采访到钟先生,我是多么荣幸。钟先生也是他那一代知识分子的典型代表,值得我们敬重。

《鲁迅回忆录正误》：
朱正眼中的鲁迅

朱正：

1931年生于湖南省长沙市。编辑，作家。代表作品：《鲁迅传略》《鲁迅回忆录正误》《鲁迅手稿管窥》《门外诗话》《留一点谜语给你猜》等。编注有《鲁迅全集》第六卷、《瞿秋白文集》文学编第一卷、聂绀弩著《散宜生诗》等。编辑有"骆驼丛书"20余种。

《鲁迅回忆录正误》是朱正在鲁迅的学生、朋友、被许广平称为鲁迅研究"通人"的冯雪峰的指导和帮助下写成的。1979年出版后，为学术界所瞩目，书中的一些结论被鲁迅的传记作者们普遍接受。胡乔木认为此书可以作为编辑学教材的参考书。2006年人民文学出版社出版的增订本是朱正根据成书后发现的新资料，进行了补充和修订，内容更加充实。至今已有五个版本出版。

如何阅读与思考

为纪念鲁迅诞辰137周年，我以朱正先生所著《鲁迅回忆录正误》为切入点，对朱正先生进行专访。朱正先生讲述了他眼中的鲁迅，以及今天我们应该怎样阅读鲁迅的书，应该从鲁迅的书中和身上学习哪些品质和精神。稿件2017年9月25日刊于《辽宁日报》阅读版，被搜狐网等转载。本文与见报稿不同。

了解鲁迅这个人更重要

高慧斌：您从25岁开始研究鲁迅，出版多本研究鲁迅的专著，并参与编辑《鲁迅全集》。您曾说，研究鲁迅60年，是要还原一个真实的鲁迅。那么，您了解的真实的鲁迅是什么样的？您的鲁迅研究的权威与客观，是否与冯雪峰、孙用等的帮助相关？为什么您说，比起文章来，鲁迅这个人更重要？

朱正：我是上初中的时候因为教我国文课（现在叫作语文课）的萧鸿澍老师的影响，对阅读鲁迅的书产生了很大的兴趣。25岁出版了《鲁迅传略》一书。这本书完全没有写好，粗疏肤浅，人云亦云，绝无自己见解。60年间我一改再改，2013年人民文学出版社出版的《鲁迅传》算是写出了一个接近真实的鲁迅。去年《冯雪峰全集》出版，其中有一些新材料，我又趁便补充到这本书里面去。这大约是这本书的最后定本了，不久将在人民文学出版社出版。

在我的鲁迅研究中，冯雪峰先生、孙用先生对我的帮助、指导和鼓励都很大，是我永远感激的。

我是说过，比起文章来，鲁迅这个人更重要。因为鲁迅的文章固然好，可是还有几篇没有写好的文章，而他的为人，却真是无可挑剔。他的疾恶如仇、批判精神、舍身求法、同情弱者、敢于向强者抗争，这都是我们应该学习的。

高慧斌：鲁迅曾说，论作家的作品，必须兼想到周围的情形。随着时代的变化，今天我们如何读鲁迅的书，如何学习鲁迅？今天是否还有必要再以鲁迅的是非为是非？鲁迅精神在当下的意义是什么？

朱正：今天的时代已经不同于鲁迅的时代。当年鲁迅迫切希望解决的问题，有许多现在已经解决了，但是不能说都解决了。例如《热风》里面的《随感录四十八》，其中说的"学了外国本领，保存中国旧习。本领要新，思想要旧。要新本领旧思想的新人物，驮了旧本领旧思想的旧人物，请他发挥多年经验的老本领。"他说的是"五四"前后那时的现象，他反对这种人。可是现在，新一代的"中学为体，西学为用"论者也并不少见，反对这种人就是我们今天的任务了。我们今天读鲁迅的书，如果能够联系实际思考思考，会有所启发。

至于说"今天是否还有必要再以鲁迅的是非为是非"，那么我要说，不但今天没有这个必要，而且从来没有这个必要。这句话是我谈到自己走过的弯路说的。我说我那时是以鲁迅的是非标准为是非标准，绝无自己见解。

鲁迅是怎样修改自己的稿件的

高慧斌：鲁迅曾说，研究大作家的手稿，看他怎样修改，是极有益处的学习法。鲁迅怎样修改自己的稿件？给我们的启示又是什么？

朱正：鲁迅怎样修改自己的稿件，这问题不好笼统来谈，要举实例。我出版过一本《鲁迅手稿管窥》（后来岳麓书社用《跟鲁迅学改文章》为书名出过一版），举了一些实例。例如在《藤野先生》手稿的最末一段的修改，我在这书中说：

1. 作者决定在最后的一段写一写藤野先生给自己的仅有的两件纪念品：改正的讲义和题了"惜别"二字的照片。原来打算先讲照片的，刚写了"他的照片已×"几个字之后，又改变了主意，决定先讲讲义了。这是一处十分精彩的修改。因为，关于改正讲义的事，文章里已经着力

如何阅读与思考

写过了，此处无须重复，只把它终于不幸遗失的结局交代一下就可以了，倒是相片还得做几句有声有色的文章。就文章的结构说，结尾部分总是要着力地写，造成一种"言有尽而意无穷"的艺术效果。我们读到"……每当夜间疲倦，正想偷懒时，仰面在灯光中瞥见他黑瘦的面貌，似乎正要说出抑扬顿挫的话来，便使我忽又良心发现……"这几句的时候，真感到作者的笔力简直穿透纸背。也只有这样有力的文章，才能够压住全文，作为全篇的收场。我们不妨做一个这样的试验：把这一段里讲到讲义的和讲到照片的两节文字次序对调一下，念念看，马上就会发现它显得头重脚轻，软弱无力。

2. 添上"在内"，指明这讲义是在失去的那半箱书中间遗失的，使读者不会误以为失去讲义和失去半箱书是不相关涉的两件事。

3. 添上"局"字，纠正笔误。

4. "毫无"也就是"无"。"寂无"就不仅仅是说"无"，还描写了这"无"，比较生动一点。

5. 单用"还……"字，多少也包含有"至今"的意思。添上"至今"二字，就显得更强调一点。

6. 这一时期作者写作，多是在白天已经工作了一整天的夜间，疲倦是当然的。这里点明"夜间"，更可以从侧面显出藤野先生相片的鼓舞力量。

7. 相片当然不会说话，说它"正要说出抑扬顿挫的话来"，只是作者一时的感觉，这儿用"仿佛"或是"似乎"都可以，只是"仿佛"显得更空灵一点，"似乎"显得较为确实一点。

8. 在古汉语里，"发现"本来也是写作"发见"。现在既然已经分别用两个字了，当然还是写作"发现"为好。

9. "良心发现"之后，添上"而且增加勇气了"一句，把意思推进一层。在"再继续写些"之前，添上"于是点上一枝烟"一句，这看来只是一个无足轻重的细节，但一则可以和前面说的疲倦相照应，一则看来似乎显得舒缓了一点,实际上更加重了后面这一句的分量。"良心发现"必须有一个主语,所以前面添上一个"我"字,所以把添写这一句时候写上的"我"字删去了。

10."写那些……文字","写"字的宾语是有定的。"写些……文字","写"字的宾语是无定的。这儿只是泛指"为'正人君子'之流所深恶痛疾的文字",无须用"那"字。

鲁迅的治学态度很严谨

高慧斌:鲁迅曾把钱起的《归雁》,误记成李商隐的作品,但他并未掩饰自己记忆上的差错。然而过去的一些刊物,却模糊或折中处理了鲁迅的误记或误说,错上加错的负面影响很不好。我们如何评价鲁迅的治学态度?

朱正:我以为鲁迅的治学态度很严谨。1931年,鲁迅在花园庄里给友人长尾景和写条幅,写的是钱起的《归雁》,一时误记为李商隐的作品了。他这是在写条幅,不是写学术论文,与治学态度无关。1961年上海出版的影印本《鲁迅诗稿》上把锌版上的"义山诗"等字剜去。其实是不必要的。鲁迅在文章里出错的事当然也有,不过不多。

高慧斌:我们从课本中了解到的鲁迅非常珍惜时间,很少休息,一刻也不曾停止过战斗,但从您的书中,我看到不少鲁迅和冯雪峰等人喝茶、咖啡或喝酒的记述。生活中的鲁迅,其交往范围也非常广?鲁迅是书呆子、清教徒吗?

朱正:鲁迅当然不是书呆子、清教徒。我且引《"题未定"草(六)》中的一段话:"譬如勇士,也战斗,也休息,也饮食,自然也性交,如果只取他末一点,画起像来,挂在妓院里,尊为性交大师,那当然也不能说是毫无根据的,然而,岂不冤哉!"

高慧斌:鲁迅在进行著名的"北平五讲"之际,《文学杂志》和《文

如何阅读与思考

艺月报》向其约稿时，鲁迅曾说，你们不要迷信名人，名人不一定写出好文章，要从自己的队伍中培养自己的作家。您如何看待鲁迅对待名人的态度？可以由此说鲁迅不主张个人崇拜吗？

朱正：鲁迅是不迷信名人的，也不主张个人崇拜。

札记：朱正先生眼疾手术当天就接受了我的采访

朱正先生被誉为出版界"三杰"之一。采访朱正先生的感动，深刻于心，那一幕总在眼前闪现。

朱正先生在接受我的采访时说，鲁迅的为人真的是无可挑剔。我要说的是，作为一生研究鲁迅的专家，朱正先生的为人也一样无可挑剔。朱正何尝不是他那一代知识分子中的优秀代表？我仅仅从与朱先生的几次交往中，就能感受到先生的人格魅力，真实不虚，不藏不掖，想人之所想。

当年，风华正茂的朱先生敢于正许广平先生的《鲁迅回忆录》之误，非一句"勇气可嘉"堪比，这位年轻人的心志可见一斑。一个甲子对鲁迅精神的研究，鲁迅的正直为人、热情助人等品质已融入朱先生心中骨里。

通过朱先生之子朱晓编辑的沟通，采访提纲发去没几天，2017年7月27日即得到回复，朱先生是在做眼部手术当天的下午回答了我的问题。想想86岁高龄，做了白内障手术，竟然这么快就回答了我的问题，3000字的电脑打字，让我情何以堪？而对有的问题的回答，是那样的直白，有一说一，又有几人能够做到？收于本书的这篇稿子是原稿，和见报的不同。我想让读者见识一下这位著名编辑的答记者问。

朱先生的谦虚令我印象深刻。我在采访中提到，有人把沈昌文、钟叔河和朱正并称为出版界"三杰"，朱先生特意说明：因为个别妄人如此乱说，我不能不指明这并非公论。有的问题，先生直接回复说不知道，

第四辑　琼琚荟萃

一点不牵强，有的问题，他直接提出，这不是问题，也不客气。采访过程中遇到的问题，由朱晓先生转述，朱晓老师的谦虚与热情，同样让我温暖。日后，我与朱晓老师经常互动，成为朋友。

写采访朱正先生的提纲时，我有点私心，想到如果能同时采访到出版界"三杰"，请三位出版家谈谈对眼下的出版市场及读书现状的看法，该有多么权威？

敢有这个想法，起因于早在2015年我在北京图书订货会上采访过沈昌文先生，之后还跟沈先生约过如何读书的稿件。这次联系采访沈先生，想请其谈谈对出版市场及读书现状的看法时，沈先生说年纪大了，没法接受采访。接到沈先生的回复，我为自己的自私自责好久。在核实本书稿时，又想起已逝世的沈昌文先生，内心十分难过。

在采访朱正先生的同时，我也采访了病中休养的钟叔河先生。抱病休养的钟先生接受我的采访时，细谈了我们不要忘记最早走向世界的那些前辈，这样的采访已给钟先生添了太多麻烦，就没忍再向其请教如何看待关于出版市场现状等问题。

想不到就此问题，朱先生一板一眼地回复了我的提问。我给朱先生增加的问题是：

一：您一辈子和图书打交道，出版了那么多优秀的图书，引领了几代人的精神成长。请问，出版对一个社会的精神成长而言，您如何评价其作用或意义？在读书已不成风气的当下，您是否担心未来的图书出版？

朱正：图书出版是"夕阳无限好，只是近黄昏"。人类从没有出版到有了出版，是一大进步，从有了出版到不要出版，将是一个更大的进步。您说"在读书已不成风气的当下"，您没有看见他们在玩手机，在上网吗？将来取代书籍的传播媒介就会从这里面产生。

二：作为优秀的出版家，要出什么样的书籍，其最主要的考量是什么？

如何阅读与思考

朱正：我最愿意出我自己喜欢的书。

三：您那一代的出版人，多数都是某个方面的专家了，现在的图书编辑可能已不能与您那一代人相提并论了，您认为其中的原因是什么？

朱正：我不像您那样悲观。过去有，现在有，将来一定也有好的出版人的。不过，将来不见得是编辑、出版纸质图书了。

四：过去人们抱怨没书可读，现在书太多，又没法选择，一些优秀的图书遇冷，如今的出版市场也强调功利，您如何评价这种现象？

朱正：出版社一直在强调社会、经济双效益。

五：如果向年轻编辑提点建议的话，您的建议是什么？

朱正：说到"建议"，我想说：一定要看得懂自己编辑的书，不论是创作的还是翻译的。如果你自己还不懂，印出来，读者怎么能看懂呢？

我采访的每位名人，都有一段动人故事。我总在想，我们采访的人，我们谈论的事，对这个社会，对一些读者，到底能起到什么作用？到底有多少人能看到？看到后能否引发一些思考？

《王国维与马衡往来书信》：
还原王国维与马衡金石学缘 30 年

马衡长孙马思猛
在故宫博物院作报告

马衡（1881—1955）：

浙江鄞县（今宁波）人，字叔平。金石考古学家，书法篆刻家。曾任北京大学研究所国学门考古学研究室主任、故宫博物院院长、北京文物整理委员会主任委员。曾主持燕下都遗址的发掘。著有《中国金石学概要》《凡将斋金石丛稿》《汉石经集存》等。

王国维（1877—1927）：

浙江省海宁人。字静安，晚号观堂。在文学、美学、词曲戏剧、史学、古文字学、考古学等方面均有深诣和创新。著有《人间词话》《曲录》《观堂集林》《静安文集》《宋元戏曲考》《殷周制度论》等。

《王国维与马衡往来书信》由马衡长孙马思猛辑注，2017年由三联书店出版。本书披露了马衡与王国维生前频繁的书信往来，内容涉及青铜器、虎符、度量衡、石经、古文字等考古学问题，涉及马衡代表北京大学约聘王国维，以及马衡等人集资赞助王国维刊印《切韵》成书等事。其中，马衡致王国维书信 47 通，王国维致马衡书信 40 通，全书共 87 通信札。

如何阅读与思考

为了让广大读者一饱王国维、马衡两位大家的珍贵遗墨，从书信中见证王国维、马衡二人在学术与人生道路上的惺惺相惜之情，感悟并传扬那一代学人在乱世中坚持学术研究的精神风貌，我专访了马衡长孙马思猛先生，请其详解《王国维与马衡往来书信》的成书过程，其爷爷马衡生前其人其事，以及和王国维的交往。稿件2018年2月11日刊于《辽宁日报》阅读版，被新华网等转载。

因金石之学结缘 30 年

高慧斌：《王国维与马衡往来书信》让我们见证了一代大师在乱世中的学术坚守。两位先生离世都超过了一个甲子，是什么样的机缘，让读者再次感受到王国维和马衡那一代大师的精神风貌？

马思猛：这要感谢王国维、马衡和钱玄同先生的后人，将王国维与马衡先生往来书信分别捐赠给北京图书馆、故宫博物院及鲁迅博物馆，使两位作者这87通往来信札原件能够完整、永久地保存，才得以供当今及后世学者鉴赏考研，并通过大师们的旧墨迹传递那一代学者的精神风貌。

高慧斌：马先生写给王先生的47通书信，称谓都是"静安先生大鉴"，落款都是"后学马衡上言"。王先生长马先生4岁，王先生40通书信落款都是"弟维顿首"，两位大师出身、境遇、政见不同，缘何深交达30年？

马思猛：马衡先生一生交往名士颇多，如吴昌硕、吴隐、丁仁、王禔、罗振玉、胡适、于右任、陈叔通、徐悲鸿、鲁迅、钱玄同、朱希祖、郭沫若、唐兰、沈尹默、沈兼士、常任侠、金静庵、徐森玉、周叔弢，等等。他的朋友圈虽然出身、学科、政见、性格各异，但他与这些友朋之交，可谓无一不是建立在聚交于金石而不论其他的基础之上。先生在《我所知道的王静安先生》一文中清楚表明"我和王静安先生相识近30年，但是一向疏阔得很,直至民国一年(误,应为民国五年,即1916年),他从日本回国之后,我与他同时都住在上海,才有往来,并且过从甚密"。因何有此变化,马衡先生文中未云。辛亥革命后的民国一年,王国维随罗振玉各率全家避居日本达五年之久,罗振玉藏书运抵日本,王国维与其一同整理。从此,其治学转而专攻古史。王国维先生治学之道的改变促成了他与马衡的一段金石之缘,同时留下了这段王、马交往的千古佳话。

高慧斌：马先生生前曾说,在其学术道路上,王国维先生对他影响最深。书中,马先生多次向王先生请教考古学问题,金石研究是马先生受王先生影响最深的方面吗?

马思猛：是的。马衡先生在北京大学讲授金石学的讲义稿,其中有许多条目是经过与王国维先生求教讨论完成的,这些先生在讲义中均有说明。后来先生亲履河南洛阳搜集汉魏石经残石及拓本,每有新发现,都及时与王国维先生共享成果。我们如今从他们当年的书信往来中,仍可感受到他们推心置腹、共同研讨、亲密无间的画面。马衡在回忆这段与王国维美好金石之缘时曾动情地记述道："忆自十二年秋,衡得石经残石,先生亦于是时来北京,乃相与摩挲、审辨,有所发明,则彼此奔走相告,四年以来,未尝或辍,而今已矣,无复质疑问难之人矣。"从这段令马衡先生颇为伤感怅惘的遗墨中,足可鉴其在金石研究方面受王先生影响之深也。

高慧斌：王先生在一封信中说："近研究蒙古初期史料,乃知宋人伪造许多书籍,如《征蒙记》等,皆宋人所造也。"细看两位先生围绕青铜器、虎符、度量衡、石经、古文字等考古学问题的书信,真长见识。令我印象深刻的是,马先生向王先生请教一字,感叹"得先生解说,不禁狂喜"。87通书信,您印象最深的是哪封?

马思猛：令我印象最深的是1924年8月11日王国维先生致沈兼士和马衡两位先生的那封声明脱离北京大学长信,此信是王国维为维护皇

如何阅读与思考

权与北京大学划清界限的宣言。然而令人不可思议的是，怒气冲冲地写了致沈、马函后，竟没有影响王、马两位先生的金石之谊。事隔四个月，逊帝溥仪被冯玉祥赶出了紫禁城，是包括马衡在内的北京大学师生以清室善后委员会之名接管了故宫，直至成立了国立北京故宫博物院。如此历史进程自然是王国维先生无法接受的，而他却不计这一历史事件的参与者马衡"之过"，曾受命任逊帝溥仪"南书房行走"的王先生竟然还写信托马衡代为寻觅其落在南书房的如意、朝冠、披肩、朝裙。这两个故事是王、马两位金石学缘之外的小插曲。

将传统金石博古之学趋于近代化

高慧斌：您如何看待马衡先生那代学人的学术研究精神？

马思猛：金石学是中国考古学的前身。它是以古代青铜器和石刻碑碣为主要研究对象的一门学科，偏重于著录和考证文字资料，以达到证经补史的目的。因此，金石学家一般兼通文字学、历史、书法、文学、图书学。所以金石学家必须具备雄厚的古代青铜器和石刻碑碣上的文字资料储备，才可行考证著录之实。固自宋以来，历代金石学家无不出自官宦世家，如宋代金石三大家之欧阳修、赵明诚、洪适，清代阮元、王昶、罗振玉、叶昌炽等，没有经济实力的一般人家是无缘步入此门的，由此注定金石学数百年来只能成为局限于少数学者研究中国历史的冷门学科。我以为马衡、王国维两位先生对金石学研究的重要贡献是将这门中国传统金石博古之学趋于近代化，先后登上中国现代高等学府的讲堂，将其研究成果推广、传播于世。20世纪20年代，北京大学考古系开马衡教授金石学之先河，并由他编写了首部中国金石学讲义《中国金石学概要》。马衡先生又四请王国维先生任通讯导师于北京大学，他们还通过和法国汉学家、金石学家保罗·伯希和的合作与学术交流，促进了北京大学研究所国学门与国际学术界的交流合作，使中国打开了发掘整理

第四辑　琼琚荟萃

研究地下二十四史的大门。

高慧斌：作为长孙，您由祖父马衡先生一手抚育成人，尽悉祖父一生所涉的人与事。在您祖父眼里，王国维先生是个什么样的人？

马思猛：至于马衡先生对王国维的看法，其内心应当是矛盾的。1927年，王国维自沉于昆明湖后，马衡先生应约写的纪念文章《我所知道的王国维先生》，主要介绍了王的性格，除了称颂王的严谨治学态度及考古学成就与贡献外，特意举例阐明"他的辫子是形式的，而精神上却没有辫子"，为王对紫禁城内溥仪小朝廷唯命是从辩护，又将其自杀之因一部分归罪于罗振玉而明示于世，其文颇有个人感情色彩而略显牵强。对王自杀的主要原因，马衡先生似乎从情感上不愿直接面对，他引用了周作人的看法，"岂明君说他自杀的原因，是因为思想上的冲突和精神的苦闷，我以为是能真知王先生的"，含糊其辞，一带而过。更重要的是，这篇文章马先生用了笔名殷南发表，这是他生平中唯一的一次使用笔名发表文章，这也是马衡先生唯一一篇于学术之外的议论评价王国维先生的文章。

1927年7月15日，日本学者桥川时雄（1894—1982，字子雍）在其创刊的《文字同盟》第四期《王国维专号》刊登有关马先生文章数篇。我们可以从中窥见马先生有意回避议论王国维先生学术以外的人品道德。该刊第17页刊出征集马先生与其兄裕藻为王所撰挽联云：

志洁清廉；
求仁得仁。

草草八字，完全没有为逝者歌功颂德的意味。又第22页刊马先生致桥川时雄《愧不能成文》函曰：

子雍先生大鉴。前得惠书，征求静安先生遗文及表彰静安

217

如何阅读与思考

先生之作。弟愧不能成文,不足以表彰其道德文章于万一。兹录其遗文一篇参观本志"遗苑"栏,为《观堂集林》刻成后之作。敬请登之贵杂志。为感。此颂著祉。弟马衡上言。六月十六日。

很明显,马衡先生婉拒了桥川时雄征集为逝者歌功颂德的纪念文章,此举更是说明了马衡先生不愿评说生前好友维护、追随清廷的政治态度,而以录亡友未发遗稿敬请《文字同盟》杂志刊登,谨以此表达怀念与王国维先生聚交金石之谊。

干干净净做人以典守国宝

高慧斌:您祖父是什么样的人?您的成长是否也受其影响?

马思猛:马衡先生一生任事有二:一是对金石学,尤其是汉魏石经的残石拓本搜集缀合考研,费时30余年,直至临终前还带病用功考研著述;二是以典守国宝,传播弘扬中华历史文化为己任,操劳终生。先生晚岁虽已离任故宫博物院,仍心系故宫事,于病中曾有日记云:"昨夜梦魂颠倒,口渴如灼,愈饮则愈渴。梦中所阅者,大抵皆故宫、文整两处文件,阅其由即能悉其内容。其中有已解决者,有未解决者,亦有无从解决者。"马先生爱惜羽毛,做事细心缜密,人生大观经得起岁月的剥离和考验。如果读者想了解先生为人,请上网点击马衡,自有公道评说。至于祖父对我的影响,由于生活的时代大相径庭,一言难尽。如果非要说出老人家对我的心灵深处潜移默化的影响,那就是一生干干净净做人。

高慧斌:看两位大师毛笔字写的书信,除了给我们弥补了金石学知识外,少见的书法,真是美的视觉享受。王国维先生的墓碑也由马衡先生所写。您祖父指导或要求过您练习书法吗?当下电脑的普及,人们提笔忘字,熟练书法的不多了。对此,您有何评价?

马思猛：中国文字书法之美称为艺术作品，因为使用毛笔习字是我国自古以来读书人的必修课，学子都以毛笔为书写文字的主要工具，因此中国人在历代表达传递各种信息的墨迹中，多有名家美轮美奂的书法佳作流传于世。如今人类的生活节奏和工作效率倍增，信息传播时效性争分夺秒，因此中国书法艺术仅作为一门艺术继续传承与发扬，而无法再作为传递信息的工具广泛应用，网络信息化、人工智能化将主宰人们的未来生活形式。中国汉字的数量将近十万个，日常所使用的也有几千字，传统意义上的认字读书即可安家立命的时代早已不复。由于汉字的复杂难解，因此给全民族文化普及教育带来极大的困难。为了破除这个结，从整体上提高全民族文化素质，文字改革的先驱们做足了功课，推行注音字母、汉语拼音，推行文字改革，实行简化字。如今，是电脑网络的信息储存库帮助我们对这么多大脑难以记忆的汉字信手拈来，大量生活工作所需知识信息，一旦需要也可以信手拈来。总之，人工智能提高了人类的工作效率数十倍，数百倍，数千倍，我也因此受益，将完成我此生本不可能完成的写作任务。所以我认为，不必为时人所谓提笔忘字杞人忧天，至于中国书法艺术，自有爱好者世代传承。

札记：马思猛先生不想生活在祖辈的光环下

总有一些采访经历让我难忘，总有一些采访过程引发我思考。我不时被这类感动激励着，这难道不是书籍的力量？

如果您不了解马衡何许人也，只要知道这几件事，就能清楚他在当时学界的地位。一是20世纪20年代，马衡教授在北京大学考古系开金石学研究之先河；二是王国维先生的墓碑由马衡先生所写；三是马衡曾掌管北京故宫博物院。通过网络以及书信，我对马衡先生的第一观感是英俊、高大，看到马先生的书法，才貌双全，就更加敬佩。

采访马衡先生长孙马思猛，那股温暖的记忆，至今难忘，真所谓名

如何阅读与思考

门出贵子。马思猛先生在学界的名望和影响力，虽然不及他的爷爷马衡，但他为人处事、接人待物的那份谦虚，一定谨遵了祖辈的教诲。马思猛先生跟我说，他不想生活在祖辈的光环下，一切都靠自己。这让我更加敬佩其人格，也让我回想起过去采访毛主席女儿李敏、鲁迅之子周海婴时的情形。李敏和周海婴也都对我说过同样的话，她（他）们都是靠自己工作、生活，没有也不想靠父辈的光环，其生活也其乐融融。

采访马思猛先生之前，在网上看到马思猛青年时代的一个玩伴（玩伴的父亲时任北京市副市长）写下的一则长文，大意是说，这位玩伴小时候随马思猛去马家玩，见到马衡时，马衡像接待成年客人一样摘下花镜，放下手中狼毫，缓缓地站起身来，彬彬有礼地和他打招呼，还拿出一把糖果招待他。马衡那样的名人，对一个孙辈玩伴的礼遇，让他记忆终生。马思猛的这位玩伴还讲述了马衡把文物等捐给国家，不留给儿孙辈的感人故事，还写到了马思猛不靠祖辈光环，主动要求去条件艰苦的农场劳动。当我问及马思猛当年的选择时，他说不想生活在祖辈的光环下，要走自己的路。这不由得让我敬佩，也心生感慨。

采访之余，我也提及了上述所言的一些往事，马思猛先生一笑而过，说那是他的天性，不想在祖辈的光环下生活。采访中，马先生有问必答，那样的谦虚，着实让我感动。采访结束后，我约稿马先生，很快收到一文，关于马衡先生当年的一个逸事，畅笑之余，马衡先生的形象更加高大起来。

马思猛先生发来的小文是这样说的，作家出版社出版张中行先生文集《流年碎影》，其中刊入《金针度人的马衡先生》一文，生动地讲述了与章用秀先生所谓同一个故事，全文如下：

马衡先生，字叔平，与马裕藻和马廉是一家，都是宁波人。叔平先生是金石学家，所作曾集为《凡将斋金石丛稿》（1977年中华书局出版）。我上学时期只知道他写过《石鼓文为秦刻石考》，破周宣王猎碣的旧传，

第四辑　琼琚荟萃

为治旧学者所推重。20世纪30年代前期，故宫博物院院长易培基因有盗宝的流言离职，马先生继任院长（先为代理），担任此职20年，据说在维护古物方面贡献不小。他在北大史学系是名誉教授，开金石学课，我听了一年。他个头儿在中人以下，装束和举止都整饬，说话慢条斯理，都有根有据，没有一句是出于灵机一动的。对学生虽严肃而和善，所以学生都敬重他。讲课有没有讲义，不记得了；以后我也摸索《金石索》《金石萃编》之类，还买过《陶斋藏石记》，诱因是来自马先生还是来自图书馆，或兼而有之，也说不清楚了。

大概是1933年暑后，马先生带着听金石学课的同学，十几个人，步行到故宫东路某宫去看青铜器。马先生带着学生看，指点，讲说，不外是"商器""周器"，等等。讲说间，有几个同学问："怎么知道是真的呢？"马先生停住，沉思了一会儿，答："你要知道什么是真的，先要知道什么是假的。"另一个同学抢着问："那么怎么知道是假的呢？"马先生又陷入沉思，好一会儿，答："你要知道什么是假的嘛，先要知道什么是真的。"同学们都笑了。其实笑，都有轻微的看不起黔驴的意思，心里想，既然是专家，通晓，为什么不能说说呢？其后，许多年，我也有亲近古物之癖，也就难于躲开真假的辨别，专就自己略有所知的说，总结经验，竟仍是马先生那两句话，其精髓是多看，对比，可意会难于言传。能意会是有所得，每逢这样的时候我就不由得想到马先生，原来那两句看似可笑的话是金针度人。

如今，王国维、马衡两位大师早已远去，但捧读此书，其音容笑貌仍在，其思想见地仍被人忆起，其研究成果仍影响着后人，这就是大师的光彩。

《郑天挺西南联大日记》：郑天挺在西南联大的经典书单

郑天挺的小儿子、北京航空航天大学的郑克扬教授在分析歼8-2故障信号

郑天挺（1899—1981）：

又名郑庆甡，字毅生。祖籍福建省，生于北京。中国近现代历史学家、教育家。在明清史、边疆史地、文献学等领域做出了重要贡献。1920年毕业于北京大学国文系。1922年入北京大学研究所国学门。1924年毕业后，任教于北京大学、浙江大学。抗日战争全面爆发后任西南联合大学教授、总务长，北京大学教授、文科研究所副所长。《中国历史大辞典》主编。代表作品：《探微集》《清史简述》等。

2018年中华书局出版的《郑天挺西南联大日记》，是研究西南联大校史、近代学术史、教育史、文化史、社会史、经济史不可或缺的重要史料。西南联大在抗战时期教学、研究不辍，保存了重要的学术资源，培养了大批未来的学术骨干。郑天挺先生参与始终，始以教授膺聘，自1940年起担任总务长，主持教务、校务等工作。此间郑先生坚持记日记习惯，其日记起于1938年1月1日，讫于1946年7月14日。其起讫时间几与西南联大相始终。

第四辑　琼琚荟萃

《郑天挺西南联大日记》不仅再现了西南联大办学历程，也再现了郑天挺在战时的阅读历程。从那份长长的经典书单中，足见那一代知识分子教书育人、救亡图存的风节，对今天的我们如何读书、读什么书具有启示意义。借《郑天挺西南联大日记》出版之机，我采访了郑天挺之子、北京航空航天大学郑克扬教授，请其谈父亲郑天挺及郑天挺在西南联大的工作。稿件2018年5月7日刊于《辽宁日报》阅读版，被中国青年网等转载。本文与见报稿有别。

孤身南下，九年未归

高慧斌：《郑天挺西南联大日记》所记并不限于郑天挺个人，而是西南联大教授们中间发生的事，是了解那段历史最直观的材料。西南联大的办学之所以至今仍引人关注，是因为在战时特殊背景下，那一代知识分子仍团结合作、救亡图存、教书育人。请您介绍一下您父亲郑天挺南下前后的情况。

郑克扬：1937年，我父亲时任北大秘书长和中文及历史系教授，这年对他来说极不平凡。大年三十，我母亲生病住院，后因手术医疗事故，正月初七突然去世。不久我和哥哥又得"猩红热"，每天吃药打针。家中突遭变故，顿时陷入一片混乱。不久就发生了七七事变。当时蒋校长和胡适等去庐山开会，其他负责人亦分别南下。我父亲是北大秘书长，因此他就在留校教授孟森、汤用彤和罗常培等人支持下，保护校产及师生安全，并组织教师南迁。

那时多数学生已经离校。教授们建议父亲给留下的困难学生每人发20元钱，使他们南下或回家。7月28日，日军进城后形势更加紧张，同人均希父亲早离危城。8月8日，传闻日本宪兵队要逮捕他。25日，日本宪兵进入北大搜查，以后又经常来校，他均独自沉着应对。9月3日，日军正式进驻北大一院和灰楼后，他才不再上班，同人有事改到

如何阅读与思考

家找他。10 月初，当得知北大、清华、南开在长沙成立了临时大学后，父亲即催促长沙速给被困的教授寄南下路费，之后他"一一叩门送钱，告以天津接头地址"，保护师生安全分批撤离，这就是所谓的"苦撑北大残局"。

11 月 17 日，他才和罗常培、魏建功等人，由天津乘船经青岛至香港，上岸至梧州，取道贵县、柳州、桂林、衡阳，直至 12 月 14 日，近一个月才抵达长沙。他们已是北大南下教授中最后一批人。这些是《郑天挺西南联大日记》前发生的事。

父亲南下时我们姐弟五人，大姐 13 岁，我只有 3 岁。他一去竟长达九年，丧母失父的生活十分困难。1938 年，学校准备再迁往昆明。父亲在湖南见到逃到湖南的叔叔，告知自己实难分身，劝叔叔返回北平，代为照顾我们，并嘱无论如何也要坚持让我们读书。叔叔郑少丹原学法律，后去日本留学，九一八事变后，因在日本参加抗议日军侵华游行，受到日本警局监控。1932 年被迫回国，后供职京沪法院，南京失守前撤到湖南。叔叔回来后，因不肯为日本人做事，就在家闲居，当时家人就靠父亲转寄不多的生活费及变卖家产度日。到了 1942 年，我们已家徒四壁，只能天天吃混合面、咸菜，有时还吃不饱。1944 年，叔叔不到 40 岁就肺病吐血早逝，因家穷他一直未婚。

高慧斌：您父亲是个什么样性格的人？他是如何教育你们姐弟几人的？

郑克扬：我父亲是个不轻易表达感情的人，他 1946 年回北平看到叔叔遗照时，不禁泪流满面，可见这种兄弟情谊。是叔叔代他做出了牺牲，这是侵略战争造成的悲剧。

1943 年，大姐郑雯因不堪忍受日寇压迫，瞒着叔叔去昆明找父亲，在过黄河时，遇日机轰炸，船毁险失性命。大姐自幼学习刻苦，一直为父亲所最爱，在联大外文系上学时，就已在杂志上发表译文章。1946 年 7 月，她返回清华大学外语系读四年级时，7 月 14 日因飞机在济南失事，时年23岁。大姐的意外去世对父亲打击很大。此后,他多年未记日记。

父亲对我们的教育,多注意引导和言传身教,从不提要求。他为人谦虚、正直、大度,与人关系融洽。这段童年苦难生活经历对我个人影响非常大。我从小就决心刻苦学习,立志要为国家国防事业做出自己的贡献,后来报考的是军工专业,搞发动机,一辈子从事航空航天事业。

西南联大最忙的教授

高慧斌:教授治校,是西南联大留给后人的精神遗产。西南联大教授治学精深、自我约束、言传身教,为后人称道。这本书中详细记录了当时教授治校的情况,实在让人感动。

郑克扬:1939年,学校决定恢复北大文科所,招收研究生,郑天挺任副所长,更重视学术精英人才培养,他较欣赏"书院"的一些做法,以弘扬中华传统文化为主旨,并注意提升学生人文素养。5月31日,他在日记中这样写道:"今后研究生之生活拟采取书院精神,于学术外,注意人格训练,余拟与学生同住。"后来,所内几位导师都住在教学楼里,师生同住,学习、生活在一起。

当时西南联大百废待兴,筹措经费,寻购图书、设备,安置校舍、住房,聘任教授等,可谓困难重重。加上日机不时轰炸,教学经常中断,此时梅贻琦重组联大,提议父亲做联大总务长。

我父亲一生热爱教育,专事学问,对行政事务并无兴趣,但不知何因,每位校长都喜欢邀他出来帮忙。1940年,当时梅校长又提议要他做联大总务长,他当时正负责培养文科所研究生,并准备同傅斯年合写明史,故坚决不肯。后校常委会主动挽劝,派冯友兰、黄钰生、查良钊、杨振声、施嘉炀等上门规劝,并留下"斯人不出,如苍生何"的字条而去,但他仍未就任,并称"此次南来,决意读书,以事务相强,殊非所望"。后在北大周炳琳、傅斯年、蒋梦麟等劝说下,要他"牺牲个人维持合作"

如何阅读与思考

才就任。

此后，父亲就陷入经费、校舍、工资乃至学生公米等行政事务。他又坚持讲课和文科所科研，1942年底曾大病卧床月余。他原约只任半年总务长，不意竟不能脱身，一直做到1946年9月三校复校。

我父亲南下九年，他每天多是五时晨起，午夜后入睡。每天来访之人络绎不绝，马不停蹄处理校务，晚上还在家备课或接待教授、学生。自南下到重回北平复校，他一直事务缠身，也成为西南联大最忙的教授。

专事学问，惜时如金

高慧斌：这本书不少地方都可以清楚地看到，您父亲是位非常热爱读书的人，每天都按计划、按时读书，若有一天或几天因校务繁忙而未读书，就自责不已，读书几乎都是到深夜。比如郑天挺刚到长沙的第三天，"上午读《隋书》《唐书》《通鉴纪事本末》诸书，备授课之需。午巽伯来，下午二时半授课，讲述隋唐五代史，下午仍读《隋书》"。

郑克扬：我父亲一生酷爱读书，自称"及时学人"，坚持"多忙也不离讲台"，抗战前在北大中文和历史系做教授，讲过国文和校勘学、古地理学、魏晋南北朝史等。到联大后，在历史系先讲隋唐五代史。1939年后，因当时日本在我东北建立了伪满洲国，学生激于爱国都要了解中国近世史，每次选课超过百人，他就改讲明清史和清史研究。后专注这方面学术研究，写成《清史探微》。他一生坚持每天必看书，在联大时确实读了不少书，也写了几十万字的读书卡片。

1938年12月25日，"早起读《明史》《明史钞略》《罪惟录》《明书》，四者中以《明史钞略》为最详细，《明史》附《朱国祚传》，但言其天启三年拜礼部尚书、东阁大学士，四年罢归，不言其尝修国史，或其引疾后所作。下午读明代四史，惜无王鸿绪《明史稿》同读也"。

第四辑　琼琚荟萃

1938年1月，傅斯年听说父亲欲购《新旧唐书合钞》，举其所藏初引本相赠。1938年4月，吴晗听说父亲要完成孟森遗志研究清史，以所抄《清实录》相赠。

尽管校务繁忙，他仍坚持每日必读，哪怕是躲避日机轰炸，也惜时如金。1939年，日机"轰炸甚烈，此间同人不无惊恐。校舍被毁"。"9月1日七时读《左传》。有警报，北行至丛冢旁席地而坐，遇许骏斋、马学良、吴晓玲，借得《治史杂志》读之，夜读《明史钞略·李成梁传》"。他白天事务缠身，晚间阅读已成习惯，并有详细阅读计划。若有一日未读，就自责不已。日记中记有："中年以往之不可过于荒戏也。况举国糜烂，生民荼痛，余苟边陲已属此生之玷，勉之，勉之。余每睡前读书一两小时，此已成恶习。"

1938年3月30日，父亲日记："自移居校中，终日栖栖遑遑。翻检射猎，不足称读书也。工匠市侩之周旋，起居饮食之筹计，不足称办事也。日后每日读史书和杂书，各五至十页。习字一百，史书先读两唐书、《通鉴》，杂书先读《云南备征志》《水经注》《苗族报告》，望能持之有恒。"

高慧斌： 郑天挺在联大长长的阅读书单，引人关注。《明元通系通记》《新旧唐书合钞》《积古斋钟鼎款识》《汉书》《历代名人家书》《元史》《梦溪笔谈》《欧亚纪元合表》《通志》《通典》《通考》《蒙兀儿史记》《四库提要》，等等，涉及上百本各代史学名著。

郑克扬： 我父亲在西南阅读过程中，还发现不少史书之误记。"连日读《新唐书》，见讹误不少。"1939年6月19日，"读摘讲述札记，《明史·庄烈帝本纪》，崇祯丁未殉国为十八日，与《流贼李自成传》十九日丁未，天未明，皇城不守之说不合。盖《明史》本纪误也。《明史》最称精审，不意竟有此失"。

联大缺少书籍，教授备课多是自己准备。父亲省吃俭用，购买大量书籍，为节省支出，有时还和同人换书看。"今日从吾谈，两人合成四史。

如何阅读与思考

从吾购《北周》《北齐》《北魏》《北史》，余购《晋》《宋》《齐》《梁》《陈》《南史》。"

　　读书研究不辍，南下九年，父亲写下《多尔衮称皇父之臆测》等10余篇论文，著有《清史探微》等专著。

札记：超越文本的一次阅读

　　读上下两卷本的《郑天挺西南联大日记》，是我一次超越文本的阅读。心情的沉重，无法形容，让我感动的持久程度，同样无法言说。

　　这本日记的主人郑天挺当年记述下来的日常，是其在西南联大每日的所见所闻及所想，他当时一定没有想到日后会出版，让广大读者据此来了解和品评他当年的生活。毕竟日记作为一种记述个人生活的片段，其私密性只能对自己或极其信赖的人才可以展示。但这本日记的不同之处在于，作者南下九年几十万字的记述，基本没有涉及个人隐私，哪怕是同事之间的恩怨都极少涉及。

　　通观整本日记，那些文字时而简练，时而凝重，时而长篇大论，有对日军轰炸的记述，有对招生、教学、时局的分析及学术研究的追求，等等。在那样的年月，从这本日记中，你见到的不是颓废、抱怨，而是对如何追求进步、如何提高自身素质、如何为师生服好务的思考。日记中少有对家庭困难的牢骚，有的是对逝去亲人的追思，从中我感受到了那一代知识分子在抗战背景下的风骨。

　　从西南联大走出来的人，日后成为我们国家各行各业的栋梁，有具体的记载，那真是人才辈出的时代。在一众名人中，提起郑天挺，对今天的年轻人来说，可能有些陌生。但如果我告诉你，他就是那位组织北京大学师生撤离北京南下的教授，他就是那位最晚撤出北京的几位教授之一，他就是西南联大的教务长，他就是最早北上组织北大、清华等大

第四辑　琼琚荟萃

学重建的教授，你就会知道这位教授于西南联大的重要了。

读《郑天挺西南联大日记》这本大书，让我至今难忘的，一是离开北京前，郑天挺等三人不顾个人安危，挨家挨户去同事家送南下的路费，那一段记述让人动容。

二是对南下途中艰苦行程的记述，他们最后几位撤离的教授历时三个多月，历尽千辛万苦才到达昆明。这一路有的人得了病，于郑天挺而言，他不时提及胃不舒服、胃疼。关于南下搬迁的这一段记述，我之前采访过国家图书馆馆长任继愈先生，他也是步行三个多月到达昆明的学生之一。任继愈先生在世时，我在国家图书馆采访他，他也曾讲述过这段历史。他的讲述和郑天挺的日记相互印证，路途的艰苦自不待言，这段经历，对一些富家子弟日后的成长非常有益。

三是日军的轰炸对教学的影响。日记中有不少地方详细记述了上课时或晚上，日军飞机突然袭击，对学生宿舍、教学楼及其设备的破坏，有相当多的记述是师生听到警报后纷纷上山或到田地躲避的情景。没有惊慌，是因为这样的躲避是经常性的；没有颓废，是因为师生们都清楚日军一定会被赶跑，恢复失地只是早晚的事。师生把悲愤化为了力量，因此，我们看到了西南联大教授治校的风采，看到了教学的有条不紊。

四是教授精彩的课程安排。在那样特殊的抗战时期，西南联大科研、学术及教学水平仍然一流。也正是在这样的时间节点，郑天挺写出了不少科研水平非常高的学术著作。其思想性之深刻、学术性之前沿，让人敬佩。

五是郑天挺在九年中读书的书单。可以说，即使现在的大学文学或史学教授，也未必通读过这么多的经典书籍。老师的博学，还是通过多读而获得。郑天挺先生读书并非出于功利，他事务缠身，但每天都会用业余时间读书。即使偶尔因为政务耽误了阅读，也一定会抽时间追补回来。他读书不是走马观花，而是有读书笔记，有深刻的思考，都说西南联大的教授深受学生的敬重，其人格魅力正是源自日积月累。

如何阅读与思考

　　最让我难忘的还有郑天挺对夫人的感情。郑先生之妻是在他未离开北平前，因病误治突然去世的，这个打击对时值中年的郑先生来说实在太大了。时局动乱，他都没有时间去抚平痛苦。每当妻子去世纪念日，日记中都有刻骨思念的文字，看后让人心疼，并且心酸。看到周围人因续娶导致的家庭矛盾，郑天挺先生也不是没有考虑过个人的婚事，也不是没有人介绍他认识异性，但念及孩子们的感受，他害怕再婚之后，孩子们会受委屈，因而一直未再婚。每每读此，我从内心同情并敬重这位把全部精力都献给西南联大的教授。试想，妻子刚去世，他离家九年，为大家而弃小家，这是何等的境界。

　　尽管两卷本几十万字的书很厚，但读起来就不忍放下，真希望越来越多的后来者能够看到并喜欢这套书，从中获取前行的力量。

《琼琚集》：
一本重要的当代藏书史的史料

韦力：

1964年生。藏书家，被认为是中国民间收藏古善本最多的人。故宫博物院故宫学研究所兼职研究员，复旦大学中华古籍保护研究院特聘研究员。长期研究中华传统文化及目录版本学。代表作品："芷兰斋书店寻访三部曲"(《书肆寻踪：古旧书市场之旅》《书坊寻踪：私家古旧书店之旅》《书店寻踪：国营古旧书店之旅》)、《古书之美》(与安妮宝贝合著)、《失书记·得书记》、《芷兰斋书跋初集》、《芷兰斋书跋续集》等。

在2016年海豚出版社出版的《琼琚集》中，韦力细数师友赠书贻物，畅谈文人书友往来酬唱，笔调潇洒幽默、意趣盎然。书中有韦力对书刊的评语，但他的评语并不着眼于内容简介或主题分析，而是关注人与人、人与书之间的奇妙缘分。书中也讲述了自己与赠书者交往的点滴细节，既有素未谋面的书友默默赠书的感人故事，也有多年老友间的惺惺相惜。寥寥数笔，勾勒出人物精神和世相百态，举重若轻。该书既是世情人情的侧影，也可作为阅读搜书的指南。

如何阅读与思考

无论从藏书的角度,还是从阅读、写作的角度,采访韦力先生一直是我的愿望。利用反响奇好的《琼琚集》出版之机,我对韦力进行了专访,畅谈他藏书、写作、阅读的体会。稿件2017年4月24日刊于《辽宁日报》阅读版,被中国青年网等转载。本文与见报稿不同。

书友间的交往促成本书出版

高慧斌:《琼琚集》等相当一部分学术著作颇具研究与收藏价值。本书源自您在微信上开设的师友赠书录专栏的集结,怎么想到要把获赠之书及与师友交往的故事编写成书?

韦力:最初不是想写一本书,这些年我一直在搞文化寻踪,全国各地到处跑,一年当中一半时间在外地,书友寄来的书不能及时收到,我是对朋友比较尊重的人,怎么办?我就想到了用微信,每个月答谢一次,第一表示对朋友的尊重,也谈谈与朋友的交往,也是想据此让读者知道还有什么书面世。就像您刚才所说,有些书也没读到,因为人生也有涯,不可能把什么书都读到,我们每年出几十万种书,能读到百分之一就很不容易了。想像古人那样读尽天下书,概率不高了,今天的出版太发达了。但这些书在一赠一送中就产生了情谊,也就产生了一个故事,这件事本身就近于一种行为艺术了。我是为了答谢朋友,没想到这个栏目为读者喜闻乐见,后来海豚出版社建议我出版这本书。虽然我认为这不是一本书稿,因为这里很多内容谈到了书友间的交往,谈到了文人之间的雅趣,这是一本重要的当代藏书史的史料,就出版了。

高慧斌:从2014年11月到2016年8月,不到两年时间,您就收到五六百本赠书,最多一个月收到40多本。我注意到,449页的《琼琚集》每页都有一至两个以书会友的故事,您在书中不断强调着感动。

韦力:朋友赠书和自己买书不同,买书是有目的的。我一直在写作,要写某个人,就要尽量买到和其相关的书,做足了功课,才能写得饱满。

第四辑　琼琚荟萃

朋友赠书则不同，从使用者角度而言，可以说朋友赠书一半以上都不是我所需要的。但我把每一本赠书都看成是一段跟书友间感情交往的记录。我所说的感动是真诚的，我感动于朋友间的真诚。因为今天和古代的最大不同是生活的节奏太快，使得每个人陷于事物堆中。虽然我们一直强调将生活的节奏慢下来，但社会的大环境将每个人都挟裹其间，这种情况下还有人把心爱之物赠送给朋友，这是一种情义，这是我所在意的。我的感动不在于得到了一本书，而在于在今天的这种忙碌生活中，还有人惦记着我，我感动于朋友的惦记。

高慧斌：我大概计算了一下，收录到您《琼琚集》的赠书，最少的月份也收到了十几本。怎么想到要出版这样一本书呢？在那么多厚重的赠书中，哪些是最让您印象深刻的？

韦力：问我其中最喜爱的是哪本书，我一时脑子里转不出来，如果说哪本都喜爱，显然有溢美之词。送书恰恰是文人间的一种兴趣之余的表现。我把每一本书都看成是一段跟书友间感情交往的记录，而不是这本书对我是否有用，我无法评价这么多书哪本最好。

书中记录的故事太多了，如果说印象最深的，是三年前文化寻踪过程中，我的腿被石头砸了，最后截肢了。养病过程中很多朋友来探望。其中，汶川地震被砸断双腿的一位作者赠给我的《感谢生命的美意》最难忘。她告诉我，还有明天在。生命在经历低潮时，还有来自朋友的鼓励，而不是单纯的客套，这就是情义。

年轻人要多读中国古代的原典

高慧斌：您在微信上开设的师友赠书录专栏受欢迎的程度出乎意料，您说这个专栏与您的文化寻踪之旅相比，其辛苦程度堪比天地，受欢迎与关注的程度也大不一样，您还曾为此心碎。这是否可视为公众阅读取向的一种转变？您如何评价当下的大众阅读取向？

如何阅读与思考

韦力：今天的书实在是太多了，我不是低估读者的选择能力，因为太多的事务，大家掺杂在事物堆中，无暇去品读各方面的书。今天的社会信息爆炸，方方面面的信息让人无法消化，这种情况下，的确需要有人有选择性地告诉别人应该读什么书。这不是一种居高临下的指导，而是一种导读性的选择，我想以此来节约别人的时间，这也是今天导读信息很多的原因。至于专栏受欢迎，是出我所料，猜想其中的原因：一是人们觉得一赠一受让书产生了温度，这个温度让人感受到温馨；二是很多读者把赠书录视为购书指南，有不少人按此买书。自己的三言两语竟然引起了读者的关注，让一本没有引人关注的书变得畅销，也不是坏事。既然如此受欢迎，也促使我继续写下去，要出续集，这种结果也促使我思考，通过出版，我想把它变成可读性强的读物。

以我个人20年的写作经验来说，写得越严谨越深刻的书，销量就少，写得越浅显的销量反而越大。我这几年获奖的书恰恰是写得很轻松的，这个结果多少让我有点沮丧，因为它跟自己所下的力气成反比，这非我所愿。这种现象的出现是因为太多的人因为各种原因，无心搞深入的研究，还停留在浅阅读的层面上。因为读书对很多人来说就是茶余饭后的一种休息，而不是说作为一种事业，或者修身养性的一种结果。我们今天很多学校的读书，就是为了考试，这是一种功利性读书，但这没有办法，古今中外都如此，也不必苛责，能够读书就不错了，不必要求多么深的深度，毕竟以读书为事业的人少之又少。

我去年写的《失书记·得书记》获了奖，这两本书没查任何史料，写得轻松，趴在床上写，就获了奖，感到很愧疚，也出我意料。去年写的《古书之爱》获了六个奖。而我研究古书，很多很费力气的书，却未获奖。我只能以曲高和寡来自我安慰。我不会为了应和市场而写。我现在一边继续写学术性的书，这是立身之本，一边写普及性的书，两条线写作，也给自己换换脑筋，高深与通俗穿插，把知识点融进去，便于阅读。

第四辑　琼琚荟萃

高慧斌： 仅仅从2014年到去年上半年，您就收到五六百本赠书，这么多赠书您是如何阅读的？阅读给您带来的是什么？就您的藏书、写书及读书经历，在选书及阅读上，您对普通读者有什么建议？

韦力： 从去年开始，国家有一个好政策，让古籍活起来，这一切都是一个好的倾向，国家开始重视对传统文化的继承。今天的年轻人多读一些古书没什么不好，一个民族处于世界之中，总要对这个民族有所了解，如此才能引起他们对本民族的尊重，因为这个世界尚未达到大同世界那样的彼此尊重，依然存在很多的不平等，只有民族的凝聚力，才能让自己得到一个应有的自尊。我不反对欣赏国外的新东西，但如果抛掉了民族的概念，当世界动荡的时候，你依然没有落脚点。比如美国等对移民的限制，都是随时可能发生的，那个地方再好，不是你的落脚处，不是你的民族所在。我希望年轻人立足本民族，然后再放眼全世界，这样才能变得有根，有根的前提，就是要读中国古代的原典。

阅读给我带来的是真正的快乐。总结我的人生，生活的主要支撑和追求就是快乐。我对书之爱，也是为了快乐。这么多古籍流传了几百上千年，流传到我手中，我不过是这么多代人中的一环，这一环还是要递传下去。我得到了、拥有了快乐，而今我又通过自己所得之书，写出了别人所没有看到的视角，研究出了别人没有研究出来的问题，也是一种快乐，这是我从中得到的愉悦，我也希望把这个愉悦传递给别人。今天的青年人，已经不用再像古人那样头悬梁了，还能不能以苦为乐，高高兴兴地读书？作为藏书家，我得益于自己的藏书，我更多的得益于自己的读书，因为藏，才读，因为读，才发现了问题，因为这个问题，才有了倾吐的欲望，而倾吐就变成了书，它需要和人分享，写书是与人分享的过程，是为了让更多的人分享自己的快乐，寻求一种悟道不孤的感觉。

如何阅读与思考

札记：韦力为文化寻踪事业付出了惨重代价

能采访到收藏家韦力先生，是通过俞晓群老师的引荐。我和俞老师也算是交情不浅。我们是吉林大学校友，俞老师任辽宁教育出版社社长时，我经常采访他。他高任海豚出版社社长后，我们的联系不仅没断，而且辽报阅读版专为他开设了《书香故人来》专栏，俞老师每两周给我们供稿一篇。其中有一篇约稿就专门写韦力，还提到了这本《琼琚集》。现摘录一段，相信读者能从中了解这位藏书家。

俞晓群说："前不久我写短文《书业七家》，将韦力归于收藏家。两年来，我写文章提到最多、写到最多的名字，一定是韦先生。尤其是他的写作如喷涌之势，著作一本接着一本，并且都是新著，绝不炒冷饭，绝不搞拼盘。文字数量之大、内容之奇绝，不时让人惊叹。无论涉足哪个领域，他一方面充分发挥藏书家优势，研读典籍，入他人未见之境，览世间珍藏之书，一方面长期做实地考察，诸事不亲见亲历绝不落笔。多年来他独创一套研究方法，颇受学界赞誉。如此痴迷，如此认真，如此持续坚守，如此独辟蹊径，几乎可以贯通古今，直逼巅峰。

"我从2016年开始为韦先生出版几本著作，有《琼琚集》《硃痕探骊》《上书房行走》《觅理记》，现在均已上市，多数申请加印。近日与韦先生接触，发现一个有趣的现象，那就是他的著作，往往不是孤立的论题，而是从一处入手，渐渐荡开一片天地，形成一个充满生命力的研究领域。他的许多论题是空前的，但后端却是开放的，路子越走越宽，课题越做越多，所以有'续篇'或系列著作纷至沓来，此乃韦先生研究战略的胜利。《琼琚集》上市后反响极好，韦先生又将推出续篇《琼瑶集》……"

韦力先生文质彬彬，采访过程温暖而舒服，有问必答。他的儒雅是文人中少有的，他的谦虚也是在我采访的诸多名家中少见的，我对这位行走不停的藏书人的敬意是发自内心的。这两年我与韦力先生在微信互

第四辑 琼琚荟萃

有来往，每每他有新著出版，我都会第一时间得到签名书，也是荣幸。

我在韦力先生的书中看到了他论及与编辑关系的一段话，深受触动，也感同身受。韦力先生初出茅庐时，说自己自视极高，不愿意面对自己的短处或不足，视别人的指点为挑剔，对此也不高兴。日后，韦力先生成了著名的藏书家，写作20多年，也日渐理解了写作者与编辑的关系。韦力先生说他与编辑的关系，被他视为一种奇特的交往，其实他也不愿意编辑动他的文字。

韦力先生为他的那项伟大的文化寻踪事业，付出了惨重代价。他在文化追踪过程中，被石头砸伤了腿，最后截了肢。对此，他轻描淡写地对我谈起了那段无论对谁而言都不堪回首的往事。我虽想关心一下他现在的身体情况，但话到嘴边，还是咽了下去。无论采访谁，记者都要关照到被采访人的感受，不能因你的提问，而引发或触及被采访人的痛处。如果和所访内容无关的话题，最好不节外生枝。韦力先生的这段经历足以说明，一个有追求的人，一个多年来寻访文化遗迹，对古文化有一定研究的人，为了心中的理想，是一定要付出代价的，我们无论是推荐书还是报道人，应该让不了解韦力也没读过他书的人，来了解他，走近他，感受他的魅力。

第五辑

兴衰浮沉

朱大可：《华夏上古神系》

朱大可：

1957年生于上海。文化学者，批评家，随笔作家。同济大学文化批评研究所所长。主要从事中国文化研究与批评，领域包括文化哲学、历史文化和大众文化等。代表作品：《记忆的红皮书》《神话》《燃烧的迷津》《话语的闪电：文坛独行侠的降龙十三篇》《聒噪的时代：在话语和信念的现场》等。

2014年，东方出版社出版《华夏上古神系》。作者以跨文化的全球视野，运用人类学、史学、符号学、神话学、语音学等工具，对中国上古文化的起源，尤其是神话的起源和流变潜心探研，得出与众不同的结论，即发现并证明全球各地的上古宗教、神话均起源于非洲。这是继美国学者发现全球智人源于非洲，新西兰学者发现全球语言源于非洲之后，第三个具有原创性的学术贡献，有助于修正人类文化起源的传统观点，改写了上古人类史的基本架构。

如何阅读与思考

跨文化和跨学科是 21 世纪全球学术研究的基本走向。朱大可教授在《华夏上古神系》一书中提出，要学会利用全球化视野和不同学科的知识技能，去解决过去无法解决的学术难题。为进一步探讨本书的学术和思想价值，我专访了朱大可教授。稿件 2015 年 3 月 2 日刊于《辽宁日报》阅读版，被中国作家网、新华网等转载。

以全球视野构建"巴别神系"

高慧斌：您在《华夏上古神系》所强调的华夏文明的开放性，究竟是由什么历史原因造成的？它受到了哪些因素的支配或影响？这跟中国所处的特殊地理位置有无关系？

朱大可：我总结了华夏地理人类学的三项基本原则，可以用来回答你的问题：第一，因全球化的日神崇拜，同时也因远东是全球最佳的生物避难所之一，拥有优良的物种生存环境，所以一旦发生战乱或灾难，绝大多数亚洲西部居民，总是由西向东逃迁，并因太平洋阻挡而在东亚沉淀下来，不断形成新的移民堆积层，从而令华夏民族成为典型的混合型民族。第二，由于西伯利亚地区受到间冰期影响，当高纬度地区面临严寒时，北方游牧民族就会向南寻找生机（山东居民"闯关东"是一个罕见的例外），并侵占南方农耕民族的土地，成吉思汗率领蒙古骑兵南下就跟气候变迁有密切关系，这种由北而南的迁徙，加剧了华夏民族的混合特征。第三，在移民的迁徙过程中，物种、器物、技术和神话的移迁是同步进行的，它必然导致文明和文化元素的大规模植入。上述原则表明，根本不存在一个孤立和封闭的"东方"。华夏文明由原住民和移民共同打造，而非孤岛环境中"土生土长"的结果。没有这种跨区域的传播和交流，文明的崛起和壮大是不可思议的。

高慧斌：您在书中建构了一个庞大而完整的"巴别神系"。请问您是如何发现并建构这个神系的？这算不算是福柯所说的"文化考古学"

的成果？

朱大可：我研究发现，全世界各民族神祇的名字，其打头的辅音或元音彼此相似，它构成了某种我叫作"神名音素标记"的文化基因，通过这种基因标志，就可以对众神的神格进行辨认和归类，建立完整的全球神系，它包含最高神、始祖母神、始祖父神、水神、地神、日神、冥神、风神、木神、妖灵、灵禖（祭司和巫师），等等。我在书里只搭建了一个大致的逻辑框架，更为详尽的细节还有待其他研究者的共同努力。但这个神系的存在足以表明，除了历史学家宣称的巨石共同体、彩陶共同体、青铜共同体和黄金共同体外，还有一个更为深刻的神话共同体存在，它是早期人类在精神领域全球化的重要证明。华夏文明不是完全独立于世界文明体系的异端，而是这个文明共同体的一部分。

高慧斌：跨学科和跨文化的方法论是本书的重要特色之一。您是否认为这种方法论的变革是未来学术进化的基本方向？

朱大可：可以断言，跨学科和跨文化是21世纪全球学术研究的基本走向。现下流行的所谓"大数据思维"，无非就是利用大数据来打破传统的分析模式。大数据思维的启示在于，只要你能摆脱民族主义视域和单一学科的约束，并学会利用全球化视野和不同学科的知识技能，就能解决过去无法解决的学术难题。我们所要做的唯一事情，就是学会使用包括人类学、符号学、语音学、考古学和生物学在内的各种工具。就我而言，《华夏上古神系》只是跨学科的一种尝试，它必然还有各种缺陷，需要在未来的研究过程中加以矫正。

自战国以来神话多被误解

高慧斌：您说自战国以来神话多被误解，比如舜就是一个被严重误解的日神，为什么会出现这样的误解？这难道是儒家叙事的结果？

朱大可：战国和两汉时期，神话叙事遭到解构，而以血姻逻辑为线

如何阅读与思考

索的历史叙事开始大行其道。这既是人类走向历史理性的开端，也是中国文化由众神崇拜转向祖先崇拜的起点。舜在《山海经》里被称为"帝俊"，本来是华夏神系里一位角色重要的日神，代表跟黑暗博弈的光明力量，但在儒家文献里却遭到了严重的世俗化，摇身变作一位饱受全家迫害的民间圣贤，但我们还是可以从儒家的世俗叙事里找出它的神话源代码来。比如舜的父亲瞽叟代表盲眼的黑暗，后母壬女（"壬"代表北方阴暗的水）、同父异母的兄弟象则代表阳光投射在物体上所形成的阴影。再看站在舜一边的亲人，除了代表月亮的娥皇和女英，还有他的两个妹妹，她们是代表夜晚微光的烛阴和宵明。他还有一个妹妹敤首，其实就是主持祭礼的太阳女祭司，"敤"的意思是刻画和记录太阳在大地上的投影。编造这个世俗文本的儒生，向世人提供了一个复杂而有趣的谜语。不懂得神话符号的游戏规则，就无法对它进行有效的解码。

高慧斌：您在书中也提到，舜的死亡神话跟希腊神话里赫利俄斯神话有相似之处。在您写的另一本《神话》里也提到中国的七仙女传说，并推测它来自希腊。这些说法有什么依据？中国文化和希腊文化之间，究竟有多少被遮蔽的交往真相？

朱大可：中国和希腊之间除了丝绸之类的实物，会不会有更多的文化交往，这是一个很值得探究的话题。就以中国的七仙女神话为例，它的原型显然来自希腊的昴星团神话，其中最明亮的七颗星叫"普勒阿得斯七姐妹"。它的全球传播跟海上丝绸之路有关，到了亚洲地区，它就沿着北太平洋黑潮和东南信风带走，是各国水手们最喜欢借此做梦的题材。在中国大陆和台湾地区、日本、韩国，昴星团崇拜都有自己的独特版本。福建、台湾地区及四川等地都曾建有七星娘娘庙，同时供奉七位女神，是母爱、儿童幸福和禳灾避难的象征。其中第七个仙女墨洛珀（中国称为"昴宿五"）最为弱小，嫁给了著名的倒霉蛋国王西西弗。这则神话到了中国后，跟牛郎织女传说互相嫁接，被迫劳作的西西弗换成了主动劳作的牛郎董永，主角虽然改了，但劳作的本质却没发生改变。中

第五辑　兴衰浮沉

国的七仙女传说，可被视为希腊神话传播、移植和改写的范例。

札记：记者采访名人得准备充分

《华夏上古神系》展示了学者朱大可的人文情怀和知识视野，书中的新观点可见其独特的思维角度。一个学者能够运用人类学、史学、符号学、神话学、语音学等工具，探讨中国上古文化的起源，尤其是神话的起源和流变，足见其学识的渊博。

朱大可教授一如我们在电视上看到的那样爽快，讲话和做事的效率都颇高。从发现这套书的思想和学术价值到联系专访，再到成稿，应该感谢朱大可教授的秘书王老师的协调，就书中的学术思想展现的角度、重点等，与朱教授进行过数次沟通。我的经验是，采访名人，记者得准备充分，看书要快，因为一套上下两册几十万字的书，细看后再约访，可能抢不上时效，做不了独家。但这个快不是走马观花，而是围绕想要展现的核心思想提出问题，否则，记者自认为提出了重点问题，却不是作者想要回答的，人家不感兴趣，可能也约访不上，即使约访上了，可能也不出彩。

在与朱大可你来我往的交往中，从一开始中规中矩的你问我答，到后来作者能跟你开个玩笑，个人感觉，记者与名家交往，如何在短时间内被信任，给人留下深刻印象，继而还能继续合作，这是记者在积累人脉上应该做好的功夫。

此稿见报不久，辽报开设《重读经典》专栏，首篇文章要配发"刊首语"，我们的命题作文是《何谓经典》，因时间紧，只有十天，请了几位名人都未答应供稿，于是请朱大可教授救急，他二话没说答应写写看，并让时间过半时提醒他交稿。到第五天时，怕他临时有变，进行一次催问，第九天时，他提前一天交稿。

于是辽报《重读经典》开篇"说书"版块，刊出了朱大可"经典就

如何阅读与思考

是能够扛住时间磨损的钻石文本"的言论。朱大可说，什么是经典，什么是经典所具有的真正品质，什么是衡量经典的基本尺度，那就是时间。经典越过纷乱的岁月，保持着自己的微光，像星辰一样，恒久地照耀我们的瞳仁。它以自身的存在告诉我们，有一种东西叫作永恒。与此同时，经典并不拒绝空间，它犹如金字塔的尖顶，体量微小，却标定了整个金字塔的高度。就其本质而言，经典无意占有广阔的空间，却掌控了空间中最核心的部位。

此稿见报不久，朱大可又发来一篇《华夏上古神系》的书评，并嘱我发表。可是，书再好，一家媒体也不能就同一本书发两篇书评，当然被我无情拒绝。但考虑到书评不错，便向沈阳另两家兄弟媒体推荐，最后未被采用，有点遗憾。

张国刚：
《〈资治通鉴〉与家国兴衰》

张国刚：

  1956年生于安徽省安庆市。清华大学人文社科学院历史系教授。主要从事中国古代史、中西文化关系史的研究。代表作品：《唐代藩镇研究》《佛学与隋唐社会》《唐代家庭与社会》《中西文化关系通史》《文明的对话：中西关系史论》《明清传教士与欧洲汉学》《从中西初识到礼仪之争：明清传教士与中西文化交流》等。

  2017年，中华书局出版《〈资治通鉴〉与家国兴衰》。作者张国刚从《资治通鉴》文本出发，观照影响家国大政之20个关键节点，以现世眼光审视传统文化精髓，追寻政治得失、王朝兴衰之迹，讲述从战国前期三家分晋至大唐盛世终结的中国历史。书中不乏忠于原典的历史场景再现、人物言行钩沉，更有张国刚教授独到深刻而妙趣横生的分析讲论，堪称当代名家解读历史名著的经典之作。

如何阅读与思考

为了让广大读者通过《〈资治通鉴〉与家国兴衰》这部精简通达的大众历史读本，走近《资治通鉴》这部体量浩繁的古典巨著，本书出版后，我采访了张国刚教授。稿件2017年7月17日刊于《辽宁日报》阅读版，被光明网、搜狐网等各大网站转载，仅娱乐新闻网转载后，一天阅读量超过18万，一小时点赞量超2000。

优秀的领导能够团结优秀的人才

高慧斌：《资治通鉴》是国人广为推崇的最著名也是最重要的史书之一，在您看来，《资治通鉴》引人关注的原因是什么？

张国刚：首先，《资治通鉴》作为一部编年体通史，充分体现了史德以及史学、史才、史识的高度结合，是了解战国、秦汉、魏晋、隋唐、五代历史的一部信史（当然不排除白璧微瑕）。梁启超说，《资治通鉴》是迄今无法取代的通史蓝本。毛泽东说，中国有两部大书，一部是司马迁的《史记》，另一部是司马光的《资治通鉴》，都是有才气的人在不得志的情况下撰写的。唯其有才，故能写出好书，值得阅读；唯其不得志，故能写出深刻的书，值得参悟。与司马迁纵横恣肆，直抒胸臆，追求尽一家之言不同，司马光撰写《资治通鉴》，专取关国家兴衰、系生民休戚，力求警钟长鸣、读史明智，他的善恶史观密切联系现实思考，赤子之心淋漓尽致。

高慧斌：今天我们应该以什么样的视角来读《资治通鉴》？您在书中说，今天我们读《资治通鉴》要力争达到三重境界？

张国刚：历史是最好的老师。《资治通鉴》作为一部信史，司马光在1000多年前的具体结论未必都有价值，但是，历史本身展现的历史知识和经验，是我们至今仍然需要的。毛泽东一遍遍读《资治通鉴》，不仅是为了了解史实，也是为了从中体会历史经验。王夫之说，读史的目的有三：自淑、诲人、知道而乐。分别来说，读史是为了提升自己、

第五辑 兴衰浮沉

为了与他人分享、为了探讨历史的经验（道）有所收获而感到快乐。当然，作为非专业工作者，先阅读一下相关的导读性作品，有助于我们扫清一些障碍。我的《〈资治通鉴〉与家国兴衰》就是试图为社会各界读者提供一些帮助。

高慧斌：三家分晋是《资治通鉴》的开篇故事，为何司马光要从智伯覆亡讲起？司马光对此评述后提出了领导力修炼的三个标准，以及对领导人来说什么才是最重要的。您认为，领导干部从中应得到什么样的借鉴？

张国刚：三家分晋是春秋及战国初年，晋国历史长期演变的结果。但智伯的灭亡是三家分晋的最后一个障碍，显得非常重要。智伯之所以灭亡，在史家看来，首先是因为智氏家族在接班人问题上犯了错误。因为智伯是有才而无德之人。这个"德"绝对不只是我们理解的道德，而是领导素质和领导能力的综合概念。领导包括帝王、诸侯在内，最重要的"德"是仁爱百姓，使人心归依。智伯私欲心重、为所欲为、处事强霸、刚愎自用，结果被韩魏两家所抛弃，身死族灭，留下了沉痛的教训。这就给阅读《资治通鉴》的读者上了第一课，领导人的德行（领导素质和领导能力的综合概念）修炼是第一重要的。

高慧斌：李克"授人以渔"教魏文侯选人用人的五个方法，今天来看，李克的这段逸事对选拔领导干部有何启示？当然，刘邦也深悟领导力的精髓，唐太宗治国也以善用人为世人称道。他们的用人之道，给今天的领导干部什么样的启示？

张国刚：由于中国国家治理结构的特性，自古以来积累了丰富的用人经验。李克的说法，《管子》《庄子》《吕氏春秋》《人物志》《贞观政要》都有相似的论述。说明"行胜于言"，在实践中考察人才、考察干部，是中国古代的传统。刘邦说他之所以成功，是因为有"三杰"（张良、萧何、韩信）帮助他，唐太宗说他的成功有五个原因，都是关于用人的。他们的经验都说明，优秀的领导之所以成功，关键是能够团结一大批优秀的人才！要敢于用比自己强的人；用有缺点的能人；用人之长，就要容人之短；用人不讲出身，不讲门户。所以这些对我们今天的领导干部都有借鉴意义。

高慧斌：吴起的悲剧让人痛心的同时也不得不思考一个问题，那就是如何保护好、用好像吴起这样的人。

张国刚："盖有非常之功，必待非常之人。"有本事而又有个性的人才，遭到不公正的待遇乃至被人忌害的例子，自古及今，不胜枚举。但是，今天我们思考这个问题时，更应该注意的是，如何给创新型人才、有反向思维能力的人才提供宽松的成才土壤和环境。在法治的前提下，如何给有缺点和不足的"非常之才"提供建功立业的基础，确实是我们各级干部，特别是一把手这样的高级干部应该思考的问题。我认为，这不能仅在领导者个人胸襟气度范围内解决，而应该从法治和制度建设这两个方面解决。

领导者要有自我管理的能力

高慧斌：中国的历史之所以不同于西方，商鞅变法是一个关键。当下的改革能从商鞅变法中吸取什么样的经验和教训？

张国刚：商鞅变法可以谈的内容很多。我在这里想讲几点，第一是顶层设计，秦国最高领导人秦孝公与商鞅改革执行团队高度一致。可以有不同争论，但是，争论归争论，执行归执行。虽然有人事的变化，但是改革的方向和主要政策，一直得到了很好的贯彻。商鞅改革直接促成了秦国的崛起和统一大业。第二是增量改革，不仅仅是利益重新分配。《史记》和《资治通鉴》都说，改革促进了秦国经济和社会的发展，提升了国力和军力。第三，商鞅改革带来了竞争机制，竞争文化加严刑峻法，解决了增长问题和稳定问题，却忽视了社会道德与文化建设，从而为秦国乃至秦朝的长治久安带来了隐患。可见，改革政策的阶段性重点安排

第五辑　兴衰浮沉

和长期性平衡措施需要兼顾。

高慧斌：您认为，从制度建设、制度巩固的角度来说，汉武帝的意义超过了刘邦？

张国刚：刘邦是大汉统一皇朝的缔造者，厥功甚伟，但从制度建设的角度而言，没有人超越秦始皇。汉高祖刘邦的"郡国并行"只是权宜之计，是汉武帝刘彻解决了大一统中央集权体制的完善，包括细节完备和制度创新，比如，内朝决策机制、刺史巡视制度、人才培养和选拔机制、儒表法里的意识形态建设等。秦皇汉武共同奠定了古代中国国家制度，刘邦是其中不可或缺的重要过渡者。

高慧斌：司马光笔下的刘秀有不少好的品质，比如明白事理、不徇私枉法、不好高骛远等。您也总结了刘秀的不少优点，似乎刘秀身上的某些品质也是今天的领导干部应具备的？

张国刚："三刘"之中，刘秀的知名度比刘邦和刘备好像要小些，但是，南宋的陈亮等人却很赞赏刘秀的文韬武略。从历史上看，刘秀不像刘邦那样张扬，也不像刘备那样低调，刘秀在为人处世上似乎比较"平庸"。其实，刘秀是一个能够把高远的志向与当下的日常生活（种田、卖粮、读书、爱恋邻村的美少女）结合起来的人。他不把"造反"当职业（不像他哥哥刘縯），踏踏实实干事，但是一有机会就脱颖而出，果断出手。刘邦的领导天才不易学，刘秀却好像是我们身边的一个人，可以学。

高慧斌：您想通过《〈资治通鉴〉与家国兴衰》告诉读者什么？您希望读者从中读出什么？

张国刚：《〈资治通鉴〉与家国兴衰》选取了20个故事，涉及创业之君、亡国之主、中兴英雄以及各类大臣，反映了家国兴衰的诸多方面。我希望读者，特别是领导干部、社会精英、政商领军人物，不仅仅从中获取一些历史知识，还能得到为人处事的历史经验。这些经验说一千道一万，可以归纳为核心的一条，就是领导者自我管理的能力。人作为生

251

如何阅读与思考

物世界的一员，有自己的本性；作为万物之灵，有自己的个性。人类一切文明成果，都是关于约束本性与张扬个性之间的学问。对领导人来说，在理性的指引之下管住本性，以厚德载物，同时张扬个性，以自强不息，是一个永恒的命题。读书，特别是读历史类的书，可以给我们这方面的启迪和智慧。

札记：采访张国刚教授稿件见报后反响热烈

想不到专访张国刚教授的稿件见报后，会被多家网站转载。让人惊喜的是，仅娱乐新闻网转载后，一天阅读量就超过18万，一小时点赞量就超过2000。这说明好书引人关注，是有市场的。

《〈资治通鉴〉与家国兴衰》这本书好就好在，张国刚教授古为今用，他用现代的语言来解读几千年前发生的故事，无论对职场人还是从政者，某种程度上都有借鉴意义。比如他通过典籍故事引申到在单位如何与领导沟通、如何处理上下级之间的关系等，张教授都借古代故事而言今，让读者顿感这个离我们久远的典籍并不那么陌生，也不佶屈聱牙，给今天的我们奉上了丰富的精神大餐。

张国刚教授曾在他的书中提到，也在讲座中通俗易懂地讲解过宋神宗给司马光的《通志》改书名为《资治通鉴》并为其作序的故事，这个故事指的就是《资治通鉴》的第一篇序言。张教授是这样讲解《资治通鉴》的第一篇序言的：

中国古代政治制度早熟、管理系统复杂，中央集权体制下的治国理政，需要高超的技巧和方法。没有教科书能够得其门径，只有历史的经验才最受重视。

1063年农历四月，宋英宗（1032—1067）即位，不久，司马光给皇

第五辑　兴衰浮沉

帝呈上自己编纂的《通志》八卷。这位年仅31岁的新皇帝很赞赏司马光的著作，要他继续撰写，而且国家拨给经费，配备修撰人员。1067年正月，英宗皇帝病逝，神宗即位。当年10月，初开经筵，就是给皇帝讲课。

这是神宗初登大宝后的第一堂课。司马光在这堂课中讲的都是历史，就是他奉英宗之命而撰写的历史。神宗听了后龙心大悦。他觉得司马光《通志》的书名太朴素了，特赐了一个响亮的书名——《资治通鉴》。几天后，神宗交给司马光一篇《序》文，说书成之后就加进去。

司马光的书还没有写好，神宗就写好了序言，而且在序言中大发感慨："朕惟君子多识前言往行以畜其德，故能刚健笃实，辉光日新。"《诗》《书》《春秋》无不重视读史，"皆所以明乎得失之迹，存王道之正，垂鉴于后世者也"。神宗从司马迁的《史记》谈到当下司马光编纂的《资治通鉴》，还赞扬了司马光这部书切磋"治道"的努力。

在序文的最后，神宗提到书名的事："《诗》云：'商鉴不远，在夏后之世。'故赐书名曰《资治通鉴》，以著朕之志焉耳。"在宋神宗看来，《资治通鉴》就是一部治国理政的教科书，才如此下力气作序褒扬。

张教授通俗的讲解，给我上了一节知识普及课。相信看了张教授这样的讲解之后，读者对这部伟著就不那么陌生了，会慢慢走近它，亲近它，最终为自己所用。

除了通俗易懂的特色讲解，这篇文章能受到这么广泛关注，能有这么大的阅读量，也要归功于数字时代。让我深受刺激的是，刚刚评论家、诗人西川发来《十三邀》许知远与其对谈的链接，点击量超过1500万。其实，我的采访够深度、关注的话题够力度，更重要的是接地气，对现实生活有指导性。虽然关注度也不少，但和一个诗歌话题相比，还是逊色不少。因为诗歌确实是少数人的专利。

如何阅读与思考

2019年2月4日,收到张教授从安徽老家发来的春节祝福微信。6月12日,我告诉张教授辽报阅读版头题将发表其新著《胡天汉月映西洋:丝路沧桑三千年》的书评,不日收到张教授发来的签名书。不久又收到张教授发来的北京大学出版社出版的《中西文化关系通史》的新书链接信息。就这样,通过《资治通鉴》这部大书,我和张教授的友谊也深厚起来。

张宇燕：
《美洲金银和西方世界的兴起》

张宇燕：

中国社会科学院世界经济与政治研究所所长。长期从事国际政治经济学、制度经济学等领域的研究。代表作品：《经济发展与制度选择：对制度的经济分析》《经济学与常识》《说服自我》《全球化与中国发展》《美国经济论集》《美国行为的根源》《键盘上的经济学》等。

2016年中信出版社出版的《美洲金银和西方世界的兴起》（与高程合著）讲述了一个意义非凡的历史故事：1492年，哥伦布发现美洲新大陆。巨量金银被开采、掠夺并贩运回西欧后，迅速且剧烈地引发了财富在社会各阶级间的重新分配。本书从经济学的角度重新挖掘西方世界兴起的历史，探究美洲金银流入引发的阶级结构变化和制度变迁，对中国和西欧历史上经济增长率之"大分叉"进行分析。

如何阅读与思考

16、17世纪甚至18世纪，西欧和中国之间并不存在显著差异，为何西方世界能创造神话，而中国却落后了？工业革命为何最早在欧洲发生？制度变迁的力量来自哪里？长期的经济缓慢爬坡之后，是什么原因使西欧国家的经济实现了突破性的增长？带着这些问题，我对张宇燕进行了专访。稿件2016年12月刊于《辽宁日报》阅读版。

西欧国家的经济为何能实现突破性增长

高慧斌：《美洲金银和西方世界的兴起》告诉读者，西方突飞猛进的发展源于一种偶然因素——美洲金银。长期的经济缓慢爬坡之后，是什么原因使西欧国家的经济实现了突破性的增长？

张宇燕：本书用大量数据说明，至1500年，经过漫长的历史岁月，全球人均GDP（国内生产总值）仅艰难地增长了不到50%，且各地区间的增速差异不大。16世纪后，西欧的增长却突然加速。根据麦迪逊提供的数据，从1500年到1820年，以1990年国际美元价格计算，西欧人均GDP从670美元增至1269美元，增长了89.4%，而西欧以外的世界则从532美元增至594美元，仅增加了11.7%。两者间的差距竟有近8倍！

对西欧国家实现经济突破性增长的原因，国内外学者通常将西欧特定的人口增长率、经济规模、市场运作状况、科技条件及政治制度、环境氛围等诸多因素视作解答问题的关键。

十几年来历史学家的研究提供了越来越多的证据：若把历史的时钟拨回到16、17世纪甚至18世纪，西欧和中国之间并不存在显著差异，双方在总体上势均力敌。举例说，若以100作为1900年英国的人均工业化水平，按此参照系，到了1750年，中国人均工业化水平为8，而西欧几个重要的国家分别为：英国10，法国9，德国8，意大利8，西班牙7，差距甚微。不仅如此，当时的中国与西欧国家之间有许多惊人的相似之处，比如相近的人口结构、类似的商业城市发展水平和规模、新的生产方式同样受到传统文化理念和制度的抑制等。

高慧斌：双方所处的状态相似，西方世界为什么能创造神话？

张宇燕：有人将其归于18世纪出现在西欧的那场影响深远的工业革命。将工业革命喻为人均GDP这列火车得以提速的发动机或高效燃料并不过分，但问题是工业革命为何在那个历史点上成了西欧的专利？对此，一直以来也众说纷纭、莫衷一是。这本书的答案是，美洲金银突然大量地涌入及其引发的一系列后果乃西方兴起之源。

高慧斌：书中揭示出伴随地理大发现而涌入西欧的美洲金银，是制度变迁和西方世界兴起的随机性的初始条件。正是这把钥匙，适时适度地开启了西欧制度创新的大门，并最终促进了经济绩效。本书给出的逻辑关节点是什么？

张宇燕：金属货币供应量的迅速、大幅增加，及随后出现的价格革命，使得社会财富重新分配。通过向统治者提供财政、税收支持，商人阶级的政治地位不断攀升，并逐步将其势力范围向国家政权内部延伸。在其权力渗透过程中，国家性质在潜移默化中发生变化，并越来越倾向于满足新兴阶级的利益与需求。为了在对外贸易中获得更多财富并使其财产更加安全，商人阶级需要一个强权政府来保护。结果，在"重商主义"的外贸政策中，国家的求强与商人的求富达到"完美"融合，而以商人和被资产阶级化了的贵族为主体的新兴阶级，恰好又是18世纪最具生产力的集团。

同期中国制度创新缘何停滞

高慧斌：书中，您明确指出，把西欧与同期在制度创新上停滞的中国进行对比，才是研究美洲金银与西方兴起关系的真正原因。

张宇燕：16、17世纪的中国和欧洲有许多相似点，明朝资本主义的萌芽之所以没有开花结果，政治结构上的差异是一方面，但其背后的原

如何阅读与思考

因还在于明朝后期商人阶级的集体行动不足。明朝存在某种有效的产权保护方式,即商人或其子弟通过科举进入政权,从而使财产权利得到保护。明后期,商人子弟占进士或举人的 3/4,其重要原因就在于此。明朝灭亡的原因很多,包括阉党和东林党的门户之争、土地兼并现象严重等,党争使朝中大臣和地方官吏流动频繁,并最终殃及原来相对稳定的产权体系。清政权迅速有效的确立,又使"官僚——产权"或"皇权——绅权"这种传统的产权保护方式得以恢复和运转。

其实,明朝有过一次绝好的金融制度创新机遇,即食盐的期货市场的建立与发展。当时朝廷需要把粮食运到驻守北方的边防部队,但财政上又有困难,只好把对食盐的生产与运输的垄断权抵押给商人。即商人先帮助政府把一定数量的粮食运送到北方的军队驻扎处,交粮后会得到一张收条,凭收条可在南京换回经营食盐的特许证"盐引",这样商人们就能靠买卖朝廷专卖的盐获利。同时,朝廷的财政压力得到缓解,于是很快出现了分工,一部分商人专门运粮,一部分商人专门从前者手中购买盐引。结果盐引便有了市价,并逐渐成为一种有价证券,成为一种投机对象。权贵和盐官一旦发现盐引价格不菲,便经常在正常额度之外取得盐引并在市场上出售,导致盐引价格动荡和下跌。然而朝廷最终因发行盐引无利可图,而于 1617 年废止了盐引。

高慧斌:把西欧与同期在制度创新上停滞的中国进行对比之后,您要强调的是什么?

张宇燕:明清之际资产阶级与 16、17 世纪西欧资产阶级最后命运的区别,就是中国没有发展出有效的资本市场。而此时的西方,特别是英国的情况发生了戏剧性变化,由英国率先开始了金融革命。废止盐引的做法等于废除国债,故又被后人认为是使中国更难出现银行和资本市场的决定性举措之一。对此,我们应该思考,那时的中国之所以没有迈出商业与金融史上关键的几步,其原因仅在于此吗?还是因为没有出现变异或变异的冲击力不够巨大?抑或是社会环境淘汰掉了某种变异?明末清初长期高达 30%~50% 利率起因何在，又在多大程度上抑制了国内的投资需求？对这一连串疑问，问题的答案是日后要完成的学术任务。

札记：张宇燕提出的问题值得学界深入研究

《美洲金银和西方世界的兴起》的书并不厚，但思想深刻，因其思想性与学术性，在国际学界曾引发热议。

针对有人将明朝停滞不前归为科技的原因，我想请读者看看大半生致力于研究中国文化遗产的英国著名学者李约瑟对此的研究，其在《李约瑟：中国科学技术史》一书中，明显持反对观点。李约瑟认为并非是科技导致了明朝落后，并提出了是谁低估了中国科学这个大问题。李约瑟在书中说出了他的想法：1550 年到 1900 年的中国科学技术发展水平并不低，中国并未败在科学技术上，而是在其他方面。这个其他方面是指清政府自强运动的兴起，也就是洋务运动。吸引我的是李约瑟描写的中国历史上的海战，从中可见当时中国科学技术的发达。

李约瑟提出，在 1894 年到 1895 年的中日战争中，日本陆海军决定性地击败了清王朝（1616—1911）的军队。自此以后，中日两国的爱国者和学者们都认为，在 1894 年之前，明治日本（1868—1912）在现代科学方面就已经大大超越了清朝。事实上，战争之前，当时的许多观察家都认为，清朝的陆海军要更强一些，起码在数量上是如此。1895 年以后，双方各自重新撰写历史，为胜利的日本提供证据，也为战败的清朝哀叹不已。对中国人而言，中日战争使得从 1865 年到 1895 年的清政府自强运动被说成是科学技术的失败。

事实并非如此。

李约瑟感慨，对 1865 年以后，中国西化努力的急躁观点仍然突出地存在于当今史学界，这使我们先入为主地低估了传教士所做的科学翻译、清朝军工企业的工业化和科学技术，以及新式政府学校在现代科技成长

如何阅读与思考

中所发挥的关键作用。对19世纪末出现的军工厂、制造厂和翻译学校，我们不能单单将其看作清王朝覆灭的前奏，还应将它们视为新事物到来的先兆。中国在1895年的失败不是因为缺少科学或技术。晚清统治者面临的是太平天国运动（1851—1864）留下的地方势力抬头和政治上的分崩离析，而这又明显加重了腐败和战争中的措置失当。

这才值得我们今天回味与总结。

钱乘旦：《英国通史》

钱乘旦：

1949年生，江苏金坛人。北京大学历史学系教授、世界史研究院院长。研究方向为现代化研究，世界近现代史、英国史研究。代表作品：《在传统与变革之间：英国文化模式溯源》《二十世纪英国》《世界现代化进程》《寰球视野：现代化的迷途》《工业革命与英国工人阶级》等。

由钱乘旦主编的《英国通史》六卷本，250多万字，再现了英国从文明初起至2016年公投的每一个重要历史瞬间。全书阐述了英国的兴盛之道，透视了其成功走向现代化的历程，揭示了英国民族的禀赋和创造力，展现了其所开创的现代文明。它是对近200年来中国英国史研究的总结，也是迄今为止第一部多卷本的英国通史。

如何阅读与思考

北京大学历史系教授钱乘旦在《英国通史》中曾预测，21世纪对英国来说，可能会发生巨变。作为世界上第一个工业化国家，它是否甘心于这种下滑？如果下滑持续，会对它造成什么影响？眼下，英国正纠缠于"脱欧"未解，一系列问题引人关注。在此背景下，我对《英国通史》主编钱乘旦进行专访，请其解析这个在19世纪第一个打开中国国门的帝国，从兴盛到衰落的历程、原因，如何总结英国历史给世界留下的深刻遗产？稿件2017年9月4日、11日分上下两篇刊于《中国青年报》理论版。

对外国历史的系统研究

高慧斌：英国在人类历史上发挥过特殊作用，英国史对中国来说也具有特别的意义。您主持研究人员用时八年，系统梳理英国历史，是出于什么考虑？

钱乘旦：英国这个国家值得人们特别关注。在世界各民族中，英国是对人类文明影响最显著的国家之一，体现着一种独特的英国发展方式。肇始于英国的工业革命，极大地改变了人类的生产和生活方式。在政治史上，英国也别树一帜。19世纪，英国第一个打开了中国的国门，从那时起，中国人就强烈地想要了解这个小国是如何成为世界大国的。写一部多卷本的《英国通史》，是我们的夙愿，这个夙愿已经持续好几代人了。

高慧斌：从鸦片战争开始，中国的知识分子就开始关注英国，直至今日，国内系统研究英国历史的著作并不多。20世纪除有几本译著外，直到1988年才有了由中国学者撰写的第一部有分量的英国通史，研究薄弱的原因是什么？

钱乘旦：中国知识分子最早关注的就是这个不列颠国家。到林则徐组织编写《四洲志》的100多年以后，中国学者才终于下决心开始研究英国历史。因为这个国家第一个打开了中国国门。19世纪20年代的留

第五辑　兴衰浮沉

学生，其中一批人就是学习包括英国在内的外国历史的。到19世纪30年代，已有相当数量的留学生是专门学习英国历史的，我的导师蒋孟引，就是中国最早研究英国历史的。相对而言，国内研究英国历史的人也比较多。当然这个多，也只是几十个人而已。那一代人的研究水平也非常高，还出现了一批学贯中西的大学者。可以说，他们的学识也是当时的环境造就的。因为那时在一个大学教书，没有学贯中西的学识就当不上教授。这也与当时的学术环境有关。

新中国成立后，对外国历史研究的重视程度越来越高。从20世纪50年代开始，国家推动外国历史学科的建立，当时还请了不少苏联专家，开了外国历史学习班，培养了一批学生，这些人后来被分配到各个高校，专门教授和研究外国历史。

虽然我们关注英国这个国家较早，可是由于学术、资源、历史条件、学科传统等原因，国内真正系统地研究英国历史却较晚，进展很慢。而系统地研究外国历史，不是想做就能做到的，需要知识的长期积累。这套六卷本的《英国通史》，编写历时八年，凝聚了几代人的心血，是长期积累的结果。

长期以来，由于我们对外国历史还缺少系统、深入的研究，由此导致的不利影响也已显现。今天来看，这个不利影响已经越来越大，不仅会影响外交政策的制定，会影响对外经济文化的深度交流，也会制约人类学、经济学、考古学、国际关系等一些社会学科的发展。比如对外投资，如果不能深入了解一个国家的历史文化，要想扎下根就非常难。而直到现在，真正能够系统地研究一个地区、一个国家历史的学者却不多。除了对美国、英国、日本、德国、法国、俄罗斯等国家可以进行相对成熟的研究外，像印度这样已经非常重要的国家，研究其历史的学者却屈指可数。研究北欧历史的几乎找不到。现在，越来越多的人已经意识到了这个问题，这个短板得想办法补上。

如何阅读与思考

英国的成功经验

高慧斌： 从诺曼征服和盎格鲁·撒克逊征服，到玫瑰战争、光荣革命，终至称霸全球，我看到的不列颠历史，充斥着暴力、强权与血腥。

钱乘旦： 你看到的暴力、战争，这都是事实，但不仅仅英国历史是这样，所有欧洲国家的历史都这样。但英国历史并不完全是暴力、战争。英国在文化发展及思想方面都有了不起的成就。我们编写《英国通史》的原则是，不仅仅写英国的政治史，还有英国的经济、文化、宗教、社会生活，等等。我们力图不带偏见地把英国历史进程中的方方面面都有所交代。我们不希望读者读后，只记住了英国有几位国王，发生了几次战争，而是力图让读者了解，英国到底是怎样的一个社会，其历史进程到底是怎么样的。

高慧斌： 不列颠民族性格有何特征？与欧洲其他国家相比，英国历史发展又有何特殊之处？

钱乘旦： 英国是一个稳重的民族，英国人做事以和缓、平稳、渐进为主要特色。英国游走于传统与变革之间，注重实际而不耽于空想，长于宽容而不爱走极端。17世纪中叶以前，英国只是跟在别人后面走，并没有形成自己的特色，它跟在别人后面搞文艺复兴，搞宗教改革，闯海洋，投入地理大发现，建立了具有近代意义的君主专制的民族国家。然而17世纪中叶以后，从英国发生政治变革起，几个世纪中，它一直站在时代前列，引导世界潮流。它率先开展政治革命，使现代国家制度诞生；率先开展经济革命，使工业生产方式形成；率先开展社会革命，使现代社会出现；率先开展思想革命，创造了人类的现代思维。此外，还有技术革命、科学革命、文学革命、艺术革命……所有这些革命都是用和平、渐进的方式完成的。英国的发展方式为世界提供了一种可能的模式，证明在一定条件下渐进道路的可行性，英国的发展方式本身也是一笔宝贵的财富。不可否认的是，在决定世界命运的历次斗争中，英国都是赢家，但也是输得最厉害的。

高慧斌： 总结这个曾经的"日不落"帝国的成功经验，其秘密是什么？

钱乘旦： 英国的成功首先源于其强大的生产和经济能力。当时与其争霸的还有西班牙、荷兰、法国，但英国能胜出，就源于其经济的突破，而经济突破的前提，则归因于它早在17世纪就已经形成的政治制度，这是其产生那么大的世界影响力的关键。

从远古到中世纪，无论作为国家还是民族，英国一直处在欧洲发展的边缘，一直未能进入欧洲政治舞台的中心。其文明本身由欧洲大陆带入，后来又被迫中断，盎格鲁·撒克逊带来的新文明又被湮没。1066年诺曼征服，又是欧洲人把文明送进不列颠。一个非常有趣的现象是，英国受欧洲大陆的影响非常深，却又处在欧洲文明的边缘。从都铎王朝开始，其间经过各种各样的变化，形成了早期国家，这不是地理意义上的国家形态，而是现代意义上的民族国家。都铎王朝的出现是其历史的转折点，民族国家的形成支撑了英国几百年的发展，也将英国带到了第一个发展高峰，走到欧洲舞台中心。而光荣革命，使英国又迎来一个新的转折点，由此它走到了世界舞台的中心。19世纪英国的强大，得到了世界的公认。

不存在绝对意义上的衰落

高慧斌： 20世纪开始的时候，英国还是世界强国，而到了20世纪末就被美国赶超，如何看待英国的衰落？

钱乘旦： 如果仅仅从世界霸权的角度看英国的衰落，那是很褊狭的。事实上，在经历了几个世纪的强权争夺后，人们已经意识到暴力不是强大的体现，最强大的力量植根于引领世界潮流。英国最强大的时候，正是它引领了世界潮流。但到了20世纪，英国失去了引领世界潮流的优势，其强国地位也就丢失了。尽管英国在20世纪前半段尚能南征北战，

如何阅读与思考

维护大国的体统，但它输掉的却是引领潮流的势头。这一输是根本的输，以后它就开始从世界强国的地位上退下来。英国的衰退其实与狭义的争霸没有直接关系，世界最强国必须有引领世界的能力，丧失这个能力，就丧失了最强国的地位。

20世纪，从表面上看英国还是世界第一强，但其内部已经发生了变化。一战对英国打击非常大，战后资本主义发生了巨变，英国的世界霸主地位越来越受到美、德等国家的挑战。此时，英国的海外殖民地已经成为其负资本，成为其发展的拖累。二战爆发，英国虽然是战胜国，但它打胜了战争，丢掉了世界，从此走向衰退。但我们所说的20世纪英国的衰落，并不是绝对意义上的衰落，并不是说它的经济不发展了，没有创新了。英国的经济仍然在发展，社会仍然在进步，只是它不能再引领世界发展，它已不再是潮流的引领者，而是跟在其他国家的后面向前走。

高慧斌：您是说英国的"衰落"是一个相对的概念？

钱乘旦：对。20世纪，科学技术的潮流，思想文化、经济发展和价值取向的潮流，都已经不在英国了。现在英国又退回到跟随别人的状态中。在外交上跟美国，在经济上被迫走近欧洲。它的科技能力明显衰退，它的意识形态话语权已经丢失，几乎成了美国的应声虫。即便在文学艺术方面，二战后也很少表现出独创性。在这种情况下，它必然从世界强国的巅峰跌落下来，成为人们所说的二流、三流国家。可以说，英国的时代是工业的时代，当工业向后工业转变时，潮流就离开英国了。一方面，英国仍在发展、变化；另一方面，它失去了引领潮流的能力，于是只能在潮流中尽可能跟进。

高慧斌：20世纪的英国是否"倒退"了？

钱乘旦：20世纪的英国并没有倒退。在政治上，英国制度仍在不断变化以适应时代发展；在经济上，英国仍是一个世界大国，到20世纪末，它的经济总量在世界排名第四。社会从两极对立的阶级结构向多层次、多方位的结构发展，展现出后现代的特征，20世纪的英国虽然夕阳西下，但它还是在向前走，只是不能走在世界潮流的前面。作为一个小国，除非它有足够的能力引领世界，否则它最佳的状态就是跟潮流。

高慧斌：您曾说过，英国的问题是发达国家所共有的，英国并不特殊，它需要解决的问题也是其他发达国家普遍的问题。英国并不特殊吗？

钱乘旦：二战后，资本主义国家发生了很大变化。无论是什么样的变化，都带有相当程度的共性。经济、技术方面，资本主义阵营出现了一个态势，即以美国为龙头，英国及其他西方国家都跟在美国的后面。此外，西方出现了严重的贫富分化，这是20世纪80年代以来，西方多数国家面对的一个共同问题。国家干预越来越大，由此造成的问题也越来越多，比如出现了官僚化，一定程度上抑制了创造力。社会文化方面，物质主义倾向流行，传统道德滑坡，新自由主义盛行，社会凝聚力越来越弱。西方国家的民主制度出现了问题，这些问题不仅在英国存在，还很典型。当然，这都不是英国的特有现象，很多发达国家都有，不过问题恰恰就出在这里，英国只是顺流而动，且越来越被动。

21世纪英国可能会发生巨变

高慧斌：20世纪英国丢掉了帝国，21世纪的英国形势，是否也不容乐观？

钱乘旦：21世纪对英国来说，可能意味着巨大的变化。经济方面，英国的经济一直表现良好，已经摆脱20世纪下半叶的衰退，进入了良性的运转期。2014年，其经济增长率接近3%，国民经济总量排名世界第五，人均GDP超过4万美元。但在21世纪剩下的时间里，这个地位是不稳固的，印度、俄罗斯都可能超过它，法国、意大利和其他欧洲国家本来就不比它差。这对英国来说是巨大的挑战。作为世界上第一个工业化国家，它是否甘心于这种下滑？如果下滑持续，会对它造成什么影

如何阅读与思考

响？如何保持经济发展的正面趋势，是 21 世纪英国面对的重大课题。当然，英国人均收入相当高，不过英国人的实际生活水平并不很高，因此，英国经济只能增长，不能下降，绝不能再现 20 世纪六七十年代的危机，否则，社会福利与经济效率将难以平衡。

高慧斌：眼下，英国纠缠于"脱欧"未解，而苏格兰却要求"脱英"，您认为 21 世纪英国必须解决它与欧盟的关系问题吗？

钱乘旦：在 2008 年开始的世界金融危机中，英国是西方发达国家中受影响最小的，英国人普遍认为，这是未加入欧元区才侥幸躲过一劫，加上英国始终在欧洲一体化问题上抵触情绪很大，"岛国对峙大陆"的历史心态挥之不去，所以英国与欧盟究竟是什么关系，在 21 世纪是必须解决的问题。英国的两难是：它在 20 世纪已经丢掉帝国，经济的增长必须借助欧洲，但它从来就不接受"欧洲整体"的概念，所以在内心深处不认同欧洲。英国与欧盟向来若即若离，追溯到历史原点，之前我们已经说得很明白，它一直处于欧洲边缘的交接点上，这个传统一直延续至今。如此矛盾的状态，使英国在对欧问题上反反复复，进进退退。问题是，退出欧盟，英国向哪里去？"脱欧"也会造成世界整体格局的动荡。

苏格兰和英格兰的"联姻"一直比较成功，双方在互利基础上共同生活了 3 个多世纪。然而在 20 世纪下半叶，苏格兰民族主义突然高涨，起先是文化民族主义，很快就变成政治民族主义。1999 年实行分权，苏格兰民族党很快取得议会控制权，但它立即要求完全的独立，在 2015 年的全民公决中未能成功。由于英国不存在反分裂、维护国家统一的法律，也没有限制公投次数的规定，因此这样的公投可以一次次地进行下去，最终的结果一定是公投成功，苏格兰独立。因此，苏格兰和英格兰在 21 世纪分家的可能性非常大。当然，英国如果解体，会对欧洲、对世界将产生巨大影响。

无论如何，英国全部的历史给世界留下了深刻的遗产，值得我们好好回味其意蕴。

札记：我与钱乘旦教授的两次缘分

采访钱乘旦教授的过程没有太大曲折，但由其主编的《英国通史》看起来却费时日久，250多万字，厚厚的六卷本，限于篇幅，一篇稿件不到3000字，一定融纳不下最核心的思想。

这套书无论对普通读者还是对历史学者，都意义非凡，因此决定做上下两篇。即使如此，我也只能重点选读两卷本，其他四卷本作为辅助，看后挑出采访重点。通过电话采访，电话那端，钱教授的声音响亮，逻辑性非常强，不紧不慢，所提问题都在教授心里，访谈基本上是按录音整理。

这套书写得实在太好，耐读、不刻板。英国历史就是一个长篇故事，虽有不断的战争、血腥、残忍，但英国社会不断给世界的各种创新，使其成为世界潮流的引领者。然而，美好不会总眷顾一个国家，当英国失去了引领世界潮流的能力时，也只能接受被其他强国超越的现实。正如钱教授所言，无论如何，英国全部的历史给世界留下了深刻的遗产，值得我们好好回味其意蕴。

两篇专访在《中国青年报》分别载于2017年9月4日和9月11日，分上下两篇，见报稿对原文有所删节。

与钱乘旦教授还真有缘分。2015年，时逢中国人民抗日战争暨世界反法西斯战争胜利70周年，江苏人民出版社再版了钱教授母亲吴大年女士（1925年出生，西南联大毕业。解放后，长期在江苏教育系统任职）所著的《小难民自述》。这本书是吴大年对一次逃难的描述：从1938年7月到1939年1月，吴大年与全家人在外公带领下，从南京辗转经安徽、湖北、湖南、贵州，终于逃到昆明。只有13岁的吴大年记录下了那八千里路的战火和尘土，文字真实、动情、充满细节。二战期间的

如何阅读与思考

受难人群中，一名13岁少女的质朴叙述，4万字的《小难民自述》很自然地让人联想起那本著名的《安妮日记》。只不过我们的"安妮"要幸运些，至少她能在80多岁时，依然神志清朗、言谈敏捷，可以伴着一杯清茶，回忆起那段注定不会如烟的往事。

吴大年笔名小岵，当年，此书出版得到了顾颉刚、冰心等名士的鼎力支持。吴大年写了这本书的消息，被她所在学校的两位老师获知。两位老师也是记者，他们看了吴大年的书稿，就热情地替她联系出版，并请雷鸣远先生题字，随后顾颉刚先生题写书名，还请冰心先生作序。1940年3月，小岵所作的《小难民自述》由商务印书馆在香港出版。

新版《小难民自述》出版过程中，钱乘旦教授专门写了题记，评价这本书是小书大意义。我给这本小书写了一篇介绍长文，在《辽宁日报》阅读版上见报。80多年过去了，今天的年轻人，如果能从当年那小难民的自述中读到一个中国小女孩幼小心灵中的家国愿景、期待与希望，就能够稍稍体会到他们的祖辈经历了什么，以及这些经历对今天的中国意味着什么。

汪丁丁：
《行为社会科学基本问题》

汪丁丁：

1953年生于辽宁省沈阳市。著名经济学家，北京大学国家发展研究院返聘教授、瑞意高等研究所首席研究员。教学研究领域涉及制度经济学、数理经济学、行为经济学、经济学哲学、经济学思想史、新政治经济学、演化社会理论、制度分析基础等。代表作品：《经济学思想史进阶讲义：逻辑与历史的冲突和统一》《经济学思想史讲义》《行为经济学讲义：演化论的视角》《新政治经济学讲义：在中国思索正义、效率与公共选择》等。

2017年上海人民出版社出版的《行为社会科学基本问题》关注了社会选择何种制度更有利于社会发展，从现阶段的熟人社会到实现民主化政治，社会科学需要解决哪些基本问题，脑成像和基因检测技术的普及如何塑造社会科学的"真正感"等问题。作者将常年追踪脑科学和遗传学的前沿成果凝聚书中，从行为学视角应对社会科学的核心议题，尝试解决国人外在生活方式与内在情感方式的冲突。

如何阅读与思考

近年来，行为科学领域研究屡获大奖，表明其已被多数社会科学家接受而成为显学。得知著名学者汪丁丁所著《行为社会科学基本问题》出版后，就行为社会科学的基本问题、演化路径以及行为科学的转向等问题，第一时间对汪丁丁教授进行专访。稿件2017年11月26日刊于《辽宁日报》阅读版。

逐渐理解行为社会科学基本问题

高慧斌：细读了您的《行为社会科学基本问题》。从事读书版采编工作多年，还是第一次看到您这样会想象自己著作的潜在读者的学者，还信心满满地建议读者反复读自己的书，对此，我充满好奇。想象读者群可以理解，尽管我并不认同您的读者群划分。读者反复读的书，可否称经典？这本书会成为经典吗？

汪丁丁：转型期社会没有经典可言，唯其转型迅速，我写这本书，试图提供一套理解框架，以容纳近十几年来西方社会社会科学的行为学转向。这套理解框架，我称之为"行为社会科学"，它有自己的基本问题，否则，难以找到持续演化的内在动力。我对读者重申，最能适应知识社会的读者，必须终身学习，且主要依靠自学，并且，读我这本书，可能需要反复读，例如，10年读3遍。

高慧斌：这本书您建议读者反复读，您想让读者领会什么？如果请您概括，您想让读者从中得到什么信息？

汪丁丁：这本书的主旨是在行为学视角下概述社会科学。行为社会科学或行为学视角下的社会科学的基本态度就是，对任何一类现象的研究，首先探究它的演化过程。行为社会科学的一项工作就是研究这些约束条件的发生和演化，以及由此导致的演化社会结构。我试图确认，在探讨一般议题时，激情与理性、自我与社会、影响力、复杂性、不确定性，是行为社会科学的核心观念。

行为科学或行为学在百年之内经历了两度兴衰。在两度兴衰之间，承前启后的诺贝尔奖行为科学家西蒙早就嘲讽过，没有哪一社会科学或人文学科是不研究人类行为的。不过，观察行为学的研究领域不难看到，行为科学似乎倾向于将人类行为嵌入更广泛的动植物生命行为的集合之内加以研究。我写这本书的主要理由就是，学术界对社会科学各领域通过行为学化而发生的整合趋势毫无感觉或无动于衷。社会科学的行为学趋势，是西方思想传统之内被称为"科学主义"潮流的一部分。这里，我的另一重要提示是，"行为学转向"绝不是转向"行为主义"。

我希望读者从中了解行为社会科学的基本问题，这是我希望读者在10年里，读3遍之后，逐渐理解的核心议题。因为，读者必须有切身体验，否则很难理解这里勾勒的基本问题。

高慧斌：您著述的《行为经济学讲义》《行为金融学》等，也一再强调社会科学的行为要义，这是出于什么考虑？它与我们的日常生活有何关系？

汪丁丁：行为科学是晚近十几年连续获得诺贝尔奖的演化论思路，获奖多次，足以表明它已被多数社会科学家接受，成为显学。如果读者或评论者认为它在国内鲜为人知，那只不过表明他们缺乏知识敏感性，或许干脆不是知识人。演化论的思路与日常生活当然关系最为密切。因为日常生活本身就是演化的，不是静止的。如果有人相信日常生活是静止的，他可能很难适应物竞天择的演化过程。

提供西方新文献的理解框架

高慧斌：您预测这本书30年后就没读者了，但也可能会突然畅销？我不知道有多少人10年读了3遍《红楼梦》，但可以确定的是，经典作品基本都是长销，而非畅销。您如何看待当下的阅读市场？

汪丁丁：我说过，转型期社会没有经典，但是可以有《红楼梦》那

如何阅读与思考

样的对衰亡社会的刻画。在我看来，《红楼梦》是衰亡时代的末代小说。曹雪芹同《文心雕龙》《文赋》的作者一样，他们刻画的经典作品所展现的是不可能再现的时代。此外，小说之为一种文体，原本也是文体衰亡的结果。红学在中国之兴起，恰好因为它是衰亡时代的小说，与民国以来的时代特征完全一致。

高慧斌： 读懂这本书没点哲学、社会学、心理学、政治学等理论基础，恐怕有阅读障碍，网上有评论说这本书术语太多，我感觉文献综述占幅也多。您一方面不断介绍西方法学、心理学、社会学等进展，一方面向读者推荐大量的阅读书目，可见您的渊博才思。您关注的基本问题既然是中国的，像您这样的学者，不引用其他学者的观点作辅证，直陈己见岂不更好？

汪丁丁： 我在前言里说过，这本书是提供西方新文献的理解框架的，不是科普作品。学者如果熟悉西方晚近十几年发表的社会科学文献，自然能够读懂这本书。如果读不懂，那就要扪心自问。这也是长期以来，我对目前国内高校学术风气的批判。

高慧斌： 中国学者著书立说，引经据典似成风气。华东师大吴冠军教授著《第十一论纲》也曾提出，学术著作普通读者读不懂，他称此类为学术黑话，在您看来，学术如何介入日常生活？

汪丁丁： 吴冠军是我的学生，他的这番评论，初衷是呼吁学者关注社会问题，这也是我自己一贯的态度和呼吁。例如，我长期参与胡舒立新闻团队的批判现实的严肃新闻作品。我长期撰写新闻周刊的《边缘》栏目，初衷是要让新闻关注资本与市场的边缘群体。

高慧斌： 您提出社会转型期，我们既有深入研究科斯定理的必要，也有实践科斯定理的理由，但国内学者却疏于此项学术研究。从过去的乡土社会到现阶段的契约社会，社会科学如何给人们的行为以指导？社会科学需要解决哪些基本问题？

汪丁丁： 我不清楚你的问题是否有事实根据。就我所知，科斯及其学说或许是中国经济学家最熟悉,也最早研究过的。天则经济研究所或许是最早受科斯影响的民间机构,我任教的北京大学国家发展研究院,或许聚集了最多的深受科斯影响的学院派经济学家。我主持的浙江大学跨学科社会科学研究中心的长期研究纲领,也是一份基于科斯的思路,并结合中国转型期社会基本问题的研究纲领(参阅汪丁丁《跨学科教育文集》)。大约五年前,浙江大学特别成立了科斯研究所,承担翻译出版科斯全集的工作。

高慧斌: 通过长篇论析,您认为法学研究状况或是我国落后的学术领域之一?书中您抱怨学界对社会科学被"脑科学化"的整合趋势无动于衷?这是您呼吁重建中国社科学术传统的原因之一吗?

汪丁丁: 法学和教育学在国内的普遍落后状态,或许是最具有中国特色的学术现象。你在这里提出的另外两个问题,表明你没有读或没有读懂我这本书。

高慧斌: 您在书中谈到了读书的目的,多数人读书是为求知,而求到知识的通与真,却非一般专业人士所能企及。您由此著书试图沟通社会科学以往割裂的诸领域,您求通的努力成效如何?

汪丁丁: 这是金岳霖想象中的最高境界,当然不能指望专业人士有所企及。不过,任何有志于学的年轻人,只要心存这一境界,如果还有几分天赋,迟早可以企望这样的知识境界。

札记:采访到汪丁丁教授历时10余年

采访汪丁丁教授例来不容易,作为知名教授,无论是他的书还是他的思想、观点,似乎不需要媒介推荐和宣传。这就是知名与无名的区别。

10多年前,我正从事财经新闻报道,曾千方百计联系汪教授,那时想请其从经济的角度为我们的报道增加深度。可是,寻找汪教授的联系方式就费了一番周折,最后从北京大学追踪到浙江大学,得到了联系方

如何阅读与思考

式,但我们的采访一直未能成行。直到 2017 年这本《行为社会科学基本问题》的出版,采访终于出现转机。

与上海人民出版社联系,这次也是尝试看能否做个专访,我和出版社一样,就是抱着试试看的态度,没想到,不抱希望的事情,最终如愿以偿。

虽然有汪教授的联系方式,但根据之前给汪教授打电话不接、发短信不回的经历,这次我先是和本书责编联系,请其转呈采访提纲。之后又感觉通过编辑联系不能直接传递吾意,于是请编辑提供汪教授信箱,之后就直接与汪教授通过邮件沟通。

"汪老师:您好!我是《辽宁日报》记者高慧斌,通过责编跟您沟通了您新著的专访事宜,7 月 10 日发了采访提纲,至今未收到回复。我想说明的是,因为您的名气及影响,我们的专访提问就没有按以往捧人的套路,而是提了几个尖锐的问题,这也是和该书的推广老师事先沟通好了的,当然,也是我最想得知答案的话题。我们非常想就此请教您,或我去面访,或电话采访都可以,当然,您能提供文字答案最好了。高慧斌感谢并期待回复!"

我以为是采访提纲的问题尖锐,才未得到回复,于是催问,终得回复。

"抱歉慧斌,上信读后,感觉很难简短答复你列出的问题。今天见到你第二信,得知你们可以到大连来访谈,最佳方案!我八月底之前都住在东财校园里,随时可以接受访谈,关于你列出的问题以及关于其他议题!祝好,丁丁。2017 年 8 月 4 日。"

采访汪丁丁这样的著名学者,我的经验是不能追捧。因此采访提问的问题,都始于问题意识。汪教授不是在序言中说这本书如何如何的好吗?不是说读者 10 年得读 3 遍吗?那就请其说说理由吧。提问于是有点尖锐,但汪教授的答复更具智慧,他巧妙地避开了我提问的锋芒,有点避重就轻,有的是答非所问,足见其高明。事后想想,这样的提问,有点对不起这位大学者,人家可是一门心思搞学问的。

从采访汪丁丁教授的经历,我又得出了和之前不同的经验:要采访

第五辑　兴衰浮沉

名人，即使人脉广大、准备充分、耐心十足，也不一定能成功，可能还得考虑时机。当然，时机成熟，也不一定成功，还得有足够吸引人的平台。一些名人口头答应了，最后也采访不到，名家时间宝贵仅是一方面，另一方面却是我们的平台不够大。比如格非、张清华等几位北京知名高校的知名学者，比如麦家等几位知名作家，一直答应采访或供稿，但终未兑现，而不久人家的大作就刊发在上海《文汇报》、《北京青年报》或搜狐或凤凰读书等他们更认可的媒体上。对此，我给予理解的同时，也找自身原因，即我约访名家的约束太多，比如说字数，难以保证人家透彻淋漓地表达观点，比如说选取的访谈角度等。我感兴趣的命题作文，人家可能不愿意谈，人家愿意谈的，又是我不能接受的。

南方几家兄弟媒体的读书版，仅就篇幅而言，我既羡慕又佩服。黄永玉先生的《八年》出版的时候，某媒体读书版竟然刊登整版书摘，几千字，我从头看到了尾，编辑这样的版面并不费力，做这样的书摘也不费力，但黄先生的书写得极具特色，方言耐读，主人公的经历吸引人一口气读完。这样的处理好，体现了编采的心胸，这样的读书版就起到了引领人读书的目的。

当然，读者能否读得下去，主要取决于一本书的内容。就汪丁丁教授的这本书而言，他强调的是行为社会学的重要。我相信作为学生而言，这本书可以视为一本书单，书中开具那么多的文章和书目，足以让专业学生知识扎实，也可使专业外人士从中了解行为社会学的相关知识，一本书能如此，也够了。但我认为，10年能读3遍的读者一定不多，即使有，也是为了从中找寻有助于自己写作或研究的相关片段，不过，这也够了。最让我佩服汪丁丁教授的是他的学术预测能力，比如他多年前对行为经济学的研究，多有远见，这表明行为经济学这个领域的重要，之后他又研究行为社会学等，而2017年的诺奖就颁给了行为经济学，你不能不佩服一个学者的远见与深邃。

赵汀阳讨论哲学问题

赵汀阳：

1961年生，广东汕头人。中国社会科学院学部委员、哲学研究所研究员、研究生院哲学系教授。研究领域涉及政治哲学、伦理学、历史哲学。代表作品：《论可能生活》《没有答案：多种可能世界》《思维迷宫》《天下体系：世界制度哲学导论》《没有世界观的世界》《第一哲学的支点》等。

《论可能生活》给幸福下了定义，幸福必须是一个事实才有意义。幸福是来自他人心灵的礼物。幸福始终是一件稀缺的事情，幸福的稀缺不是难以做到，而是许多人往往舍不得给别人幸福。《天下体系：世界制度哲学导论》是一本关于世界观、世界制度的政治哲学论著，它从"以天下为己任"的中国传统哲学概念引发，思考当今时代的世界政治秩序和未来世界制度，书中还附录了国内外众多知名学者对赵汀阳这本书的阅读体验以及学术讨论，使得本书的国际影响日趋扩大。

第五辑　兴衰浮沉

哲学家赵汀阳的难采访为业界所公认。能够专访哲学家赵汀阳,与其探讨哲学问题,一是得益于我所学的哲学专业,能够和赵汀阳对上话。二是此前采访赵汀阳时,他曾承诺找时间就其所著系列哲学著作的核心思想进行解读。两篇采访稿2015年5月和6月分别刊于《辽宁日报》阅读版,在哲学界引发热议。

许多人舍不得给别人幸福

高慧斌: 您在《论可能生活》中,先是区别了幸福感和幸福两个概念。幸福感人各相异,而且人的感觉基本不会犯错,因此不值得探讨;而幸福是个难题,因此才成为哲学最重要的命题。幸福不是通过个人感觉才实现吗?幸福是个概念,而幸福感才真实,哲学关注幸福感的意义是不是更大?

赵汀阳: 如果幸福只是主观感觉而无须事实证明,那么,主观的幸福感将是非常脆弱的,很快就自动破灭。主观感觉是典型的皇帝新衣。一个人当然可以自己觉得是什么样的,比如可以乐此不疲地想象自己是皇帝,但只要发现自己并没有可以行使的权力,感觉就破灭了。无论是爱情、友谊、成功还是别的感觉,都无法抵抗残酷的事实。问题在于,主观感觉无法占领客观事实,无法入侵客观事实,无力改变客观事实,因此,如果仅仅是主观感觉,是无法构成幸福的。幸福必须成为事实才是幸福。

即使一个人拒绝承认客观事实,只相信自己的主观感觉,把自己封闭在主观世界里,那也还是无法构成幸福,因为主观感觉本身是坚持不下去的,也无法自证,很快就自我错乱了。关于这一点可以参考维特根斯坦反驳主观"私人语言"的论证,那是一个无懈可击的论证,其细节说来话长,这里不详细叙述。总之,其结论是,如果缺乏事实的支持,缺乏外部真实世界的印证,主观性很快就变得无比贫乏,毫无内容,甚至自己无法肯定自己的感觉,所以,单纯的主观感觉是无效的。总之,幸福必须是一个事实才有意义。

自成目的之行为是幸福的,即使一件事情没有回报而你仍然选择做此事,那么这必定是一件幸福的事情。这是一个人自己能够决定的幸福。幸福是来自他人心灵的礼物。除了自成目的之行为,其他所有的幸福都是别人给你的。在这个意义上说,幸福是最大的礼物,而每个人都欠着别人的幸福。幸福始终是一件稀缺的事情,问题在于,幸福的稀缺不是因为难以做到,而是因为许多人往往舍不得给别人幸福。

选择未来是一种创作问题

高慧斌:您在《第一哲学的支点》中探讨的是一个无止境的无限问题。您提出并论证哲学还需要将"行"作为支点,现代哲学要从"思"的问题转向"行"的问题,从反思物的世界转向反思事的世界。您认为现代哲学"行"之不足体现在哪些方面?

赵汀阳:如果哲学思考的对象是物的世界,那么,"思"就是问题所在。如果思考的对象是事的世界,也就是构成历史、生活和社会的那个世界,那么,"行"就是问题所在。我试图论证的是,必须由人负责任的问题,同时也是人能够负责任的问题,是人如何选择未来的行为所导致的问题,而未来不可知,没有知识能作保,所以,行动即创作。因此,选择未来不是一个知识问题,而是一个创作问题。创作未来就是创作存在的历史性,在这个意义上,哲学的基本问题是存在论问题,而属于人的存在论必须同时是一种创世论,即创造历史的创世论。简单地说,自然创造世界,人创造历史,这意味着两种创世论,而所有知识无法解答的那些哲学问题都在创世论里展开。

第五辑　兴衰浮沉

未来天下体系没有老大

高慧斌：《天下体系：世界制度哲学导论》是您给出的关于世界的思想。在全球化日益发展的今天，怎样思考"世界"的确成了一个需要从哲学元理论上得到解决的问题。您的思路从关注中国到关注世界，这是出于知识分子的良知还是一个自然的转变？

赵汀阳：对不起，稍微修正这个问题。我并没有从中国转向世界这样的一个思维转向，我一直研究的都是普遍问题，大概属于你说的"世界"？哲学的关注点总是普遍问题而不是地方问题。毫无疑问，"天下"是属于中国思想的概念，但它的意义在于解释全球性所形成的世界问题。

我从1996年开始反思"天下"概念，一个契机是亨廷顿的文明冲突论，它使我意识到民族国家体系似乎没有希望解决世界的冲突，不仅实践上不可能，而且在政治理论上居然也一直缺失"世界政治"的维度，而只有从属于民族国家体系的"国际政治"，于是，作为政治存在的"世界"也尚未存在。我称之为"非世界的世界"问题。另一个契机是，我进一步多少有些惊讶地发现，伟大的康德永久和平理论对付不了亨廷顿的文明冲突问题，因为康德的和平是以民族国家体系和国际政治维度为条件的。这意味着，非世界的世界需要一个新的政治体系来建立存在的秩序，需要把非世界建构成为世界，需要一种新条件下的世界和平。在这个背景下，我重新发现了"天下"概念的理论意义，并且试图借助"天下"概念重构一个满足全球化条件的世界政治理论。

高慧斌：您构建的天下体系理论试图论证什么？

赵汀阳：一个充分有效的"天下"概念必需是一个三合一的天下，即物理的天下、心理的天下和制度的天下形成三重天下的重叠。人类政治生活需要在三个政治维度中展开：国家政治、国际政治、世界政治。世界政治仍然属于未来时，而天下体系是展开世界政治的条件；如果天下体系所展开的世界政治是和平合作的，那么它必须以"关系理性"去

如何阅读与思考

定义游戏规则，或者说，关系理性原则必须优先于个体理性原则。

十几年来，西方的许多学者和传媒，还有一些亚洲学者，都问过我几个同样的问题，看来是共同之忧。天下体系理论与西周的天下体系并不完全一致，其中的"改制"是什么考虑，天下体系确实是对天下概念的改制，这种改制的理由是，未来可能的世界体系必须满足全球化条件，当然不可能复制西周的君主制和分封制等，而必定是一个具有许多新因素的天下体系，绝非复古，而是重构。

高慧斌：天下体系是否是一个以中国为中心的变相朝贡体系？

赵汀阳：首先，朝贡体系是费正清等西方学者对自唐朝以来特别是明清霸权体系的失真想象，朝贡关系是有的，体系却言过其实，象征性的朝贡关系远远不足以构成实权的霸权体系。其次，如果天下体系在未来是可能的，也绝不可能是朝贡体系，而是一个互联体系，更具体的想象是一个在金融、技术和市场具有全球统一标准和运作条件下的政治合作体系。

高慧斌：在您看来，未来天下体系里谁将是老大？

赵汀阳：这个问题明显沿袭了帝国主义思路，或者说现代性的思路，可是未来世界的性质恐怕不再是现代性，而是全球性。因此，权力的存在形式也不再是国家或中心政府，而是全球系统本身，就是说，系统性权力将取代实体性权力去建构世界的秩序，是整个系统而不是某个核心去决定秩序。比如说，今天的互联网和国际金融系统就是未来全球系统权力的雏形。可以说，未来恐怕没有老大，因此，未来谁是老大是个无效问题。

天下体系是个哲学理论，并非政治学，但却得到中国和其他国家的国际政治学界的不少支持，国际政治学界的专家们也提出了许多重要意见，对此我深感荣幸和感激。

天下体系理论试图研究什么是使未来世界制度成为可能的客观条件，也就是未来世界制度何以可能的问题，类似康德式的分析方法，只

第五辑 兴衰浮沉

讨论可能性和合理性。我仅仅试图论证天下体系作为世界制度是合理的，但没有主张其伦理优越性，因此我把天下体系限制为一种理论，而不是主义。如果把天下说成一种"主义"，或许会与"天下"概念自相矛盾。儒家所阐释的"天下"概念有一个基本原则叫作"礼不往教"。一种伦理主张仅仅属于一种文化自身，如果以"往教"的方式加于天下，这种"主义"就真的变成令人担心的文化霸权了。

札记：没有专业学识很难和赵汀阳对话

采访著名哲学家赵汀阳，如果你不是哲学专业出身，或者对哲学不熟悉，我敢说，你也只有按采访提纲提问的份。赵汀阳的难采访为业界所公认。我能两次采访这位哲学家，源于我也是哲学专业出身，自认为还能与哲学家对话，这也着实让我兴奋了一阵子。

当得知我是吉林大学哲学社会学院哲学博士后，赵汀阳教授说他在吉大有好几个好朋友，还说接受哲学专业的记者采访还是第一次，要好好聊聊。

赵汀阳在业界的地位已不必多说。我在网上曾经看到一则信息说他是中国第一个自称是哲学家的人，就此问题，在采访中我曾求证过，但赵汀阳却给予了否认："我没有自称过什么哲学家啊，这是一个很老的谣传了，来源不清。关键不在是不是，而是我不讨论这些名利场的事情，想都不想。我只讨论问题。"看来，这是别人说的，安在他头上的。

采访稿分上下两篇，上篇谈何谓哲学，本文是下篇。因稿子太长，赵汀阳删节一些，稍加润色，让我用修改后的定稿，还一再告诉我，天下体系那个部分，因为涉及学术讨论，如果要修改一句话，千万要替换，千万别改错。因等版面，采访稿未及时发表。2015年4月23日，赵汀阳教授问我："访谈发表了吗？建议做个微信版，现在人们看微信，我的朋友们很少看报纸。"

如何阅读与思考

出于相同的哲学专业，我的感觉是，中国的哲学界像赵汀阳这样坚守阵地的学者真不多，他思考的是哲学的真命题，他几乎每年都有新著出版，探讨的全是与当下社会转型密切相关，甚至与我们每位公民利益相关的哲学问题，他思考的是哲学命题。他的哲学研究自成体系，并且是按部就班地向前推进，他试图给这个社会、给这个世界一个哲学答案：世界是可以和平的，是可以共同发展的，是可以没有战争的，生活在这个世界上的人是可以获得幸福的。当然，他的理论也只是理论而已，他的思想是否被政治家看到，是否被政治家认可或采用，那是理论能否变成现实的问题，作为理论工作者，他履行了自己的使命。

赵汀阳的插图是极好的，有幸随采访请其为辽报提供两幅插图，一幅是《笨鸟先飞》，一幅是《工作重在表现》。两幅图提供给了理论部配发理论文章出版，见报后给其稿费，赵教授说不用稿费了，就当支持我们办报了。

与赵汀阳在微博上互动不断，我知道了这些年由于不断地写作，赵汀阳的身体处于亚健康状态，一次跟他索要签名书，他说头痛出不了门，没法邮寄。2019年4月25日收到赵汀阳转来的微信长文《最坏可能世界与"安全声明"的问题》，讨论科幻现实并思想未来。这样的长文是我这样的哲学学人的至爱。

曾向赵汀阳请教哲学产生根源问题，因为哲学产生于闲情逸致，这可是出自不少哲学家之口，赵汀阳反其道而行，对此进行了否定，但我同意他所说的，哲学产生于思想的焦虑。但我同样也认同哲学产生于闲情逸致，因为历史上不少大哲学家，比如康德、黑格尔、叔本华等，可都是不愁吃喝的。否则，连吃饭都成问题，何谈哲学思考？

采访赵汀阳我没完全从学术问题着手，我从看似简单的"哲学是什么"开始提问，请哲学家给读者进行一下知识或理论普及。我们在本科开设哲学课程时，就有好多困惑的问题，比如哲学到底是什么，应该是什么，能够是什么？至今这一困惑也没完全解除。对于"哲学是什么"，

第五辑 兴衰浮沉

赵汀阳说，如果给出一个貌似能够共同认可的说法，比如说哲学是对世界、意识和生活的根本问题的研究，其实等于什么也没有说。如果把哲学说成是世界观、人生观、历史观之类的三观，恐怕就与哲学背道而驰了，因为各种"观"正是哲学反思、怀疑或批判的对象。人们迷恋概念和定义，好像给出个概念和定义就等于把握住了事物，可是，事物总在语言的缝隙中流走。

赵汀阳给我讲述了他了解到的哲学史上对"哲学是什么"的讨论，他从亚里士多德、笛卡尔、休谟、康德、胡塞尔讲到维特根斯坦，听哲学家讲哲学家，真是一种无法复制的精神享受。赵汀阳最后说，我们实在没有必要为哲学的定义而烦恼。"哲学之根"或许是个更值得思考的问题，它更能够说明哲学因何种问题而烦恼。哲学产生于思想的焦虑，而不会产生于闲情逸致，尤其在文明早期，人们不会平白无故去思考艰难的哲学问题，绝不会有闲心出于纯粹的知识兴趣去思考世界万物的根源之类无关生存的问题。

能成为和这位知名的哲学家随时请教的朋友，是我的荣幸，这归因于我所学的哲学专业。感谢哲学专业。

徐则臣、李浩、马笑泉、弋舟、石一枫讨论"70后"作家

徐则臣：

　　1978年生于江苏省东海县。《人民文学》杂志副主编。代表作品：长篇小说《北上》《耶路撒冷》《午夜之门》等，中篇小说《跑步穿过中关村》《天上人间》等，短篇小说《如果大雪封门》《花街》等。

李浩：

　　1971年生于河北省。河北师范大学文学院教授。代表作品：小说集《将军的部队》《谁生来是刺客》《N个国王和他们的疆土》等，诗集《奇迹》《还乡》《你和我》等，评论集《匠人坊——中国短篇小说十堂课》《阅读颂，虚构颂》等。

马笑泉：

　　1978年生于湖南省隆回县。湖南省作家协会副主席。代表作品：长篇小说《迷城》《银行档案》《巫地传说》等，小说集《愤怒青年》，诗集《三种向度》等。

弋舟：

　　1972年生。《延河》杂志副主编。代表作品：长篇小说《跛足之年》《蝌蚪》《战事》等，中短篇小说集《庚子故事集》《丙申故事集》《丁酉故事集》《刘晓东》等，随笔集《从清晨到日暮》《无论那是盛宴还是残局》等。

石一枫：

　　1979年生于北京。代表作品：长篇小说《漂洋过海来看你》《借命而生》《心灵外史》《红旗下的果儿》等，小说集《世间已无陈金芳》《特别能战斗》等，译作《猜火车》等。

如何阅读与思考

2016年北京图书订货会，与往年一样，各出版社邀请一些作家前来捧场，或推荐其作品，或就某文学话题在展厅内进行研讨。北京十月文艺出版社邀请徐则臣、李浩、马笑泉、弋舟、石一枫讨论"70后"作家的创作，并展望文学未来前景。前来捧场的读者太少了，只有十几个读者围观这几位风头正旺的"70后"作家侃大山。看到这些"70后"作家抱团取暖、互相鼓励，不为他们写上一笔，委实不忍，于是现场对几位"70后"作家进行专访。

李浩的作品很先锋

高慧斌：弋舟老师，您曾获得过鲁迅文学奖、郁达夫小说奖、百花文学奖等，同是"70后"作家，您如何看待李浩的作品？

弋舟：李浩在"70后"这代作家里，写作特点是比较鲜明的，他身上先锋小说家的气质依旧保持得比较好，恰恰因为他的这个特点，他身上会额外担负一些文学的责任。对于先锋小说，他不仅一路坚持写下来，而且还保持并发扬了这种独有的精神气质，这已经非常不容易了，他还能够写出新意。最难得的是，他的作品还能够被大范围的认可和接受，这本身就是一个奇迹。李浩让人们知道，原来这个时代，小说还可以这样写，还可以为我们保有某种探索的路径，这就是李浩的意义。

高慧斌：徐老师，这两年您的作品引人关注，《耶路撒冷》去年大热，这部书被翻译成意大利语、西班牙语、日语等多国语言，新版的《跑步穿过中关村》也广受好评。您又如何看待李浩的作品？

徐则臣：我也承认李浩的作品很先锋，先锋到什么程度？每次来开会的时候提到李浩，大家都说他是那个老是谈卡尔唯诺，老是谈博尔赫斯的人，这几年人们不像20世纪80年代对博尔赫斯、卡尔唯诺那么"感冒"了，但这恰恰是李浩的价值。我们都在谈卡尔唯诺，是因为卡尔唯诺很重要，既然这么重要，我们中国为什么不能有一个李尔唯诺、马尔唯诺？现在如果有这么一个唯诺的话，李浩就是这个李尔唯诺，他的确是曲高和寡，非常独特。文学之所以有意义，每个作家之所以有意义，就在于他能够提供只有他才能提供的那样一个东西，这个东西才构成我们这样一个生态非常好的文学百花园，李浩是非常重要的一笔。

如何对抗技术思维的异化是核心问题

高慧斌：马老师，今年您出版一本长篇小说《迷城》，讲述了一个小县城经过现代的撞击发生的变化，以及一些中西、新旧冲突之间的故事。您认为我们这个时代最核心的问题是什么，文学作品如何描述这些问题？

马笑泉：我们这个时代最核心的问题，就是如何对抗技术思维的异化，以及从这个对抗中最大限度地把人的自由性、创造性释放出来。文学恰恰回到了它应该回到的位置。在20世纪80年代，文学承担了政治、教化、道德宣教等太多的功能，甚至有审美和娱乐的功能。80年代，一个作家到一个小县城，会万人空巷，今天我们不再享受这个风光，但这恰恰是一个作家应有的位置。

高慧斌：徐老师，您也非常认可同一个年龄的人，相互之间的彼此理解、彼此温暖。是不是有些东西，只能是同一代人相互之间才能感知到的？这是您所谓的"代系"问题吗？

徐则臣：是的。曹雪芹和托尔斯泰只能出现在那样的时代。这个时代会不会出现托尔斯泰，会不会出现曹雪芹？我们都认为肯定会，现在也许已经有了托尔斯泰，有了曹雪芹。在托尔斯泰时代，整个俄国也在抱怨说这是个波澜壮阔的大时代，是应该出现大师、经典的时代，我们这个时代为什么没有歌德，没有但丁，没有《浮士德》，没有《神曲》？我们在21世纪发现，那个时代是有但丁、歌德，是有《神曲》和《浮士德》，只是那个但丁不叫但丁，歌德不叫歌德，叫托尔斯泰，叫陀

如何阅读与思考

思妥耶夫斯基,他们的《浮士德》和《神曲》是《战争与和平》,是《安娜·卡列尼娜》,是《白痴》,是这样一些作品。在但丁的时代能够产生但丁,在歌德的时代产生歌德,而在托尔斯泰的时代,在曹雪芹的时代,就只能产生像《战争与和平》《红楼梦》这样的作品,这时你就会发现,"代系"这个词其实是有用的,因为文学跟时代之间有某种相对应的关系。

徐则臣是"70后"的代表性作家

高慧斌：石一枫、李浩老师,您们如何看待"'70后'作家生活在夹缝之中"的说法？

石一枫：谁夹你了,你配谁夹？！我觉得这很奇怪,公民都有宪法赋予的写作的权利,谁允许你写什么,不允许你写什么,没人夹你。能够写点东西,能够出点书也是挺幸福的一个事,干吗非得抬头看看谁又夹你了,谁又挤你了？我觉得这个说法特别没劲,都是男作家,最后活得跟怨妇似的,特别无聊。80年代,格非《春尽江南》里的那个诗人,玩弄人家女青年还偷人家钱包,现在作家不红了也挺好的,少祸害点女青年。真别觉得作家的个人品质就比一般人高,我觉得不一定。

李浩：我认为徐则臣是"70后"的代表性作家,无论是在他的写作经典性,还是在影响力上,他都是具有代表性的作家。读他的作品几乎没有见到过他所谓的"青春期写作",每一篇给你的感觉都是那么精到、老道。他在技艺的掌握和想要的表达之间建立通道,是那样地游刃有余。这两点让我非常之羡慕,因为这两点恰恰是我始终做不好的。他有良好的视野和庞大的野心,这在"70后"里面也是相当显著的,即使在"60后""50后"的作家里面,能有他这样的庞大野心的人也并不多。

第五辑　兴衰浮沉

札记：一代作家遇到了难题

关注到"70后"作家创作遇冷而抱团取暖的现象，我曾为此话题专门请教了著名评论家张莉教授，请其分析"70后"作家创作遇到难题的原因以及出路何在等。

张莉教授认为，"70后"作家抱团取暖，这是一代作家遇到了难题。近五年来，"70后"已经成为当代文学领域最勤勉、最沉默的写作中坚，不仅仅是中短篇创作，长篇创作中也有《耶路撒冷》（徐则臣）、《认罪书》（乔叶）、《六人晚餐》（鲁敏）、《天体悬浮》（田耳）这样的优秀作品问世。他们以属于自己的方式言说，记下我们时代微弱和痛切的声音。因为他们越来越了解，写作比沉默更有意义，面对时代比背对时代更有价值。

对于"70后"作家的创作特点等，张莉教授在其著作《持微火者》中也曾作过专门分析。我特别认同张莉的观点。

张莉在接受我的采访时也复述了她在《持微火者》中的观点。张莉解释说：在对生活的理解与对人性的理解方面，"70后"小说家也显示了他们与"60后"作家以及"80后"作家的不同。与"80后"作家相比，"70后"小说家温柔敦厚，他们对生活充满着温情，对人性与生活永远有着同情和理解。他们没有陷入金钱世界的冰冷，在尽最大可能表达一代人对生活与人性的认识。与60年代出生的作家笔下对人性的书写尖锐而咄咄逼人不同，"70后"小说家笔下的人性有着复杂的意味，他们的书写是富有宽容度和富有弹性的，他们与社会和世界的关系是善意的、和解的。然而，"70后"作家没有得到像"60后"和"50后"作家的文学地位。

对"70后"作家创作遇到的困境，张莉认为，这也是新时期文学30年发展的一个瓶颈："70后"作家参与建构了中国当代文学近10年来的创作景观，其整体创作倾向于日常生活的描摹、人性的美好礼

如何阅读与思考

赞以及越来越喜欢讨论个人书写趣味，这应该被视作一个文学时代到来的必然结果。

一个辉煌的文学时代到来过，也结束了。"70后"作家创作遇冷也是时代使然。根据我多年来对作家的采访经历，个人以为，"70后"作家互相打气，也不太可能改变创作遇冷的局面。因此，有的作家还怀念过去外出被万人包围、被崇拜，就不切实际了。现在的选择太多了，多元价值观及审美标准使人们的阅读品味发生了变化，创作遇冷并不完全是作家自身的问题。在此情况下，作家们才应该抱团取暖。

据我的观察，当下的文学圈子真有点自娱自乐的味道。我经常看一些作家的微信朋友圈，他们另一类抱团取暖的方式，多是哪位作家发表了一篇美文，或出版了一部作品，能帮助写个书评最好，若不能，也会微信转发，这也是一种支持和互慰，甚至发几句感悟，也一样温暖。但即使如此，分享者也寥寥。比如谢有顺教授是位勤奋的微博写手，经常在空间分享自己的书法及讲课、演讲的信息等，内容丰富，品相极高，但关注者寥寥，粉丝也没几个。

传统媒体，何尝不是如此？

何建明讨论"畅销书"泛滥

何建明：

1956年出生，江苏苏州人。中国作家协会副主席，中国报告文学学会会长。代表作品：《落泪是金》《中国高考报告》《部长与国家》《红墙警卫》等。

每年的全民读书节，如何读书以及读什么书成为一个老生常谈的热点话题。就目前出版、创作市场及国民阅读现状等，我专访了中国作家协会副主席、著名报告文学作家何建明。何建明表示，现在市场上相当一部分所谓的"畅销书"并非真正的好书，却有巨大市场，也吸引了很多年轻读者。"畅销书"泛滥这种风气严重影响了全民阅读的品质，并消化了那些真正的读者，也影响了全民阅读的兴趣。不刹一刹这种浪费、奢侈甚至腐败的出版现象，全民阅读就不会有根本性的改变。稿件2015年5月4日刊于《辽宁日报》阅读版，引发广泛关注，被新华网、中国作家网等转载。本文与见报稿不同。

如何阅读与思考

全民阅读形式发生了变化

高慧斌：第十二次全国国民阅读调查报告刚刚发布，数据表明，2014年全国国民纸质图书阅读量仅为4.56本，比上一年减少0.21本。您如何看待国民阅读的现状？

何建明：作为"全民阅读"的提案人之一，我看了这个数字也确实有些吃惊。政府和相关单位这些年一直在大力倡导全民阅读，而且给我们的感觉也是各方面都在做大量工作，在不断推动全民阅读热潮，包括今年总理的政府工作报告也特别提到了"全民阅读"，等于是政府已经把它列入国家工作的战略层面上了。我们理当看到更多人对阅读兴趣有个大的提升，而非下降。确实现在大家对阅读这件事似乎提不起劲来，诸如碎片阅读、快餐式阅读等风起云动，势不可挡，而我们讲的全民阅读，似乎更多侧重于纸质图书的阅读。

毫无疑问，今天的阅读肯定不是一年比一年少，只是大家纸质图书的阅读少了。到底什么才是全民阅读，这个概念和内涵现在不是太具体和清楚，通常我们理解的全民阅读主要是对纸质图书的阅读。据我所知，好像全国人均一年阅读纸质图书4.56本，还包括了学生的教材图书。如此，减去这部分教材阅读，全国人均阅读图书量其实也就是一两本而已。这个量肯定是太少了。以色列人均年读书量为70多本，这么一比，中国人确实也太不爱看书了。

事实如此吗？我想不一定，中国年轻人抱着手机的时间恐怕是全世界人均时间最多的，上网时间也可称得上独一无二。在手机和网上的时间里，年轻人除了发个人短讯、聊天交流和看游戏、新闻、八卦外，还是有相当的时间是在阅读，阅读各种知识。这一部分算不算阅读？我认为不能简单地把它视为非阅读。我认为，现在中国人的阅读量还是在上升而非下降，只是在阅读形式上发生了变化。当然，从传统的概念看，从我们期待的"细阅读"的意义上讲，确实现在的人浮躁，不爱正经地看些经典、好书，看些应该看的书。比如年轻的文学爱好者，爱看网络文学，一看几个小时，这算不算是阅读？我说不准。但西方发达国家，没人说他们有所谓的"网络文学"，他们认为，要看书，就得到书店里买，并且认为这才是真正的看书。到底是我们在阅读上走对了路，还是人家走得对，大家都想一想，或者再看一看，最终大家会得出结论，即什么才是真正的阅读。

毫无价值的书出版太多

高慧斌：阅读的碎片化和阅读数量少，除了升学或工作压力外，是否和出版及创作市场也有关？比如我们的创作群体有没有多层次地满足国民阅读的需求？

何建明：这是毫无疑问的。有时我到书店转转也有这种感觉，一进书店，觉得进入书海，太惊喜和欣慰了，可走了一圈，发现没几本好书，或没几本特别吸引我的好书。这是个大问题。我既是写书人，也当过出版人，我可以负责地说，现在出版的书大多的是废品和重复品，真正的好书并不多，这是个事实。有关部门每年的蓝皮书中所说的出版业如何，听起来数量巨大，一年比一年好，但我知道，就具体的出版社来说，这些年好书出得一年比一年少了，数量几乎是年年下降。但每年各出版社出书的数量并不少，甚至一年比一年多，出的毫无价值的书太多，这种现象不仅仅是文学类书籍，科技、科普、少儿类的都是如此。所以大家一方面感觉书成海成灾，一方面根本就见不到什么好书。这实际上也影响了全民阅读的兴趣及全民阅读品质的提升。

写书人，具体地说我们这些作家，中央现在很重视，一直在提倡出精品力作，相关部门下的功夫似乎也很大，每年各种"工程"式的创作任务越来越多，财政支持的力度也前所未有，"砸钱"出书、组织出书、组织创作的活动越来越多，结果是好书更少了。因为真正写好书的人根

如何阅读与思考

本没有获得实际的支持和帮助,他们依旧按照自己的创作规律在写自己喜欢的书,而那些跟风、跟潮的书他们是不会去写的。去写那类书的人从一开始就断定了他们是不会写出好书的,故市场上似乎书很多,实际是垃圾书居多。这种现象非常严重,不刹一刹这种浪费、奢侈甚至腐败的出版现象,中国的全民阅读就不会有根本性的改变。

造势炒作出来的"畅销书"影响极坏

高慧斌:目前出版市场经典不多,"畅销书"抢了经典的风头,与创作者队伍和出版市场的浮躁及拜金主义等是否也相关?

何建明:我认为有一定关系。现在市场上相当一些所谓的"畅销书"并非真正的好书,却有巨大市场,也吸引了很多年轻读者,这种风气其实也严重影响了全民阅读的品质,并消化了我们应有的那些真正的读者。一些所谓的"畅销书"之所以畅销,一是有人通过炒作在吸引公众眼球,先造势,其造势使得公众失去了独立判断,这在年轻读者中起的作用极坏,因为许多年轻人喜欢热闹、跟风。二是所谓的"求新""赶潮""前卫",这是当代人的一个特别的行为与心理,认为什么东西都应以"新""潮""前卫""另类",甚至是所谓的某种"发明""创造"来博得市场,故不断有奇出怪样的各种新书,新冒出的作者、作家,把整个读者的判断力给弄混淆了,于是读者不知读什么书为好,更不愿去碰经典了。

当代中国人的信仰和精神品质上的下坡现象是不争的事实,原因之一就是不阅读好书,好书不被看好。

我曾提议,有关部门要大力整顿出版市场,要严格控制出版物出版。现在一年出的文学图书,光长篇小说就有万部以上,这还不包括所谓的"网络长篇"。就按1万部长篇小说算,其中有几部是好的长篇?有几部是百姓爱看的长篇?又有几部是符合社会主义核心价值观,又有品味的好长篇?我敢说没几部。那剩下的9000多部是不是可以少出、不出呢?

这样，读者也不会眼花缭乱了，大家买书也就多了些目标。这恐怕一时还做不到，但这是必由之路，否则好书也会沉在海里。因为普通读者谁有时间和能力去在1万部小说中寻找出几部自己喜欢的又非常好的书？不可能。宣传广告上都说是好书，空前绝后的好，你能相信谁？最后干脆就不去买了，书都不买了，还哪来阅读的提高、提升？

经典应当继续更新发展

高慧斌：现在大师级的作家和经典作品都少了，没有大师级的作家，就创作不出伟大的经典作品。我们处于一个伟大的时代，按理说，伟大的时代，经典作品应该层出不穷，但事实并非如此，您认为最深层的原因是什么？

何建明：什么是经典，什么是这个时代大家认为的经典，这个问题其实是需要讨论的。经典的作品毫无疑问是我们最重要的阅读对象。今天真正提倡全民阅读的作品以经典为主，然而经典并非对所有人适用，经典也是在不同时期对不同人合适而已，经典随着时代和历史的变迁也会大浪淘沙。经典其实是大家在阅读中的共识和经验的积累，因此，经典本身也应当在不断的大浪淘沙中继续更新发展。所以不一定当代就没有经典。今天的作家就一定不如几百年、几千年前的人？今天的作家就一定写不出来好作品？我自己首先就不服气。

事实也是如此。但今天确实存在一种认知，就是即使你的作品写得再好，你在公众的口味里绝对不会比那些经典作品吃香，绝对比不上大家已经约定俗成的经典。这是没有办法的，这也是一种僵化的观念。比如我写了几十年报告文学，有些作品也很受读者欢迎，老实说我知道这些作品远超那些几十年前出现的经典作品，无论从思想上还是艺术上，但我只能默默地承受无法在现实和读者中超越的客观事实。因为我这个时代的许多东西早就变了，人们不再为一两本书发狂了，可看的东西太

如何阅读与思考

多，好东西太好，大家口味也变了。你想超越谁？即使几百年后有人会把你的作品捧为经典，但现在不行。

只有加码自己的实力，写出更好的作品，否则这个时代更不认你。

在今天海洋一般的书店里，经典或接近经典的好书仍然是有的，只是我们可能没有发现。要看好书，需要自己去寻觅、品味，尤其要寻找那些适合自己的好书，这是特别重要的。

札记：想采访到大名人应学会跟其秘书打好交道

吸引我要采访何建明的，不是他的中国作家协会副主席的身份，而是他的散文及创作态度，尤其是他对阅读的真切关注，由他来评析出版及阅读市场现状，权威性不容置疑。

何建明是一个非常热情的人，面对记者采访，他有求必应，非常随和，给我留下了非常深刻的印象。而我非常认同他对如何读书、读什么书、作家如何创作、出版社应该出什么书，尤其是经典作品如何认定的独到见解。

能够采访到何建明副主席，得感谢范秘书的帮助。多年的从业经历，我深知与秘书们打交道，必须真诚、谦虚、理解，之后是不断的催问，几个步骤下来，一般没有采访不到的。

然而，要想得到名人或领导秘书的联系方式，却非易事。大凡采访，只要能联系到被采访人，就有了三分之一成功的希望，这得益于记者的人脉。记者见识多，是因为工作的需要，你要见证各种历史时刻，如果能利用这样的时刻多联系人，建立广泛的人脉，并在此基础上进行妥帖的维护，你就能采访到别人采访不到的重要人物，能得到别人得不到的重要线索。所谓"记者是社会活动家"，即谓此。然而，多数记者的通常做法是，见证了常人见证不到的场合，却没有进行有效维护，没有积累并建立起人脉，白白浪费了本可以利用的资源。

第五辑　兴衰浮沉

从中国作家协会一位关系甚好的朋友处，我得到了何建明副主席范秘书的联系方式，于是发信息表达采访意愿，请其帮助转递。之后，我打电话进行沟通，因为直接电话联系似乎不太礼貌，短信先行，简单介绍后，再表达大致的采访愿望，之后再打电话。如果你的口才足够好，口齿清晰，尤其是准备足够充分，也能帮助你加速完成采访。

这么多年我见过太多名人的秘书。采访大名人，必须先跟秘书打交道，如果这一关过不去，就休谈采访了。某年，通过某个国际会议，与国务院发展研究中心某大领导的秘书建立了联系，主要是由于我们都攻读过博士学位，相同的读研经历，相同的面壁读书之苦，才惺惺相惜吧。他帮我打通了国务院发展研究中心几乎所有处室的采访通道，为我提供了太多的采访信息，那几年，我专访国务院发展研究中心的各个部长，犹如采访省内人物一样便利。从股权分置改革到社保体系建设，从三农问题到金融保险，从东北等老工业基地振兴存在的问题到如何解决问题等，涉及了彼时最热的话题。我采写的上百篇财经深度报道，提升了辽报的权威，也奠定了我个人在业界的影响力。

某年，通过一个北京名人的画展，我见到了国家图书馆馆长任继愈先生，会后采访也是通过其秘书的联系。任先生为我提供了费孝通先生、于光远先生和启功先生等的联系方式，我顺利采访到前两位先生，因启功先生身体有恙而错失了采访机会。

这次通过范秘书的沟通，采访意愿很快达成，于是提交采访提纲，想不到，何建明副主席在几天时间内就发来长篇答案，限于篇幅，只能进行大幅删节，改后稿传回，并未修改一字。我感觉这并非我的水平高，而是一位以文字为生的作家，对同样吃文字饭的人的尊重。内心不禁一阵激动，其中也包含对这位作家的感激。

其实，何建明对今天的出版及阅读市场早有思考。他的思考也见证了我的观察。他说，今天的书真的实在是太多了，多到我们无法选择，因此，今天面对书山书海，我们早已不再把书当宝贝。

如何阅读与思考

何建明告诉我，年轻时，我们热爱文学，要读的书却太少。文学又让我们知好与坏、错与对，而更让我们明白了读书和品味书中的知识与人生经验是何等的重要！如今有一个问题，我想问自己，也想问大家：如今到处书山书海，我们为什么不再把书当成宝贝？如今我们从事与文学相关的职业，为什么许多人并不把文学当作一种神圣？这到底是进步还是倒退？

何建明看到的问题，值得我们深思。

附　录

记者高慧斌是如何攻下那么多名家的

《辽宁日报》新媒体记者邢宇

梁晓声、何建明、朱大可、贾平凹、陈冠中……这些名声响当当的中国文坛大家们，先后在《辽宁日报》每周一的阅读版上与大家见面，他们或讲述写作故事，或与读者分享读书心得。这些文字充满了理性的光芒又蕴含饱满的情感，细细品读，受益匪浅。细心的人会发现，和这些文化大家的名字紧密相连的是"本报记者高慧斌"，她同时也是阅读版责任编辑。

频频与文化名家们对话过招，绝非凡夫俗子能够应对得来的，高慧斌，究竟是怎样一个人呢？温婉的淑女？孤傲的才女？还是记者行业中常见的泼辣女汉子？还是以上特征兼而有之？我是不会告诉你的。只有一点说明，她是个不戴近视镜的女博士。

"你可别说采访我，我紧张！哈哈……"那天下午，听说要让她讲讲自己采访文化名人的事儿，高慧斌的第一反应是用手捂住了脸，拒绝……然而，熟悉她的人都知道，当过教师的高慧斌，是开朗健谈的，声音清脆，语速很快，和人聊天的时候很爱笑。这不，唠着唠着，话匣子打开还收不住了呢！

有股倔强劲儿的女博士

高慧斌博士研究生刚毕业来到《辽宁日报》时，领导本想把她这个哲学博士安排做理论版编辑，但怀揣新闻理想的她，大胆地找到领导要求先当记者出去跑跑，积累实践经验，她的想法得到了领导的支持。八个月后，爱看书的她当上了读书版的编辑。

高慧斌不笑的时候，你会从她紧抿的嘴角，读出一股倔强劲儿。"刚当记者的时候，两眼一抹黑，那些全国知名的专家学者，根本不知道我是谁，也不想接受采访，没办法，我就搬出我的导师来，说我是高清海教授的学生，我的导师名气大呀，这样对方就给我面子，接受采访了。"那时候，网络还不够普及，想找到一个外地的采访对象是很不容易的，高慧斌总是能想方设法，百转千回地找到想采访的对象，并说服对方接受采访。

正是凭着这么一种不屈不挠的韧劲儿和坚持，高慧斌出色地完成一个又一个名人的访谈。

几年后，她采访季羡林、王蒙等42位名人的专访深化后，出版了《魅力人生》一书。这里所说的"魅力人生"，当然是指被采访的那些名人的人生，但高慧斌的人生何尝不充满魅力！

凭着"三个不"做好阅读版

高慧斌目前正在做的阅读版，是今年辽报改版后新创立的版面。她用了"三个不"来总结自己的感受。

第一个是"不淡定"。时隔多年，当过读书版编辑的高慧斌成为新的阅读版编辑的不二人选。虽然是喜爱和熟悉的东西，但高慧斌最深的感受是不淡定。"为啥？""因为是重操旧业，领导期望更高，自己对自己的要求也高了，所以不淡定。"

第二个是"不容易"。文化名人大家，无论是约访还是约稿，都不

附 录

是易事，越是"大家"越如此，有人因为身份地位不肯轻易接受采访，也有人自身工作日程很满很难约到。

高慧斌讲了她约访中国古典诗词大家叶嘉莹先生的"坎坷经历"。起初通过出版社编辑与叶先生的助手取得联系，你来我往半月有余，高慧斌争取到叶先生助手的联络方式。对方也很忙，陌生电话根本就不接，高慧斌就用一条又一条短信表达采访意愿。终于，对方答应从中牵线。然而，91岁高龄的叶先生只同意通过电子邮件联系。

第一次电邮往来是元宵节前，高慧斌将采访提纲和书摘发过去后，当天半夜时分，新邮件提醒，让高慧斌先是一喜，继而一惊，心都凉了，邮件只有12个字："语句不通，用意不明，无法答复。"高慧斌知道此前发过去的没有经过仔细修改的书摘，被叶先生"嫌弃"了。她赶忙重写了一份邮件，恳请对方的原谅，并详细说明了采访计划。"道歉，请求，恳请……"这一夜，高慧斌难过得无法入睡，一直在想怎么办。清早起床，她又写了一封补充说明的邮件。

在忐忑不安中，终于等来叶先生助手的回复，助手本人也很忙，被高慧斌一再的恳求所打动，于是介绍另外一个叶先生信赖的人，协助高慧斌完成采访。就这样，用了将近两个月的时间，高慧斌终于如愿将叶嘉莹先生"拿下"，完成专访。

"叶先生的诗太美了，很多读者和我一样珍视、喜欢，所以我一定要做到，就想以此引导更多的人爱诗、读诗，传承中华民族传统文化。"高慧斌很动情地说。

第三个是"不放弃"。高慧斌说："采访名人不容易，有时候自己也想：要不算了，换个容易采访的人。然而，转念一想，这些不容易的采访才是更有价值的，所以不能放弃。"

高慧斌说："就像'阅读版'开版语说的那样，读书人是幸福人。引导大众阅读的人，更是幸福的。"

（此稿发表在2015年5月19日《辽宁日报》网事版）

如何阅读与思考

札记：我是被辽宁日报社当作人才引进的

被从业的媒体报道，被同事采访，采访者成了被采访者，上了自家报纸，这是我未料到的。记者，历来是把自己隐于幕后，用手中的笔记录他人，当有一天成为报道的对象，收到人们的祝贺，这是大家对我的认可，虽有了一点成就感，但我知道自己的分量，谦虚的本性没有变，新闻的激情没有减。

能得到认可，我是发自内心地感谢识人能用的辽宁日报社丁宗皓社长。丁社长是位学者型的领导，他的散文写得极好，在业界是被公认的，那是我无法评价的。我敬佩丁社长的学识，更敬佩他的办报视野。让我办阅读版，从未设置框框，完全放手，你采写得好，他一眼就能看出来，给你肯定鼓励，谈稿时跟各位主任讲稿件的意义和价值，评报时大加赞赏，这是我感觉最良好的时刻。当然，你写得不是那么好，或者有点问题，他能马上指出你的不足，那个精准，也不是一般领导能做得到的。在这样的领导手下工作，有成就感，有动力，你得不断提高、进步，得能跟上领导的思路和工作节奏，你得每天都把自己当新兵，压力也真大。每天与书打交道，有一个宽大的、能施展的平台，是多么幸运。我一直感受着这份幸运。

同事的笔再现了我的一个工作瞬间。我采访名人，时间不短。进入辽报之初，我就意识到必须以名家观点支撑并提升报道的影响力，这个做法于央媒已是常态，而对于地方媒体，采访名家有一定难度。正因为有难度，你能采来名人，报道才会有影响力，当一位名家的名字出现在报纸上，即使读者不会从头到尾读完，也会看上几眼，这就是报纸的影响力。而有影响力的报道，会有读者关注，还会收到读者的反馈和反响。

当年，我是被辽报当作人才引进的。引进的原因，一是名校毕业，二是高学历。我从吉林大学哲学社会学院毕业，获得哲学博士学位，

附 录

当时也是全省新闻界首位博士研究生。刚进辽报没多久,我就如今天这样,自编自采阅读版,开始策划约访名人名作,开了辽报约访名家之先河。

因为我所学的哲学专业,刚入职时,我被安排到辽报理论专刊部,安排我编理论版。我心里是一万个不情愿。我的想法是要在辽报这个宽阔的平台上,学会如何当一个记者,那可是跑全省一些战线的记者。我最想跑的就是经济战线,当一名合格的经济战线的记者,未来成为半个经济专家,这是我最大的愿望。如果没有跑熟一个战线就直接当编辑,而且还是理论版的编辑,如此,我不知新闻该如何写,也不知记者到底是如何跑新闻、如何写出新闻报道的。

于是,我找领导表明态度,软磨硬泡,虽然最后还是没能脱离理论专刊部,但领导允诺我可以不编理论版,让我从事教育、新闻出版以及政法战线的深度报道。虽然我那时没能从事经济战线的报道,但只要能当记者,也算是心想事成。当然,还没到三年,我就如愿进入辽报产经新闻部,开始了长达12年的财经深度报道,实现了当初预设的理想。当然,这是后话。

初当记者,那个激动,浑身有使不完的劲,也真是初生牛犊不怕虎。我那时就有一种强烈的感觉,当一名记者,首先要练就一身基本功,要有新闻敏感,要靠名人提升报道质量,这不是我个人要沾名人的光,而是信息社会,在海量的信息中,要想找到独家新闻并不容易。而策划出好话题,约访到名人,报道的影响力和权威性就会随之而来。

那时,工作没像今天这样竞争激烈,但我若按部就班,不仅不能脱颖而出,还可能会招致议论。因此作为辽宁新闻界首位高学历记者,我"压力山大"。

有人说,高学历并不代表高水平,我也认可,但我不想成为高分低能之人。初来时,在人们对我还不了解的情况下,我听到的是这样的声音:"这个工作,高中生就能干",也有人认为我屈才。我只能走出一条新路,

如何阅读与思考

不断提升自己，让事实告诉大家，我到底行不行。

多年来，凡是我自主设计的采访话题，都是盯着名人。采访名人让我内心十分饱满，这是一笔宝贵的精神财富，我深深感谢辽报给我提供的平台，因为并不是所有同行都有我这样的幸运。

但采访名人之难，非有此番经历者不足道。此间，我克服了重重困难，其中的酸甜苦辣，也促使我写成此书。

后 记

这篇后记断断续续写了两年多。

提笔写这篇后记的前两天,我用两个通宵重读了奥威尔的《一九八四》,这是我第三次品读这部经典。昨天,读完了《王国维与马衡往来书信》,想想两位大师在那样的年代,竟然那般心无旁骛地思考讨论学术问题,不由得让我肃然起敬。这样的阅读转换,是我的读书常态。

今天,刚读完日本作家所著的《萧红传》。这本书虽然对作家萧红的所有作品都进行了分析,但仍未跳出多角恋的纠缠,决定不作推荐,我不想让读者再度消费这位传奇女作家,这不公平。向读者荐书考验的是我的欣赏水平、我的阅读视野,当然还有良心。

刚刚收到诗人西川发来的信息。他说,《十三邀》许知远与西川的对谈,点击量已超过1500万。这么高的关注度,真的吓了我一大跳。西川说他们谈得不错,于是马上看。

原本期待许知远能向西川问出过去媒体人没问及的新问题,但两人对谈,还是没有跳出诗歌创作的老套。看来,不仅我采访名家有时问不出太多的新问题,炒旧饭还真是媒体的通病。但纸媒的不同在于,我问的新问题,人家不想回答,或回答不了,我无法表现出来,而新媒体可以,但如此再炒旧饭,似乎有点不应该。想到这里,没有给许知远点赞。但尽管如此,就凭那么高的点击量,还是让我反思。

我多次采访西川,话题是今天如何读唐诗,也够深入,提问再好,

如何阅读与思考

却没有这样的关注度。远不及对张国刚教授的专访。张教授谈今天我们应该如何读《资治通鉴》，仅娱乐新闻网转载后的一天阅读量就超过18万，一小时点赞量超过2000，让我好生激动。

想来想去，没有人家那样的关注度，感觉问题也不完全在我。你再不甘，也没办法，也得面对。而不管阅读量、点击量多少，读书是我的工作，还得一如既往地读。

读书改变了我的命运，给了我力量，让我明白不少事理，让我更虚心、善良、直率、不掖不藏、不固执、不偏执，变得通达，但读书没能增加我的勇气，越读越脆弱、沉重、敏感。

黑塞说："世界上任何书籍都不能带给你好运，但它们能让你悄悄成为你自己。"幸运的是，我读过的不少书，却带给了我好运，没有它们，我难以成为现在的自己。

雨果曾用他的一生发誓："要么成为夏多布里昂，要么一无所成！"其实雨果不必如此决绝。虽然若干年后，雨果的成就果真在夏多布里昂之上。但雨果给我的偏执印象，已经无法抹去。即使雨果成为不了夏多布里昂，他仍然独一无二。

我从未发誓要成为谁，因为我知道，这实在不可能。我就是我，"我无与伦比，却又与你相似"，还是博尔赫斯通透。但我心中有不少学习的榜样。我羡慕那些把字写得很好的人，敬佩那些把字排列组合后，能打动人去思考的人。比对后，我常常会有一种无法描述的失败感。因此，我不时提醒自己，好好隐于幕后，如实记录他人的人生。这样一路走来，虽然所成不多，但我对自己还是满意的。因为我尽力了。

每当有点懈怠的时候，我总会想起陀思妥耶夫斯基。陀思妥耶夫斯基担心的一件事就是，他怕配不上自己所受的苦难。这是何等的境界！每每念此，我的心疼得发紧。世人谁的一生会一帆风顺？我也难忘自己的经历，我没有担心，相反却有点自信，那是因为经历过苦难之后，我已经变得更加善良、宽容、豁达、广博。

后　记

因为我有幸成为一个新闻工作者。而一个优秀的新闻工作者，不仅要有极强的新闻敏感、沟通能力和独特的采写能力，还要有一定的聚集与调动名家的能力。我能在最短的时间内联系到名家，大多能在计划内完成采访。有时名家间就一个采访话题，还会互相推荐最合适的人选，以至于所接受采访的人和关注的话题珠联璧合。

我庆幸自己能亲临那么多历史场面，亲历那么多历史时刻，能面对那么多名家，有些世纪老人已经离去，我用笔记录了他们的思想、思考和困惑，我虽把自己隐在幕后，但名家的光芒还是点亮了我的生活。

我经常问名家的一个问题是"为何读，读什么？"看似简单的问题，其实，没几个人能给出令多数人满意的答案。

有些名家直言不讳地告诉我，他们不读同行的书，一是没时间读，二是怕创作受干扰。

我欣赏他们的真诚，读书是个人的私事。课堂上，老师可以按个人意志、兴趣向学生荐书。当然，视情况也可以强制要求学生读。但我不能接受的是被不厌其烦地劝读，作为读书版的编辑，不能揶揄挖苦那些不读书的人，这没有道理，也有失修养。

而说到修养，过去我一直以为，读书能提高人的修养。而事实证明，并非如此。

我没法和世故、霸道、自负、清高、盛气凌人、善于伪装的人成为朋友，我鄙视把一个人的忍让、宽容、善良、内敛视为软弱的人，我远离虚张声势、装腔作势、故弄玄虚、表里不一的两面人。

我曾有过当众受辱的经历，脸红、愤怒，但我会忍受。我也曾因遭嫉妒而受到公然排挤，对此，我淡然处之。当然，在此过程中我遇到的傲慢与偏见，让我内心更加强大。读书让我不仅懂了规矩，还能守规矩。

我把自己认为不错的书，推荐给读者，但我从不劝读。真正想读书的人，是不用劝的。读书是一种自觉，是一种习惯。有了自觉，养成了读书习惯，读与不读就不一样了。

如何阅读与思考

虽然我不能完全认可林语堂大师所言读与不读的区别，但我感觉，会读的人，才会不断向上，而不会读的人，读再多，还在原地。

我认同读书能改变一个人气质的说法，但不认同读书使人快乐的说词。收藏家韦力说他因藏而读，因读而乐，这样至高境界，离我甚远。

就我个人而言，读书并不能让我时时快乐。相反，更多的时候，我的精神会更沉重。

我从书中读到了广博、宽容、通达、内敛、尊重与涵养。我说话会在意对方的感受。我学会了倾听，不轻易否定，不直接下判断。我学会了思考，凡事会问个为什么。我学会了尊重。

读书给了我改变命运的力量。也让我脆弱、敏感。虽然面对压力，我想过，也运作过跳槽，可真正要做决定时，还是退缩了。新闻这个行当，已是我之宿命。

最后，我想仿写博尔赫斯的诗歌《我的一生》，来表达我此刻的心情。

读书的过程，我固执地体验着痛苦，执着地接近一个个伟大的灵魂。书山面前，我所知甚少，我总是战战兢兢，羞于高声说话。但精神上，我已远渡重洋。我知道，我再也无法超越自己，再也没有任何人、任何事能够调动起我所有的神经，能够再现我第一次面对名家时的兴奋，我再也写不出令我激动流泪的文字，我不知道还能否找回迷失的激情。

2021 年 12 月